U0570088

紹興大典

史部

光緒諸暨縣志

7

中華書局

諸暨縣志卷五十七

文徵

詩詞外編

七律

宋豫章黃庭堅魯直汴岸置酒贈黃十七

吾宗端居叢百憂長歌勸之肯出遊黃流不解涴明月碧樹爲我生涼秋初平羣羊置莫問叔度千頃醉卽休誰倚柁樓吹玉笛斗杓寒挂屋山頭馮森齋允都名教錄謂黃育行十七山谷此詩爲育而作案青神史容山谷外集注黃名幾復與育不合豈幾復是育別字耶姑存備考

陸放翁雙橋道中寒甚

裂面霜風快似鎌重重裘袴晚仍添梅當官道香撩客山逼籃輿尋入簾男子坐爲衣食役年光常向道途淹古來共說還家樂豈

獨全軀畏楚鉗

春陵樂雷發寄姚雪蓬使君時姚貶衡州

湘鱗六六寄相思疏柳新蟬想別時今夜各聽三楚雁秋風又老一年詩梅花且補離騷闕薏苡應爲史筆知翦竹疑峰新製笛待衝霜月訪桓伊

元黄晉卿送王止善檢校

官無失政吏無私鉤校盈煩事細微遙想名曹多暇日不妨高詠發清暉潮生江上仙舟迴春到湖邊驛使稀送盡北來南去客石田茅屋幾時歸

諸暨休日偶書

一室蕭然似冷官更無車馬駐江干天清不斷絲絲雨春淺猶生陣陣寒公事癡兒何日了雲山圖畫要人看輕風正滿微黄柳誰

與相從試凭欄

浦江柳貫道傳遊五洩山四首

山界杭婺越三州境本隸婺割入越暨馬祖弟子靈默棲禪之地改爲應乾禪院今榜三學院叢林法社銷落盡矣五洩神龍所居歲旱迎湫水乞靈多應者

神斧誰初鑿澗磻拓開地險出天慳湫潭隱奧龍非畜木石陰森鬼所寰刦火塵空遺井臼枯禪骨冷墮榛菅如何大法臨標季不放摩尼照此山

中巖不與亂峰羣翠氣橫飄截瘴氛龍象淒涼如欲泣馬駒蹴踏竟無聞濃嵐散落厓開雨洩水流來石上雲人說旱年多蜥蜴投符起蟄有靈文

青天欲墮玉芙蓉日出煙開翠幾重婺女名山今入越渤壇弟子別爲宗於何勝境偏多阻如此衰年始一逢照影龍泓余種種欲

從老衲借枝節

橫衍纔通一徑修萬山湧翠似騰虬五湫地歷三洲勝八十僧從七客遊赤日行空垂倒影青天坼罅拔飛流大烹慚負詩人腹賴有梅花肯障羞

吳立夫見和五洩四詩復自次韻

下巖湫水有龍蟠雲雨虛空尺地慳九市塵埃渾拔俗五天仙聖本同寰毛羣鼪狖棲篁竹士怪夔魖伏草菅不是深禪能伏猛泉頭爭得虎跑山

象王不與鹿麋羣四合林巒限楚氛天女散花三際滿龍神執樂半空聞巖霏咫尺生青靄井氣尋常化白雲盧老孫枝皆鈍漢契經說佛固彌文

龍仙招我集芙蓉霧點煙霏隔數重東土祖師曾授記南條山水

亦朝宗自從控鯉波間去直到看羊海上逢探穴如將尋李白孤生桃竹瘦宜笻

梅花的的證圓修挾以蒼松萬玉虬天姥沃州圖上見廬山瀑布夢中遊雲開鐵壁浮空出水落銀河伏地流亦欲淸齋來應供恐煩龍伯致盤羞

送暨陽胡生北遊

雪行已辨黑貂裘迎路梅花笑點頭待詔門深金作馬臨河地壯鐵爲牛有人遂識新豐客何處能忘太史遊天上應龍乘變化文章精氣與之侔

暨西淸潭金氏翁登年九十其外孫戴叔能求詩上壽翁生開慶間嘗賜高年爵帛

潔觴羞耇樂如何莫恨家無金叵羅古禮三千常委曲遺黎九十

尙婆娑尋源且識桃花岸過廟誰爲麥秀歌潭影如雲山似玉未妨留眼閲人多

吳立夫次韻柳博士五洩山紀遊四首

首路東岡幾屈蟠青天東峽望來慳林多鹿豕山爲國瀑有蛟龍海共寰客子杖藜依樹石神仙樓閣幻茅菅吾知此處宜招隱詎減淮南大小山

日曉行呼野鶴羣山溪五級洗巖氛虹霓射壁從空現霹靂搜潭到地聞桑苧茶鐺遺凍雪偓佺藥杵落晴雲飄然早已同仙術老我曾探嶽瀆文

一點剛風削玉蓉仙山肺腑閟重重眼穿上界成官府舌捲西江得祖宗鷲嶺雞峯渾未到龍湫雁蕩豈多逢年來臥病吾環堵辜負詩家九節筇

古越名山最阻修遥空縛下紫金虬孫生隱在聞長嘯屈子騷成賦遠遊魚鳥從容還自得龍蛇混雜不同流自今便欲鐫巖石俗駕能來尙掩羞

宋景濂鄭仲舒同遊五洩予病不能往賦此

知爾能攜一短笻寺前突屼定何峰九天管籥來飛鶴三島樓臺守蟄龍閒欲嘯歌先目往病嫌登陟轉身慵西源山石東源水豈但渠家有赤松

蒙古迺賢易之春日次王元章韻

翠幰金車錦駱駝芙蓉繡褥載雙娥雨晴輦路塵沙少風起春城柳絮多秉燭且留清夜飲倚闌猶聽隔牆歌山翁此日心如水夢斷江南雨一蓑

張伯雨答楊廉夫

黃篾樓中惟飲酒樓下長溝鳧雁多溪頭橋斷浮青草湖面風來生白波饞奴竟煮脫綳筍老魚戲唼如錢荷詔書寬大到海角河北飢民一作眠爭倒戈

鐵笛道人新居曰書畫船亭作詩以寄

蘇州去訪楊雄宅近水樓居似月波東府官曹知者少西山爽氣望中多臺招天上仙人鳳池養山陰道士鵞誰和涼風吹鐵笛莫愁艇子柳枝歌

明袁子英和鐵厓先生韻

醉著宮袍天上來鳳簫吹月下蘇臺風生錦纜牙檣動燭翦金釵玉蘂開仙掌露華浮沆瀣珠簾雲氣接蓬萊桃花源裏春如海擬泛星槎達上台

奉寄鐵厓先生

楊子十年官不調遷除消息近如何翰林風月交朋少進士衣冠弟子多春秋直筆天王統樂府新聲子夜歌日日酒肴尋好事未容門外可張羅

光州卞思義宜之和楊廉夫新居韻

樓居最喜傍西河春水溶溶起綠波近市小橋雲影亂隔簾疏雨竹聲多執經弟子登金馬換帖山人籠白鵝欲向尊前吹鐵笛且聽牙板翠兒歌

太倉馬麐公振和楊廉夫新居韻

楊子樓居飲馬河書舟日日泛晴波未論粟里功名薄總爲夔州詩句多遠樹入簾秋若畫亂雲渡水白於鵝何當共把淩風袂醉和仙人鐵笛歌

黃巖陶宗儀南村次韻答楊廉夫

移家正在小斜川，新買黃牛學種田奏賦不騎沙苑馬懷歸長夢
浙江船窗浮爽氣青山近書案涼陰綠樹圓樂歲未教餅有粟全
資芋栗應賓筵

廬陵張昱允弼寄松江楊維楨儒司

畫蛇飲酒合誰先塵土東華四十年海上豈無詩可和雲間還有
事相牽牡丹開後春無力燕子歸來事可憐欲倩鐵龍吹一曲滿
湖風浪又迴船

題高元聚慶圖

高門喬木三千尺乃是而翁手自栽白玉滿田雲作蓋青藜倚座
背如鮐麒麟已兆元孫夢鸚鵡頻斟獻壽杯五世衣冠傳百世會
看孝義出賢材

崑山郭翼義仲同袁子英簡楊廉夫一作懷鐵雅先生

楊子十年官不調如此永州文力何一作湖山不負謫仙才洞庭鐵笛龍吹得天上瓊書鶴寄多一作后土瓊花鶴寄來車子看花將一兩雪兒行酒豔雙歌一作雪兒行酒拗連臺時時對客鼓一作理弦索繡領單衫月色羅一作月色羅衫小衩裁

富陽僧守仁一初寄鐵厓先生二首時留京總裁禮樂書

蓬萊宮闕五雲東龍虎山川錦繡中近說黃金延郭隗誰知白璧起申公春秋袞鉞諸侯懼南北車書萬國同徊望鈞天纔咫尺一琴涼月寫薰風

先生謝客居東里使者傳宣拜下牀樂府謾推梁子範禮經須問魯高堂酒需擱馬來光祿賦到飛龍紀太常賜老鑑湖猶有待山陰茅屋未淒涼

鐵厓先生輓詩

玉笙聲斷泣龍君撼樹蚍蜉謾作羣一代春秋論正統兩朝冠冕在斯文他生有約尋圓澤後世何人識子雲舊業門生今幾在下車空拜馬陵墳

婺源詹同同文奉命徵賢松江飲楊廉夫拄頰樓

飛樓高出市塵表萬丈文光照紫微洞仙會與鐵爲笛天女或裁霞作衣酒酣尚欲招鶴舞詩狂未可騎鯨歸休唤小瓊歌白雪自有紫簫吹落暉

貝廷琚清明日陪鐵厓飲城東門是夜風雨

盪舟撾鼓出東門怪雨盲風野色昏海上一春猶作客樓頭三日共開尊青山石馬新人冢錦樹黃鸝舊相園快意百年須痛飲轉頭何處不銷魂

吳縣楊基孟載書鐵笛道人傳後

不見雲間楊鐵史寮中七客近如何老來詩句疏狂甚亂後文章感慨多長笛參差吹海鳳小瓊楊柳舞妖魔入明且盡嬉游樂莫解梁鴻五噫歌

華亭袁凱景文次楊廉夫先輩韻

吹笛春江煙霧稀幽芳小草總相依巫峽寍知雲雨夢滄州欲拭芰荷衣花間鸛鶴迎人起波上魚龍挾棹飛不似南州庾開府鄉關頭白苦思歸

吳縣顧敬思恭次廉夫韻寄玉山

玉山幽深草堂好羣竹森森映白沙栗里歸來陶令宅桃花開處杜陵家風來野樹留歌鳥雨入溪流送落花我欲問津從此去天涯何處有星槎

金壇張經德常次鐵厓先生韻

清風滿袖折花回高臥雲閒百尺臺天上賜袍香霧溼河東獻賦日華開頻煩太守高軒過屢見元戎小隊來我欲將車侍親去綵衣花底學提孩

吳興錢岳孟安寄鐵厓先生

老仙才氣輕韓李流落江南道不窮野史欲藏神禹穴直書曾上大明宮蘭舟夜蕩鷗邊月鐵笛秋橫鶴背風陶寫惟應賴詩酒薦賢何必效山公

臨川聶大年壽卿讀楊廉夫集

文章五色鳳之雛酒醉詩豪膽氣粗白髮草元楊子宅紅妝檀板謝家湖金鉤夢遠天星墮七修類稿廉夫母夢金鉤墜懷而生鐵笛聲寒海月孤知爾有靈應不死滄桑更變問麻姑

長樂林泉遵性苧蘿懷古

十五盈盈學浣紗小橋流水住西家恨因石室沈書雁又入吳宮
鬬鬢鴉千尺蘇臺成野沼一泓湖水泛輕槎寄言鄰女休顰怨無
數風波誤歲華

蕭山丁克振送開遠侯歸隱

五雲深處有歸人野服初離紫陌塵遵海一麾唐社稷枕流不動
漢星辰丹經蝌蚪閒中課寶玦珊瑚夢後身酩酊拚惟今夜雨可
堪朝市重沾巾

國朝吳梅村和楊鐵厓天寶遺事詩

漢主秋宵晏上林延年供奉漏沈沈給來妙服裁文錦賞就新聲
賜餅金鳷鵲風徹清笛迴蒲萄月落畫絃深明朝晏倩思言事日
午君王駕未臨

複道聲歌幾處通博山香裊綺疏中檀槽豈出龜茲伎玉笛非關

于闐工浩唱扇低槐市月緩聲衫動石頭風霓裳本是人間曲天上吹來便不同

餘姚黃宗羲棃洲贈傅平公

與君邂逅亦快哉月下歌聲共一杯身挂麻衣能不染心非蠟炬未成灰已將前夢留心史不惜人言是怪魁拄杖丁丁童稚笑貞無歧路費徘徊

餘姚姜垚汝皐送余浣公假滿入都

賭碁未許戀東山望裏行旌不可攀諫獵九秋傳豹尾焚香三殿憶龍顏花閒驄馬搖新珮臺上嗁烏領舊班一路畫圖追鄭俠江南千里待

恩頒

周櫟園章侯繪磨兜堅見寄感其意賦此答之

論交君自邁風塵小幅兢兢寄所親愧不垂簾同木鶴何妨張口貌金人顧銘頗覺蠅難茹屢悔空教駟在脣他日青藤山下去買囂對爾莫相嗔

毛西河贈駱君初度時三月四日

九成山館浣江邊高卧於今五十年問世久爲縣竹誦傳家尚有帝京篇花開歲勸長庚酒水曲春迴上巳船此際君家最堪念丈人挾瑟且調絃

徐伯調苧蘿懷古

西施豔色早知名歌舞相傳舊土城環珮遺香憐蔓草蹇修新恨惱嗁鶯澄波曉黛千村散野火秋陰萬壑生何處神仙猶有窟只今戎馬忽縱横

會稽陶元藻篁村題西施廟

傾城彼婦世爭憐生長村墟兩邑傳擊鼓竟成祈穀社捧心猶痛沼吳年香熏小像紛雜卜石冷春苔想翠鈿聞道美人江上去不宜重戀越山川

會稽童鈺樸巖歲暮留月泉飲抱影廬

此生得幾醉顏酡節序催人奈晚何心上求羊來不易口邊管鮑說還多寒汀古樹飄殘雪落日陰風撼大河真好壚頭沽酒去茫茫暝色入悲歌

山陰劉鳴玉鳳岡六陵同陳月泉作

冬青樹下攢宮路南渡衣冠最愴懷夜雨有人窺玉匣夕陽無鬼泣金牌麒麟書缺鐙長暗鸚鵡碑殘石自埋因向荒邱論遺跡秦山爭及漢陵佳凡帝王葬所古日志秦日山漢日陵

會稽茹敦和遂來贈諸暨蔣金和六十義行詩

蒙莊未可付荒唐冷淡春秋已飽嘗不信情隨天地老祇令心共歲華長蒼松偃石千年蓋瘦鶴橫空五夜霜一卷黄庭消獨旦爭從肘後覓新方

錢塘奚岡鐵生琴鳴贈竹賦詩報謝

移栽重結此君盟又見脩脩山館清逸少避來羞隱士首陽前已得孤名時新喪三子虛廊吟苦秋蟬影禪榻香消暮雨聲舊夢縈懷渺何許湘雲湘水不勝情

桐城姚鼐姬傳題琴鳴小檀欒室讀書圖

吳山前對浙江潮記昔登臨引望遥曲徑精廬吾未至讀書諸子此相邀深林山後無塵迹小閣潮聲警半宵老子不容重適越披圖風竹更蕭蕭

長洲宋翔鳳于庭正月四日留別琴鳴明府

江干一色凍痕消客思蒼茫入畫橈欲問江潮添幾尺難忘樽酒劇連宵烟霞題贈春前樹（辱贈畫幅）風雨歸來市上簫他日吳門仙舫艤可能乘興訪臯橋

東鄉吳嵩梁蘭雪琴隖雨生為余姬人綠春合作聽香館圖賦謝

花雨濛濛潤薜蘿草堂應署小鷗波縱無豔福容蕭散但有清才費折磨新令尹剛拋史筆故將軍已著漁蓑仙心供養惟煙墨持比浮名得較多

嘉興王曇仲瞿讀是程堂集（三首之二）

挐舟小泊古城闉紗帽洲邊雨墊巾花縣五年新令尹玉堂三院舊仙人埽空名下胡僧衲讀盡書來第五倫十四卷中經濟在大方家數只清真

不矜才處卻矜才豈是麤家學得來獅吼直登高座喝聲叢還替

後人開風騷息息歸王道詩國轟轟陋霸臺讀到最和平處想蜜

膏人飲少陵灰

舒鐵雲題琴隝是程堂集

浮玉山頭獨立時余前見金山詩底柱欲迴三峽水諸天齊笑六朝人郎詫爲北宋儒者氣象不可以詩人目之時尚未識面也金鼇院底得歸遲一官百里江淮海三絕千秋書畫詩仙

骨通身聞芋熟禪機微笑有花知相逢好在絃歌里桃李桑麻要

總持

影宋摹唐付寫官吟情瀟灑宦情慳直教味在酸鹹外不覺臣居

廉讓閒三舍避君才卓犖十年遲我石屛顏此謂乙丑年游寒碧山莊事亦知

秦系狂成癖但向詩城覓往還

錢塘吳振棫仲雲過是程堂詩

盡道詩輕萬戶侯今從林下見真休微塵著我銷千劫一輩看人

督八州禍袜與爭中散恥龍鱗難飽長公愁道南推宅風流渺空
把園池畫裏留君有潛園吟社圖今園已屬他姓
漫將九籥問仙籙小極翻教樂處輕老矣眼中誰健者傷哉身後
亦浮名苦心入道甘憂患故侶留詩半死生新刊倡和投贈集此日迎冬
酒初熟澆愁須盡一經程蒙訂次日雅集

宗滌樓哭周歟若同年

脫除凡累去飄然爭說前生是水仙篤行如君宜正命奇蹤出世
定生天逆流究苦源頭誤高蹈終悲立腳偏可惜一番真願力不
教留與討心淵

遊諸暨晤葉蕃生敬

古道蒼茫少足音縱君孤往極高深龍蟠虎伏山中氣鶴嘯鸞號
海上心末俗與誰商大業此才何日出寒林恢恢開濟平生志消

遣燕臺馬背吟

故人特地帶春來風雨隨身凍色開七載離情消昨夢千秋心迹付寒灰明妝獨照蘿村月塵狀還尋驛路梅歲暮清齋了無事惟當共酌祭詩杯

送葉去病敬南歸

山中臘日夜烹鮮湖上煙波曉放船忽觸歸心千里外每思清味十年前羨君飛舉饒仙福苦我浮沉結世緣倘得扁舟還入手一竿同釣鑑湖邊

浩然日下載書歸擔荷休教道力微保氣善斟如量酒和神勝著不寒衣春來鬚看花榮落晏起閒調鶴瘦肥雪虐風饕苦離別蘆溝衰柳尙依依

俞蔭甫招傅曉淵章式之同蔡臞客飲春在堂有序

門下士蔡臞客大令需次津門一別已十年矣今因故省湘南過訪吳下余招同傅曉淵別駕章式之孝廉小飲春在堂臞客曉淵皆諸暨人式之雖寄籍長洲其先亦暨人也喜而有作

十年舊雨此番新草草杯盤作主人且學東坡行享禮漫勞西子認鄉親苧蘿寂寂誰尋豔楊柳青青憶問津天津志由余始其事今臞客續成之姑借吳門一樽酒秋前且喫聖湖蓴時滿舟和尚以西湖蓴菜見餉

門下士傅曉淵別駕以丁厚庵同年事略索詩有序

厚庵名椿縈道光癸卯科武舉人官至平陽左營守備光緒癸卯例得重赴鷹揚宴而科停宴廢因 奏准歸入鹿鳴宴洵異數也余倖與同宴又聞其明年正九十矣賦詩賀之卽以爲壽

玉詔新頒罷武科尚餘矍鑠舊廉頗因將猛士大風曲幷入嘉賓小雅歌正惜同年儕輩少浙江癸卯同年惟君在甲辰亦止余一人矣欣聞冥數

聖朝多惟憐我轉頹唐甚不是詞場老伏波

聞君束髮戰黃巾戎馬崎嶇廿載身刀下不輕戕一命所至紀律嚴明不妄殺一人濠邊何止活千人守衢州時城外難民環而求入哭聲震地君冒軍法開城納之于公種德眞無算翁孺封侯定有因轉瞬期頤登百歲引年又得拜

恩綸

門下士諸暨令張子厚吳澄夫廣文傅曉淵大令爲余鑿書藏於其邑之寶掌山落成以詩紀之

辛苦窮經卌載餘余自戊午至今四十八年著書垂五百卷說經者居其半自憐無益費居諸未忘敝帚千金意聊付名山一酉儲敢望所忠求禪稾儻逢不準發藏書悠悠五百餘年後畢竟誰爲董仲舒

五洩雲山深復深欣逢仙吏此鳴琴謂子厚地從寶掌禪師闢碑向香巖佛寺尋寶掌山爲寶掌禪師道場有香巖寺寺有唐碑白氏櫃將文集貯倣白香山文集櫃之

意製栗木以爲櫃烏曹甄兔土花侵用古塱周制燒甄爲之椰區區妄作千秋想費盡門牆諸子心曉淵寄書澄夫監工頗費心力

天元甲子幾時來用宋王裕說世運茫茫未可推已分百年拋荏苒還勞兩處劚崔嵬往年柳門花農兩君爲我鑿書藏於孤山其地卑溼不能耐久今年命門下士毛子雲茂才改鑿於南高峯下餘芬遠紹芸香業小慧兼存柳絮才兼藏先祖南莊四書評本先君印雪軒詩鈔先舅氏姚平泉先生瓶山草堂集及孫女慶曾繡墨軒遺詩願仿石經堂舊例未逢其會莫輕開

諸暨張子厚明府善友余年家子亦門下士也爲我鑿書藏於寶掌山余甚感之適從諸暨移知烏程即用其邑人吳澄夫孝廉原韻寄贈

經生學術即官箴廿載湖樓賞識深春日栽花仙吏手秋宵說餅故人心時以月餅見餉三年風月長吟嘯五洩雲山好帶襟見說浣溪歌頌滿傳來都是舊同岑謂其邑人陳碧曙觀察傅曉淵大令皆君同門友也

烏拒山邊須女泉皆衢州地睢陽聞笛有遺篇君先德厚甫先生余同年也力守三衢厥功甚鉅

龍頭險地躬親冒鴂治新書手自牋能使浙防支半壁遂教楚士著先鞭余嘗謂吳中力保上海而李文忠之師得從滬入浙東力保衢州而左文襄之師得從衢入厥功相等

三衢俎豆千秋壽長與文襄其几筵

舊雨云亡繼起誰翩翩裙屐少年時不辭屢放明湖櫂來讀重修精舍碑余有重建詁經精舍碑萬里關山奚憚遠君題俞樓聯有云萬里關山來後學一編枕葄自忘飢傳家書劍分明在今日直能副所期

帳下偏師半白徒書生慷慨效狂愚君屢充營官懸腰寶劍惟三尺奮臂雄威在一呼李廣短衣曾射虎王喬飛舄又成鳧西山雁蕩雖然小諸暨西境有小雁蕩小試東坡調水符

豈有金鍼效指南竟居北面笑君甘更援石室藏書例親向香巖勝境探寶掌山有香巖寺唐刹也吳下荒園春尚在雪溪清水月初涵劇思其

醉烏程酒寄語兒童借篠驂

李蓴客贈蓉曙庶常

苧蘿名豔滿寰區身到蓬萊久闕如早有奇文探宛委喜從尊宿佩瓊琚諸暨自道光庚子周立庵太守館選後君始繼之鎖闈角藝曾同席庚辰與君同號舍始識君講舍談經欲起予五洩泉聲天下最幾時松下著籃輿

病中柬蓉曙編修

秋風謖謖鬢鬅鬙病榻蕭然卧茂陵越女蘿村歌白紵撳書露布草青藤自今故國霸才少遂令中原戰伐仍我老君貧歸去好雲門五洩約尋僧

仁和高雲麟白叔與譚仲修楊雪漁靈芝寺賞菊贈主人陶変

不負幽人折簡期閒從東郭就東籬數畦瘦影日將墜一榻秋光寒未知近局澆愁猶有酒疏花笑我久無詩遙思閶闔宏開處正

是冠裳舞蹈時時甲午十月十日也

德清俞陛雲階青寄和傅曉淵世丈

湖山劫後講堂開，張趙橫經盡異才先祖自粵寇平後主詁經講席三十年人才輩出丈尤以經術吏治著聲。丹漆已嗟吾道去，青山猶賸故交來聞丈至西湖賜展松楸。空樓燕壘春泥冷石台仙館年久傾廢，片壤牛眠宿草哀陛雲前書有故國斜陽先塋宿草之語來牋述及之。搖落關河孤露客，鐵崖深盼布衣回陛雲正修清史。

五絕

唐隴西李太白浣紗石上女

玉面耶溪女，青蛾紅粉妝。一雙金齒屐，兩足白如霜。

明會稽唐肅處敬題王元章畫梅

春回卻月觀，樹樹總花開。無數瑤臺鶴，淩空欲下來。

七絕

唐李太白西施

風動荷花水殿香姑蘇臺上宴吳王西施醉舞嬌無力斜倚東窗白玉牀

太原王維摩詰西子

吳王舊國水煙空香徑無人蘭葉紅春色似憐歌舞地年年先發館娃宮

河南元稹微之西子

半夜娃宮作戰場血腥猶雜宴時香西施不及燒殘蠟猶爲君王泣數行

餘杭羅隱昭諫西施詩

家國興亡自有時吳人何苦怨西施西施若解傾吳國越國亡來又是誰

宣城汪遵越女

玉貌何曾爲浣紗只圖句踐獻夫差蘇臺日夜惟歌舞不覺干戈犯翠華

會稽秦系公緒贈諸暨丹邱明府

荷衣半破帶莓苔笑向陶潛酒甕開縱醉還須上山去白雲那肯下山來

宋吳郡范仲淹希文諸暨道中作

林下提壺招客醉溪邊杜宇勸人歸可憐白酒青山在不醉不歸多少非

元黃溍晉卿和景傳新店灣客舍壁間韻

我夢方酣子遽醒絕絃可復要人聽梨花寒食東風惡淚盡重山宿草青

遂昌鄭元祐明德王元章畫梅樓志誤楊維楨

孤山無復有梅花寂寞咸平處士家留得王郎醉時筆歲寒仍舊發枯槎

崑山郭文康和楊廉夫玉立亭詩有序

廉夫嘗有飲玉立亭詩云王郎崑之秀玉立而長身亭子如笠大不直一欠伸亭前千尺峰倒飲入座濱燒琴有爨桐漉酒有烏巾客來塞屋破露坐草上茵時時來鐵叟共酌羅浮春題曰令小朵雲捧硯爲賦此章予亦爲作二絕

亭中曾寫鐵仙詩人去亭荒碧草滋千尺危峰今尚在重來磨洗認當時

玉立長身舊主君百年遺事至今聞宗孫賓客還如舊只欠楊君小朵雲

元崇仁虞集伯生和楊鐵厓西湖竹枝詞

沙禽東去避網羅蕩舟相逐如遠何越山青青越女白從此勞人魂夢多

浦城楊載仲弘

西子湖邊楊柳花隨風飄泊到天涯青春遇著歸來燕銜入當年王謝家

蒙古同同同初

西子湖頭花滿煙謾郎日日醉湖邊青樓十丈鉤簾坐簫鼓聲中看畫船

張伯雨

光堯內禪罷言兵一番御舟湖上行東京鄰舍宋大嫂就船猶得進魚羹

貢泰甫

葛嶺東家是相門當年甲第入青雲樓船撐入裏湖去可曾望見

岳王墳

芙蓉葉底雙鴛鴦飛來飛去在横塘人生多少不如意水遠山長

難見郎

京兆宇文公諒子貞

蘇小門前騎馬過相逢白髮老宮娥自言記得前朝事只說當年

賈八哥

大梁賈策治安

郎身輕似江上蓬昨日南風今北風妾身重似七寶塔南高峰對

北高峰

倪元鎮

愁水愁風人不歸昨夜水沒釣魚磯踏盡蓮根終無藕惹著一作多
柳絮不成衣
河間高克禮敬臣
第四橋頭第一灣看魚直上玉泉山大魚已逐龍飛去留得當年
舊賜環
河東李元珪廷璧
三月湖邊花亂開江邊望船郎未回燕子來時春又去心酸不待
喫青梅
吳見心
官河繞湖湖繞城河水不如湖水淸不用千金酬一笑郎恩纔重
妾身輕
吳郡沈右仲説

勸郎莫向花下迷勸君莫待醉如泥臨行更有分明語枝上流鶯休亂嗁

崑山顧瑛仲瑛

陌上採桑桑葉稀家中看蠶怕蠶饑大姑要織迴文錦小姑要織嫁時衣

西蜀楊椿子壽

郎去天涯妾在樓西湖楊柳又三秋情郎莫似湖頭水城北城南隨處流

袁子英

山上有山未還家日日望斷金犢車湖陰種得宜男草直待郎歸始作花

北庭邊魯魯生

戴勝降時霜葉青梨花開處近清明狂夫歸來未有信蝴蝶作團飛上城

河南陸仁良貴

山下有湖湖有灣山上有山郎未還記得解儂金絡索繫郎腰下玉連環

別郎心緒亂如麻孤山山角有梅花折得梅花（一作枝）贈郎別梅子熟時郎到家

吳郡馬稷民立

與郎別久夢相思不作西園蝴蝶飛化作春深鵑鳥一聲聲是勸郎歸

上饒熊進德元修

金絲絡條雙鳳頭小葉尖眉未著愁大姑昨夜苕溪過新歌學得

唱湖州

餘姚宋元禧無逸

湖光照儂雙畫眉鬟邊照見一莖絲東家女伴多年別昨日攜來十歲兒

大梁申屠衡仲權

白苧衫兒雙髻了望湖樓子是儂家紅船撐入柳陰去買得雙枝茉莉花

吳郡張田芸已

潮去潮來春復秋錢唐江水通湖潮一作頭願郎也似江潮水暮去朝來不斷流

四明朱庸伯常

小姑疑郎去不歸爲郎打瓦復鑽龜青山尚有飛來日不信人無

相見時
阿奴采蓮湖上舟阿郎販豆遼東州一心願逐長流水流到遼東
古渡頭
常熟黃公望子久
水仙祠前湖水深岳王墳上有猨吟湖船女子唱歌去月落滄波
無處尋
甯海李廷臣仲虞
楊花飛盡荷花開南人北人湖上來蕩舟自唱黃陵一作菱曲載得
山頭月子回
練川嚴恭景安
湖中女兒不解愁三三蕩槳百花洲貪看花開雙蛺蝶不知飛上
玉搔頭

湖州沈性自誠

儂住西湖日日愁郎船只在東江頭憑誰移得吴山去湖水江波一處流

嘉定强珽彦栗

湖上女兒學琵琶滿頭都插鬧妝花自從彈得陽關曲只在湖船不在家

錢唐士女曹妙清比玉

美人絶似董嬌嬈家住南山第一橋不肯隨人過湖去月明夜夜自吹簫

錢唐士女張妙淨一作善惠遵

憶把明珠買妾時妾起梳頭郎畫眉郎今何處妾獨在怕見花間雙蝶飛

附楊鐵厓原作九首

蘇小門前花滿株蘇公隄上女當壚南官北使須到此江南西湖天下無

鹿頭湖船唱赧郎船頭不宿野鴛鴦爲郎歌舞爲郎死不惜眞珠成斗量

家住西湖新婦磯勸郎不唱縷金衣琵琶元是韓朋木彈得鴛鴦一處飛

湖口樓船湖日陰湖中斷橋湖水深樓船無柁是郎意斷橋有柱是儂心

病春日日可如何起向西窗理琵琶見說枯槽能卜命柳州街口問來婆

小小渡船如缺瓻船中少婦竹枝歌歌聲唱入箜篌調不見狂

夫橫渡河

勸郎莫上南高峰勸儂一作郎莫上北高峰南高峰雲北高雨雲雨相催愁殺儂

石新婦下水連空飛來峰前山萬重妾死甘爲一作不辭妾作望夫石望郎忽一作舊來或似飛來峰

望郎一朝又一朝信郎信似浙江潮牀腳揞龜有時爛一作浙江潮信有時失臂上守宮無日消

附邑人和鐵厓竹枝詞三首

鄭賀慶父

北高峰頭儂望夫望見西子下姑蘇脂塘水腥吳作沼莫將西子比西湖

申屠彥德

二八女兒雙髻丫黄金條脱銀條紗清歌一曲放船去買得新妝茉莉花

張叔京

秦皇石頭三丈高云是秦皇繫船標儂心只似繫船石莫比郎心船易摇

錢子予贈王山農

山人愛梅心獨苦笑爾豪吟玉堂樹山顛水際日看花鳳詔鸞書招不去

傳家有子花作譜放手直欲先春風見花如見山人面誰道人間無是公

明王子充諸暨道中訪方隱君不遇

竹屋新成繞澗阿年來避地隱煙蘿門前不是長安路卻笑行人

也謾過

張思廉鐵笛道人遺筆箑七絶

朔客有以筆箑遺道人者道人以送予且將以詩仍率五溪馮溥錦泉馮文和以成什予深愧無李龜年之藝而虛得張承吉之名也既次第來韻復賦此答美意且邀李桐屋僧守仁同賦

贊皇太尉有新題不減吳江與會稽最憶秋山霜月夜蒼蘆一曲醉如泥

朔客蒼頭一尺髭酒酣氣熱卷蘆吹花娘不展徘徊拜虛負王孫五字詩

長安城裏紫葡萄關塞遺聲透月高一十八星淸竅冷無人喚起辥陽陶

南徐江上月黃昏誰嚼寒鑪對酒樽滿耳缺風全不競空煩公主

嫁烏孫

漢家鹵簿最多儀來駕雙孤武騎隨不似酒邊呼李衮靜攜九漏

月中吹

一曲邊聲繞月樓滿天兵氣似并州塞鴻不管關山怨閒卻吹螺

小比邱

國手傳聞張野狐清歌最善月中蘆風前靜洗箜篌耳別畫明皇

按舞圖

淮南張渥叔厚題王元章畫梅

照水疏花冰有暈横窗瘦影玉無痕孤山月冷黃昏後拄杖曾敲

處士門

陳敬初題王元章畫梅

武陵溪上桃千樹亦有寒梅照水開一種春風標格在太平恩澤

爲栽培

劉伯温贈王元章

人生得閒眞是好得閒不閒惟此老布袍闒茸髮不梳一生只被

梅花惱

山陰僧溥洽贈王冕

王郎寫梅如寫神天機到手驚絕倫自言臨池得家法開縑散作

江南春

僧一初贈王山農

雙烏交交語晚晴東闌花發近淸明梨園弟子傷春去一夜新愁

白髮生

臨川湯顯祖玉茗過諸暨

苧蘿山下雨絲絲解帶山橋過午炊幾箸江鰕成獨笑一文錢裏

見西施

上元顧璘華玉題王元章墨梅

子喬老仙煙霞骨劖出心肝洗塵俗身化西湖一片冰氣吞湘岸千竿玉

徐文長王元章墓

君畫梅花來換米予今換米亦梅花安能喚起王居士一笑花家與米家

王元章倒枝梅

皓態孤芳壓俗姿不堪復寫拂雲枝從來萬事嫌高格莫怪梅花著地垂

五洩霧

茫茫一卯未曾分倍學懸流瀡一痕大似龍堂鐙火暗香煙幾縷

白黃昏五洩寺日龍堂

國朝會稽許尚質題陳無名爲劉研亭畫審音圖

鵾絃如水轉輕喉譜出耶溪六月秋歌罷不須紅豆記開元舊曲在心頭

毛西河題老蓮畫幛

圖畫新鮮見老遲瑚弓玉鏃小蛾眉嚴妝不辨宮中樣那道昭陽射粉兒

逢陳老蓮季子無名飲贈

江上逢君蘆荻秋樽前落日重淹留狂來滿眼滄洲興思殺江東顧虎頭

新城王士正漁洋陳洪綬水仙竹二首爲周櫟園侍郎題

淸泠池畔粱園種奈此生綃素影何更寫東阿舊時恨芝田館外

見淩波
玲瓏疏影玉繽紛比似江梅迥不羣特向蒼梧分一本淚痕斑處伴湘君

戲傚元遺山論詩絕句 楊維禎

鐵厓樂府氣淋漓淵穎歌行格儘奇耳食紛紛說開寶幾人眼見宋元詩

錢唐高士奇澹人觀陳章侯野薔薇畫憶北墅二首

小圃周遭細水流野香不斷鳥輈輈花當潑夏濃芳減獨讓籬邊氣味幽
羅雀閒門晝懶開朝朝擔上買花栽折枝那似老蓮畫每憶鄉時看一回

題章侯畫扇

昔庚子之歲，余在髫年，性喜書篚。先君老友丁秋平以章侯所畫墨蜨落花扇見贈。頃於山荆故匳中檢出（漘人妻傅氏，湄池人），開展如新。屈指三十六年，感慨係之，因用扇中詩韻題志三首

換來三十六東風，花信年年蜨使通。愁見畫圖雙上下，別離腸斷一生中。

除是莊幃夢可通，更無消息晚春中。輸他幾摺湘紈瘦，摹寫雙飛趁曉風。

冷落金泥壞篋中，不關棄置向西風。浮生那似物常在，欲訪銀河無路通。

題陳老蓮畫贈方屏垢舍人

白雲堆裏家山路，紅樹林邊客子衣。疑在桃花潭水上，扁舟載得別情歸。

題元人王冕墨梅

冕字元章會稽之諸暨人善畫墨梅萬蘂千花自成一家多題詩畫上余得小幅題曰凍壓瑤臺月影虛玉妃謫墮夢模糊無人可論江南事小引春風上畫圖

不分村野與溪橋亂寫橫枝一兩條酒醒只疑疏影落朧朧煙月伴寒宵

蕭山任辰旦待菴觀西河門下徐昭華畫蝶詩有感

阿閣香籢本絕塵題成畫蝶看來新誰知詠絮堂前女猶是扶風帳裏人

惲南田題陳待詔畫

隋宮翦綵怨春遲莫作羅浮月夜思紅豔不銷天上雪春風還繞向南枝

玉井殘煙未有枝綠雲空憶舊琳池誰知吟客消魂處最是紅雲欲墜時

蕉花影裏綠雲蒸深翠如煙覆毾㲪石上橫琴心更遠空盃斟盡玉壺冰

山陰劉正誼徐夫人昭華於令名居見余題壁句賦詩見贈奉答

紛紛詞客越江濱墮馬愁眉妝鬭新柳絮飄零燕子散談詩還有謝夫人（原詩靑玉案頭有士女學書不拜衞夫人）

紗帳論詩記昔年吟成畫蜨似花鮮宋家二女家三妹也料無人得擅前（原詩多少詩家誰第一應無人在卯金前）

陶泊鷗題陳老蓮羅漢圖

後先參徹上乘功但見光明五蘊空八百應眞推領袖不勞飛錫已雲中

老蓮遺墨徧江湖傳得禪門列祖圖一十八尊呈變相通神手勝貫休無

遂甯張問陶船山壬申長夏虎邱寓樓與孟昭館丈論諸家詩派冬夜寂坐成十絕句寄儀真

妙靈何處説心聲粉碎虛空自渾成如向先天開一畫教他欽寶不知名

仙經佛頌養靈胎七寶莊嚴啟辨才提筆便成天外想神龍鱗爪破空來

規唐摹宋苦支持也似殘花放幾枝鄭婢蕭奴門戶好出人頭地恐無時

土飯塵羹忽斬新猶人字字不猶人要從元始傳丹訣萬化無非一味真

來先無謂去無端口吐人言亦大難是囈是痞都不解回頭鸚鵡在闌干

下筆先防趣不真詩人原是有情人生來將肘無風骨且請摶沙待轉輪

妃紅儷白想千年禍棗災梨亦惘然辛苦嘅名皆劣伯仙才何暇計流傳

也能嚴重也輕清九轉金丹鑄始成一片神光動魂魄空靈不是小聰明（此首評是程堂集也）

敢云老馬竟知途看盡尋常大小巫珍重華嚴留海墨詩中一樣有衣珠

公事公言我不辭無邪詩教本無私一編也自留天壤那望人知勝我知

查楳史讀船山與琴老論詩絕句所見不無異同因作寄琴老

日下江河未有涯元輕白俗轉爭誇拈來楊柳依依句詩話權輿謝傅家

天人原不襲齊紈也要銖衣熨體安倘使嬙施俱祼立路旁可愛一錢看

漫道空靈是性情古人書亦性情生縱横筆陣圖中見何止能將十萬兵

落魄狂歌儘自如大家風度在居諸歌姬院落韓熙載終異墦閒乞祭餘

杜陵何减九方歅深穩能傳上廐神一樣騰騫兩天馬較他優劣不飛塵

傳衣幾輩口頭甜北祖南宗亦可嫌直待丹霞燒木佛知渠不是

妙莊嚴

雅俗盛從筆墨爭江湖臺閣各崢嶸相公自愛閒籬落誰作雞鳴犬吠聲

力有千鈞句轉輕墨痕化盡妙心生游絲裊入秋空裏只許呵毫一筆成

異出同歸總入河路歧師友誤尤多廣明結習聲聞藏迦葉猶訶突吉羅

聒他老嫗太無端滿耳盲絃託稗官彈得廣陵真絕調不愁聽少古衣冠

橫使才情誤後賢古詩不古强名篇太羹元酒無兼味枉費何曾十萬錢

欲空理障託詼諧惡趣偏言有好懷我是侏儒未聞道漢廷無分

學優俳

陽湖孫星衍淵如題琴隝說詩圖後

飛鳧一夕下蓬萊曾到鈞天醉幾回珥筆詞人滿霄漢祇今誰似謫仙才

弦歌聲裏自敲詩況有匡衡助解頤江左風流寥落甚仗君壇坫接袁絲謂簡齋前輩

商量字字要吟安漫說高岑與杜韓我似江淹才盡日避人詩債築臺難

武進趙懷玉味辛和琴隝耶谿漁隱絕句卽題王椒畦圖後

垂竿曬網舊幽棲寫入丹青路不迷千古詩人兩漁隱苕溪以後接耶溪

金地山房信宿留吳山有先恭毅祠被潮隔斷浙東遊輸君來往煙波裏

分占杭州與越州

才名三絕早流傳天假蕪城一面緣不待滄江虹貫月有人已識孝廉船與孝廉初識於揚州

臨川樂鈞蓮裳次琴隖韻題耶溪漁隱圖

花飄越客千絲網月在耶溪一葉舟未要樵風朝暮送溪南溪北是安流

壯心飛向浙江潮笑脫靑蓑上碧霄騎鯉琴高新見謫飛鳧葉令可能招

漁弟漁兄豈世情貪閒亦自誤平生蘆花淺水無魚釣竹箭奔流放櫂行

君家東浙我東吳已共三江又五湖至竟嚴公傲侯霸莫教西子笑陶朱

錢唐陳鴻壽曼生和琴鳴耶溪絕句卽題王椒畦圖後

瓜皮艇子蓼花灘溪水溪風夏亦寒便擬從君結茅屋門前添種竹千竿

一灣斜月晚涼天白紵當風意灑然越女如花親挽髻一時齊上采蓮船

輸與青鵁更白鷴年來笑我不曾閒釣竿縱拂珊瑚樹能料征帆幾日還

一尊別酒坐宵深漁弟漁兄入夢尋話到水村風味好簷花如雨落沈沈

青浦王昶述菴小檀欒室讀書圖

幽篁精舍倚城隈江海蟠胸積抱開記得乘軒向西笑清平山翠撲眉來

侯官林則徐少穆次琴鳴前輩韻題耶溪漁隱圖

一臥滄江歲月寬鶴書雖到未彈冠苧蘿山下閒風雪留與詩人理釣竿

濃嵐疊翠鑑湖春難得鱸鄉待隱淪便署頭銜作狂客四明賀監倘前身

平章舴艋倩漁童坐試朝南暮北風山水方滋歌詠出綠蓑斜挂月明中

一幀丹青自寫懷此中招隱與誰偕使君且爲蒼生起琴鶴歸來致自佳

海鹽黄燮清倚晴越溪道中

越女如花滿水濱更誰能解捧心顰浣紗溪冷芙蓉落不見西施愁殺人

許雪門難忘詩二十四首之六

青溪少契定陽同，四載光陰奔走中。惟有苧蘿初照月，葛變村孫心泉樓晴皋有古人風。

南去楓谿瑣薜蘿，德星聚處指陳繼垣禮爲羅。越山此日勞回首，七十二湖明月多。

奉調錢江欲出山，因搜伏莽競轅攀。多情父老名難記，慘淡鶉衣鶴髮顔。

錢江九月感滄桑，無奈重尋浣水芳。突起蓮蓬人作難，解圍今尚憶何郎。庚申十一月由仁和改任諸暨，時蓮蓬黨匪首何文慶陰圖構亂。十一月余因勸捐將訪其實，被圍四日，賴山陰何蕺民部郎得解。

諸軍秋困浦陽城，親運軍儲遇賊兵。白馬橋邊嗚咽水，相扶張友渡殘更。辛酉七月初四浦江被圍，余親運軍儲至鄭義門，諸軍困守城中，城外無巡哨之兵，賊已抄過東門，余幾被執，賴長

沙張偉堂相左右乃得退至白馬橋而歸是夜張泗溪中乃免

已過重陽十七朝丹楓染血帶霜飄褁創扶我重圍出俠義家居落馬橋九月二十六日余左右額頂心髮際右耳根右臂共受七傷倒於東門義民馬以位搶護得出馬居縣東落馬橋

癸亥二月重至諸暨時縣城初復四首

兩三故老出破屋五六兒童繫短褌不記自家離亂苦轉憐我面舊刀痕

藏糧石窌被搜窮田麥新經飼馬空指點春風留活計門前數畝草花紅

一自蘭江入浣溪連宵寂寞不聞雞迢迢官路行人少細雨鵂鶹樹上啼

相對桃花破昔愁苧蘿山翠瘴煙收浙東新得平安報前日官軍定越州紹興於正月廿六日克復

武昌柯逢時遜菴爲蓉曙館丈題峰泖宦隱圖

京洛風塵倦客蓮偶來吳市學吹竽脚靴手版逢場戲便是芒鞵竹杖圖

玉堂清話異香熏挽綬居然兩郡分今日詩成還一笑淞江肥膩不如君同時予權江寗府

滄海橫流可奈何天涯隨處是行窩山林鐘鼎渾閑事不要人呼春夢婆

爲政風流有去思畫眉詞客況同時繼君者爲張子虞同年他年考訂融齋譜合采吳江太守碑君典松郡創建融齋書院

錢唐張預子虞題陳蓉曙瀛洲攬勝圖

頑洞罡風播九天鞭鸞吹墮不成仙相逢尚話瀛洲勝碧水紅牆指日邊

淞泖居然落手中南來蹤迹偶相同吾家舊有鱸鄉約爪雪都忘問北鴻

題詩感觸年前事上相追呼索畫逋誰信等閒遊戲筆禍人險作上河圖

詞

宋高郵秦觀少游望海潮 對苧蘿村

秦峰蒼翠耶谿瀟灑千巖萬壑爭流鴛瓦雉城譙門畫戟蓬萊燕閣三休天際識歸舟泛五湖煙月西子同遊茂草荒臺苧蘿杭冷閒愁　何人覽古凝眸悵朱顏易失翠被難留梅市舊書蘭亭古墨依稀風韻生秋狂客鑑湖頭有百年臺沼終日夷猶最好金龜換酒相與醉滄洲

元晉寧張翥仲舉疏影 題王元章墨梅圖

山陰賦客怪幾番睡起窗影生白縞渺仙姝飛下瑤臺淡竚東風顏色微霜卻護朦朧月更漠漠暝煙低隔恨翠禽啼處驚殘一夜夢雲無迹　惟有龍煤解染數枝入畫裏如印谿碧老樹苔枯玉暈冰圜滿幅寒香狼藉墨池雪嶺春長好悄不管小樓橫笛怕有人誤認寒花欲點曉來妝額

明錢唐瞿祐宗吉沁園春 鐵厓先生命詠鞵杯

一掬嬌春弓樣新裁蓮步未移笑書生量窄愛渠儘小主人情重酌我休遲醞釀朝雲斟量暮雨能載麴生風味奇何須去向花塵留蹟月地偷期　風流到處偏宜便豪吸雄吞不用辭任淩波南浦惟誇羅襪賞花上苑祇勸金卮羅帕高擎銀瓶低注絕勝翠裙深掩時華筵散奈此心先醉此恨誰知

國朝楚北張天相滿江紅 哭宣元儒先生殉難武昌

依舊江山，怎不見昂藏人物。波濤裏，漁歌慘澹，扁舟一葉。赤壁寒雲孤雁落，嶽陽斜日殘煙滅。恨西風揉碎老蘆花，清秋雪。　裹馬革，英雄骨；飲利刃，男兒血。想武昌城破，幾回淒切。隱隱忠魂何處覓，予懷肝膽臨風咽。趁清光把酒弔先生，和明月。

陶泊鷗雙雙燕　西施祠

蛾眉廟食，傳是何年耆。衣香人影，溪毛雜沓。我亦移舟祠下，猶獵較同原野。遙望見珠旛動處，渾疑翠珮明璫，倏駕雲車風馬。　痛煞蘇臺飄瓦，便沉入江心，君恩難捨。怎歸越國，輕戀枌榆村社。憶到湖灣避暑，響屧過靈巖月榭。縱使香像無言，也應淚如鉛瀉。

吳穀人摸魚兒　題屠琴隖耶溪漁隱圖

悔當年、撥簪歸也，幾曾謀到魚計。樵風南北憑來往，翻被畫圖牽繫。君莫喜，有多少閒鷗，熟得煙波味。東山悄指。但相對賢妻，頻頻

捻鼻難免輭塵裏　功名早還羨釣鼇前事玉堂能認初地蒼生最是多情物那許五湖偷避吾老矣便春夢婆來尚是觚棱記明年下水待烏榜呼風紅衣冒雪重望尺書寄

錢塘汪潮生飲泉水龍吟雨窗病榻春思黯然不獨遊興闌珊也賦此柬琴鴟

是誰拋卻春光風風雨雨都無賴輕寒釀就濃陰如水芳期留待花臏香霏鶯啼聲怯總辜吟債更游蹤懶慢殘紅欲落傷春意愁如海　應有尋芳人在貯春痕玉壺曾買只今憔悴銷磨病骨儘寬衣帶院落無情故人何處珮環誰解但星星細草依然一碧繞闌干外

解語花爲琴鴟題所畫姬人蘿屋女史拈花問字圖

三生悟到一笑拈來人在銀屏倚龕編初檢神仙侶細屑芸香護字蘿陰屋裏應添個草立亭子開卷時織錦迴梭總要從君記

猶憶紫薇花底照仙郎詞筆春思如綺佩環曾繫盈盈語今日寶緘重理青綾帳啟爭似此紅窗清致還語君芳蕙同心賺一雙珠蘂

摸魚兒 題琴隝先生耶溪漁隱第二圖卷

溯谿邊浣紗人去而今閒卻流水竭來何處紅衣侶要把盟鷗呼起歸也未有幾葉扁舟都傍蓴絲繫溪流到耳早流下西泠煙波約住清夢棹歌裏　家山路留得丹青寫意先生曾爲余畫昉溪漁隱圖半生幽思誰寄年時又作鄉園客一抹白沙痕細休漫擬看席帽單衫草作煙蓑計江村最美正桑沃牆陰棠遮道古好策蹋春騎

郭頻伽摸魚兒 題耶溪魚隱圖用飲泉韻

記年時青鞵布韈沿緣尋徧煙水樵青打槳漁童唱驚得浣紗人起重到未悔如此江山不把扁舟繫住爲佳耳看劍外官人湖邊

老監鄉夢畫圖裏　男兒事出處要非無意再三想見高寄三千六百璜溪釣何似一竿風細儂試擬怕比似鴟夷太早五湖計鱸魚雖美又驛吏催人街亭排馬風雪促征騎

前調　坐江山船行諸暨道中山水新妍雜花生樹傷春傷別情見乎詞

放輕船青山影裏欹斜帆葉低挂溶溶漾漾平隄水誰把越羅新砑花事昨已過了花朝春月圓今夜舵樓飯罷有新椰泥人閒鷗窺客愁重酒難把　當年事想見鴟夷妍雅扁舟容與其下一峰最遠眉痕澹絕似苧蘿初嫁誰共話算如此江山少箇人如畫先生歸也問春雨樓頭杏花買未和淚寄羅帕

陽湖湯貽汾雨生摸魚兒　耶溪漁隱題詞

問何人苧蘿村畔一竿閒釣春水朝衫便與從容脫可有蓑衣笠子閒似此怕小小瓜皮未了屠鯨事蘆花風裏任漁弟尋來鷗兄

約去沽酒也應繫　長安市語盡耶谿鄉思掉頭今日誰是蓉湖一片傷心碧我亦商量歸計歸也易甚張翰鱸魚不抵陶潛米拔圖重記記昔日波心擲竿長嘯風浪等兒戲子有秋江罷釣圖

南海吳榮光荷屋好事近和琴隖原韻

問訊到西冷人在一竿煙雨更愛若耶溪上看遠青峰數　山樊朝市幾何人請待箇人語怎便浮嵐半嶺有隔灘雙艣

明詔起東山遠訪江鄉波闊底事釣蓬堅臥好秋風時節　掣鯨昔日玉瀛西妙手六鰲活更憶綠楊城郭聽烹鮮重說

撒手到如今看盡清瀟修竹借得山環水繞是幾家茅屋　得魚沽酒暮歸來瀲灩角巾漉好向滄江歲晚把枕中書讀

廿載走風塵我亦年光如掣借問宦成何日差免勞腰折　珠江新水碧連天好箇故山笠屐便一帆曉夢趁一江晴雪

元和陳鍾麟厚甫前調和琴隖原韻

十萬漫腰纏買斷牛溪煙雨三月桃花新漲正游鯈可數　閒尋茅舍杳無蹤悄聽箇人語更向前村沽酒搖一枝柔艣

笑把釣魚竿此地天空海闊溪畔白鷗夢醒近荷香時節　攜筒留伴月明歸許我一生活報道先生歸也將風波閒說

萬事不關渠家住茂林修竹有客前溪訪戴坐三間破屋　燃薪呼婦煮鱸魚濁酒把巾漉領略濠梁趣味翻南華經讀

我欲賦歸來一霎韶光電掣爲愛杭州官好看三潭波折　煙霞薄領得閒多孤負戴風笠相約騎驢湖上蹋斷橋殘雪

附屠孟昭原作效朱希真漁父詞四闋

春浪擁桃花飄落滿身紅雨幾點圓萍吹散看魚苗無數　西泠橋外釣船歸兩兩隔煙語聽得一聲橫篴閒一聲柔艣

萬事付浮沈，坐領江天空闊。閒煞白鷗三四，是潮平時節。紵衫吹動藕花風，眉黛遠山活。戲問樵青年紀，有漁童能說。

家具本無多，嫋嫋一竿青竹。爲愛滿川明月，結蘆花爲屋。西風添得醉顔酡，昨夜酒新漉。生計也須料理，把種魚經讀。

酒醒話年時，碧海鯨魚曾掣。撒手歸來何事，笑珊竿都折。門前曬網夕陽晴，蓬底掛蓑笠。準備若耶溪上，好衝風衝雪。

汪小米玉漏遲 題姚野橋變詞卷用草窗題夢窗詞集韻

俊才何太少，霜腴罷唱，吹香人杳。不料逢君，重見風流襟抱。付與金荃豔筆，看夢裏、江花圍繞。休自笑，浮名誤盡，消磨年少。　年時我亦清狂，記幾處亭臺，幾回歌嘯。彈折冰弦，同調半歸衰草。寂寞心情甚處，只怨著、嗁林春鳥。幽思悄，殘編短檠孤照。時輯近人詩

丹徒丁立鈞叔衡金縷曲 蓉曙館丈南旋，繪山陰返棹圖贈別，并綴以詞

海宇昇平久，竟誰知披猖如此幺麽小醜。五利和戎非得已，幾輩老成搔首。且勿問金甌缺否。吾曹抗爭真夢囈，望東瀛早息鯨濤吼。一介使回天手。　於今勿復譚攻守。儘從容承明著作，徜徉詩酒。天子輪臺將下詔，瑣瑣吾曹何有。零落無多朋舊。叔度板輿方入洛黃仲弢編修奉漱蘭丈新入洛，整歸橈君返稽山又。卻笑我，瞠乎後。

江陰繆荃孫百字令題蓉曙太守峰泖宦隱圖

九峰三泖，正天風吹綠，平蕪煙樹。太守鳴騶花外轉，想像歐蘇襟度。父老扶犁，兒童騎竹，謠入嬉春句。衢謳家祝，使君方歎來暮。　同是飄墮天涯，朱幡皁蓋，殊羨君榮遇。我向江湖甘匿迹，終老蘿雲菰雨。鈴索西清，羽書東國，舊夢無心數。五茸城下，何時來理游具。

嘉興沈曾植子培金縷曲題蓉曙編修山陰返棹圖

竚立河粱久吾誰與卻步行屈搶飛殿醜春望不堪千里目徙倚長安龍首擊筑悲歌來否小劫風輪旋色界見諸不動蒼兕戢雙樹下漫攜手　得歸且恁吾廬守有春江汪汪蒲萄新酒天向醉鄉除歲月憔悴獨醒何有祇臯壤有情如舊亭上夕陽分手地那南冠雪涕明還又期黃石莫遲從用丁叔衡韻

金壇馮煦夢華百字令集玉田句題陳蓉曙同年滬賓春餞圖

天涯倦旅倚危樓一笛散入來否社燕盟鷗詩酒共肯被水雲留住斷碧分山平波卷絮卻是陽關路東瀛柳色依依心事最苦涼意正滿西州煙隄小舫如把相思鑄欲趁桃花流水去只恨蘋鐙聽雨萬里潮生一番春減遠思愁餘庾雁書休寄此時愁在何處

諸暨縣志卷五十八

文徵附編

像贊

明戴叔能黄元輔像贊

其才之逸駿躍而騄驤也其德之蓄玉藴而珠藏也其行之高標正而矩方也噫此所以隱約稽山之陰逍遥鑑水之旁而使右軍遜其達賀老遜其狂也

方希直楊先生像贊

不翕翕以爲同不戛戛以爲矯遁身乎山林之中抗志乎雲霄之表若先生者崇爵厚禄不足以爲大布衣糲食不足爲之小以其所存者義所富者道也視彼曲學阿世顛蹶乎得喪之途而不止者鳳凰之於烏鳶靈芝之於衆草也乎

徐天池陳氏三世圖贊松齋柏軒丹山

於惟南雄實允陳宗壘壘羣山公寔作峰迨及兩藩入粟典饗贊公之緒如芑茂豐今其邈矣瞻之無從令孫緝公聚於一堂無橋不梓無鳳不凰金紫六區映此溪楓後昆寶之過客斂容

蕭山來斯行馬湖陳還沖方伯像贊

於惟先生吾越雋豪聯翩上第摩騰九霄載奉简書出帍亳曹光芒穎脫鷺服夜號鷹冠峩峩有觸必橈薦登憲職恩威劑調烈烈鷹擊易爲脂膏驟歷卅載宥如一朝不剛不柔章法孔昭孔昭輿論甘棠是詠楓水洋洋蒼生望重行生也晩未及侍奉暨見遺容高山仰從葭莩姻戚喬木俯拱書此俚言岱宗雲湧

還沖方伯淑配駱夫人像贊

煜煜華胄共出暨陽溯厥源流穎川烏傷奕世婚姻鳳鳴鏘鏘維

皇來歸九十其儀其儀孔多旣頎且頎雝雝丹穴與雛是棲五彩文章光耀離披英英諸孫愈出愈奇昔我來斯拜母于堂六珈瑜翟奕奕其光母之鶴髮映服俱芳母之容貌旣肅且莊已而吾女病亟易簀惟時阿母哀痛顰頞蓋母之視吾女不啻諸孫而吾之視母也敢與夫母而異轍故見其像若見其眞而跽而讚之而若親炙乎其人二像爲老蓮所畫來先生讚墨迹猶存足稱二妙老蓮即先生壻也

辨文

國朝尤侗展成西子墓誌銘

唐太原王炎夢侍吳王闔宮中出輦鳴簫擊鼓言葬西施王悲悼不止立詔詞客作挽歌炎遂應教詞曰西望吳王闕雲書鳳字牌連工起珠帳擇土葬金釵滿地紅心草三層碧玉階東風無處所悽恨不勝懷王甚嘉焉予豔其事而惜炎之才未足稱

之戲爲墓誌銘非云唐突聊復效顰爾
妃施氏名夷光諸暨苧蘿村人也玉種西家華傾南國蛾眉螓首生若天仙蓬鬢荆釵便如圖畫笑常齲齒依稀媚寢之香顰或捧心髣髴啼妝之泪浣紗石上茜裙雜絳縷爭飛采菱溪邊粉面共紅花相映五光十色貌擅無雙半月三星年矜獨步於是越王句踐歸自石室迎於土城宮女卷衣夫人解佩翠盤教舞自成集羽之容紅板裁歌早協繞梁之韻霓裳霧縠影見沈魚寶樹金鈿妝成飛燕固宜鳴瑟向趙吹簫入秦垂纖手於魏宮鬭細腰於楚國乃獻吳王吳王悅焉重壁妝臺雙金貯屋浴含荳蔻水遂名香棹泛芙蓉涇還賜錦洞庭銷夏走一騎之楊梅茂苑行春飛牛塘之花榔恩專五夜寵冠六宮洵知晉殿虛嗁周臺温笑褒王十二空夢行雲武子三千徒勞教戰既而雞陂鹿走鶴市烏棲梧宮葉落

忽摧短命之花蘭帳蕪殘難覓返魂之樹某年月日薨於館娃宮嗚呼哀哉玉牀已矣繐戸淒然穆天子之傷懷湘夫人之灑泪鴛鴦湖曲寂寞妝臺芙蓉江前闌珊響屧郎以某年月日葬於虎丘之原香徑埋香玉鉤掩玉左倚瓊姬之墓右望真娘之墳嗚呼哀哉銘曰於越佳人爲吳貴嬪雨雲不定風月常新君愛半妝城傾一顧燕子飛飛蓮花步步椒房朝啟珠幌夕韜琉璃易碎瓊草輕凋妃遂凌波娥仍奔月壟閉紅簫絃殘白雪舞衫簇蝶歌扇飛灰素衣千載想殺青苔

宜興陳維崧其年徐昭華詩集序 并引

山陰閨秀集昭華字伊璧贈三嫂詩云妝樓春色曉捲幔綠楊間又贈雲衣詩羨汝雙蛾似初月不須留待畫眉人又爲雲衣作催妝詩序中因及之

瀨中夫子偕遊細柳之倉毛穎先生竝轡長楸之館銅溝清泚嘯詠方遒綺陌輕陰談諧甫暢相與數朋遊於故國抑且論人物於當年顧謂毛君卿家於越學楊雄之奇字定有侯芭傳正則之離騷寧無唐勒君笑而言居吾語汝頻年濩落比歲幽憂人屑瑟而在蘆壇蕭條而無杏籃輿寂寞半諱言陶令之門生絳帳飄零疇自引馬融之弟子爰有一人猗與獨立詎圖徐淑知有毛公隔紗屏而請受經文濡綵筆而願爲都講擬之賢媛不愧竇妻鮑妹之閒其在詞流何慚宋豔班香之輩余也側聆高論竊慕驚才神惝悅以靡寧心狐疑而未果倘有善謔姑好大言如謂非誣求覿麗製若乃椒花新句探自枕中香茗清文出之袖裏散葡萄之帙約有千篇解玳瑁之裝都爲一卷於是微吟永晝密詠逾時晨鑪爇麝渾忘綺旭之將斜宵箭沈虬頓覺素靈之欲上藉之索粲何煩

再投玉女之驍假以獨愁詎須更射大夫之雉解頤不少撫掌絕多時則僕也玩荳蔻窗前之集諸什咸工覽茱萸帳底之篇古詩尤妙蓋自殷湻作集徧輯裙笄常璩成編閒傳閨闥戴嫣莊姜而後世擅風詩諸姑伯姊之儔代沿製作循環纖手豈盡習夫琵琶掩抑丹脣盌第耽夫笙管珊瑚架北曾繙五色之花箋翡翠窗南競織千行之錦字莫不文縹黃絹曲譜烏絲傚陳后不平之句破粉成痕傚班姬善恨之詞結眉表色然或新妝甫竟粗曉之無巧笑餘閒略諳競病答曹洪之箋啟未免倩人嫁韓偓之香匳將無贋作歌喉乍轉便號綿駒舞袖纔迴遽誇飛燕紅初暈頰得豔雪以逾融翠欲成螺擬春山而無別正須點綴還藉游揚亦有夙敏才情素耽文史嬴館吹簫之暇卽弄新聲楊家挾瑟之餘偏摹舊曲然而祗工近體但辨唐音託興則贈別懷人而外曾未經心擬

古則龍標供奉而還都無涉筆不知前者乃有陰鏗猥類時賢妄嗤庾信仲卿孔雀從未入其籓籬都尉鴛鴦何自窺其堂奧緊因風而正弱花裛露以偏慵緣斯兩者之談暨彼諸家之失此則綺歲揮毫非關姆教髫齡握槧綽有門風小鬟桂子揄薄袂以求題短幅桃花障輕綃而乞試母原道韞發函而私訝其情父則徐陵伸紙而彌嗟其妙固已才高擊鉢何難譽起連城況復別裁律絕極擅清新上溯齊梁尤多風骨綠楊幔捲魂消贈嫂之篇新月蛾長色豔催妝之句坐久則梅開鬢上眠遲而衣寄邊頭索來畫燭體學丁娘倚罷朱欄情同劉媛溫邢掩嫮定空北部之胭脂鮑謝慚工直壓南朝之金粉吳都士女從前枉說綺羅越國山川自此不生花草傳向妝梳記內共許無雙選歸才調集中還推第一僕也天涯薄宦惜潘鬢之徒凋故國難歸悵江花之早謝酒無玉藥

聊憑彤管以消愁花少青棠謾託緗縑而釋忿願爲逸少長學書於茂漪詎意毛萇反授經於伏氏美誠有是妬亦宜然爰綴俚言用題新詠問其桑梓千春西子之鄉詢彼絲羅四傑駱丞之壻

會稽胡浚希張陳月泉詩稿序

煅酷摹白麟於隴首芳華掩青兕於夢南二十四品之中芙蓉落落三百五篇而後楊柳依依躍金澗之精芒步瓊臺之逸響弓衣織處定識遐傳鹽角翻時端推絕唱然而牢籠百氏馳騁千言拉蛟蚓而雜驅吐珠璣而幻變則網羅之本事具存焉悲歡畢露刻削咸真激悽惋於登臨炳玄黃於諷諭則閱歷之孤精獨注焉知此者可與論月泉之詩矣夫自輶軒使邈緒更騷人簫管音亡派傳樂府江中香草衍兒女之黄桑樹上鳴雞襲中郎之翠鳥班姬長信裂素紈悲都尉河梁濯纓念別下迨六朝自晉四變終唐擴

有宋之五家殿勝朝之七子王楊李杜各樹長城顔謝潘張悉旬
巨海珊瑚鉤之夙話娓談齏粥榔蓄白雪樓之餘奇另闢梅墟樓
館方家總總集類斑斑率皆遞雅以皈風要亦求宏而始博沫觴
七寶乃成日月之宫宵滿千花始就神仙之醞至於澀鶯詛璧莽
轢更刁翕冥雹而勢雄咽寒蟬而句棘則武皇對酒得自縱横楚
史甘黎慨緣蹇蹟長鑱同谷淒淒亂髮之吟短幅蠻江曲曲迴腸
之淚迨及猿聽巫峽鮮戲厓州筦漁笛於紙屏更蜑歌於銅鼓大
約奇才抑塞則寄託尤深險境岨峿斯性靈倍著他若藍田輞口
樂敍田園金谷河陽盛矜管杓賞白蘋於洲上醉黃花於宅邊便
惟光景之流連無復取懷之踔厲夙偕名輩屢折叢談舉證詞場
莫移定指君則五行並下三篋靡忘窮玉版之隱篇磬瑤輪之怪
牒精忠則鳳髓龜毛博物更螭膏麟角固將韻諸雅雅緯入纖纖

歎清唾以皆珠嘔靈心而飢錦況復硯經鑄鐵祇甚窮愁管任鏤青偏供侘傺席門負郭稀存飦粥之田籜簡提囊莫致笙簧之聘至於三年箐霧萬里濛沙訪銅柱以攀槎叩石鐘而擘荔烏蠻驛畔山楓乃贅雨疑人紅豆巢西瘴烏且啼煙似鬼此則鬱暑鐘以沍凍變縟繡以悽絃腐心之奇氣難磨而失職之善鳴何似耶夫閉戶者罔希駟玉斯揚葩麗而不豪膏車者無暇燃薪將振秀淫而末則是故流入山茶叶且無徵遊客巢鷹猢猶失鹵若夫先生河渚漫叟窊亭唐山人撚紙投瓢裴居士披蘭浮艇剗拈花竹縷逑琴罍求若登燕然而勒銘臨碣石以觀海潼關盧子事補蘭臺沙箸江瑶志增桂海飢又龍賓避鋭鳳味辭長是知獨秀之易標而并吞之難企也似此宛成璧合暢作珠連含萬卷之醕醲統百齡之窮泰盈箱具積授簡從戕始識竫人未許美偭而狂語不當

漢怖矣純鉤在匣敢誇薛燭之淸矑圓扇傾心擬續塗高之典論

趙羽九南魚集序

嘉傳内穴酒馨牋罥罩於淸歌化憶天池風負聘蒼蒼於玄偶吳鄉蘆葉玉劃詩屏越島梅花錦搖問札蓋南濆萃芳華之藪而魚行達竅妙之機則夫泉涌文犀濤驅香麝寶海振千秋而鳴磬玉池網百氏以唧珠固宜貝闕喻以雄奇石潭示其靈幻矣第吞非丹篆菩巖詎比牛沈授未黃衣藏室祇成獺祭步浣花之百韻無非朽瓜嗅喁矜倚馬之萬言孰埒盈車碉磕乃若鴟夷井畔倚樹成廬玉女潭邊穴山作硯織千絲於鐵網典墳邱索之精醅吐百變於紅樓沈宋班楊之醲遂金鵝萬丈先生方扃岫以深藏白鹿千人弟子乃扣帷而誦讀大伴笑鶯險極探驪心維北穴之浮沈名揭南溟之瀺灂則夫洋洋活趣潑潑遐思業應裝囊白以流傳

亦可擘雲藍而細論者也夫洞庭泄祕靈威啟黃熊之書宛委藏奇軒后窨金龍之簡自來麗澤盛鍾揚州趙細匹諸韓詩謝書肩以班史冰廚石室海西越絕之編綠綟銀壺江左蕭齊之記范子安七千餘卷擔橐填門王仲任八十五篇牆垣置筆他若赤城挾賦綠嶂題詩玉海駕乎巽入銅盤轢諸仙品漁翁西塞詠白鷺於桃花太守東陽糅紫莖於楊柳寒梅遶屋香結書巢修竹當樓清開茶宴莫不遊沙比怪吐墨同鮮煜疑黃腦之貫釵矯若綠鱗之掠舵卽君邑帶輸紫石祇號新州鼓出黃精僅稱古縣亦復譜綜玉璽集耀瓊臺辨禱馬之逸詩播牧牛之遺稿灌園酒酒竭標向若之驚藝苑恢恢迴挾忘筌之樂既自半山刱以制義八比重於科名株守訓蒙墨追帖括勵蘇薪於敗甕惟知儕鶴瑤泉誇折竹於寒氊止習嘉魚玉茗歷抄齊甲便訝談天子說燕丹翻疑畫鬼

於是枯均嘲索拘甚游涔忘六緯之鯀飛謝九師於龍負昆明秋興枉說鯨鱗東別春潮甯搜虎狀嗟乎江環吳越虛留孔墓之簪人異嚴朱誰壓梁臺之硯紫毫花盡驛詫夢以文孤立碣松深石刓琴而韻絕罟甯結籍餌孰求仁此所以達人來冰語之譏而賢者切香癰之懼也何意恣情洸瀁瀋滴冰蟾銳志深沈繡移紫鳳酒辭林之風雨恍驚泉客揮璣泣談藪之鬼神儼覩鮫妃弄杼君誠豪傑熱肯因人僕本迂疏好因稽古此則妙欽蒙汜定知浮鯉之堪傳經伏攤立自識淪淵之必壽者也又況在淵在渚用物偏精可釣可杠會心獨遠滔波隔浦慕滕子之芳辭甚雨流圖喻視萌之密注網細鱗於急水真消頁夜清風乞通印於霏煙似覩扁舟斜日任拈蓮戲聽寓芒垂宛披翳日之雄談洵屬觀濠之別解抑且溪尋干吉浸本東南浦泳山遐位原丁已傲山經之奧麗儘

驅黃頰青衣軼水注之離奇合狀金鳧赤驥把君十卷則縱縱俱配鳶飛寄我八行將雅雅悉纏蠶擲較覩山中辨藥僅注藤花席上揮毫惟工柳絮尙覺呴濡之未暢終非騰躍之有神治使僕章恍若之懷而君作猶然之笑矣若夫寒從帶荔微陳車轍之淒涼餞厭飡楟故作泥沙之崛强僦一椽而削樹安比吞舟悋十上之引錐自傷點額則滄洲解傲豈其我見拘墟雲夢堪吞何至此中留芥爲祈觀者請拓心胸寄語同流勿云鱗爪譬諸石鼓擊銅應大扣之鳴舉似金針返雉作神車之指

吳穀人是程堂集序

夫剸犀斷鵠始顯昆吾之鋒剔流導歧乃躋龍門之險蓋神之所運萬物貫焉志之所凝一誠達焉士有驅騁飆發橫厲今古飛聲宙合之表倚劍崆峒而外牆宇重峻而吐納自深波濤震淩而神

明蓋壯其學問見焉其利濟覬焉如孟昭者豈可徒以風雅測之也哉蓋其夙智早成質行獨絕朋友講習託幽贊於韋絃郡國討偕動依違於定省僕與析奇致亦盟素心經緯人事之言習知其英變惻隱古詩之義敦悅其芬芳時復脫略形骸刻露情性頌其酒德信次公之非狂凜乎儒風謂昌黎之亦俠比興所寄纏綿遂多蔚乎若人不可及矣既而入木天登秘閣與清華之選從鵷鷺以遊洵足彪炳文章光顯職業然而神仙在望翰林之地問方圓可施通人之才大業已名題千佛身到三山偶然驥足之煩豈謂鳳池之奪即今大江揚子古郡真州潤飾弦歌循行風俗振星衣而趨曉肅露冕而觀風問犢諮牛效言於農里受書講業比屋於學生耳目潛移風流不替其可以助成文雅譜入樂歌者又何如乎僕以舊遊來觀新政每遇白沙之路如經愛敬之陂但覺乳雉

風馴飛鴞音革桑麻被野機杼連房廉讓道興錢刀于焉不競萑苻迹絶桴鼓可以息聲夫空谷氣清斯發叢蘭之秀幽林露下彌滋芳菊之賞當此靈襟遠接華思忽生有民物之歡娛無簿書之迷悶伯生老吏之目證以是編萊公遠渡之吟卜之他日以爲左證或不予嗤孟昭舊刋是程堂集查梅史爲序而行之兹則風雲易遒氣節倍振以穿溟涬以軋霄崢固由天稟亦資學造從此一官一集遞顯其高華再接再厲愈精其灌薜高山大原實徵積累僕退飛之鷁見風而欷自愧生平願焚筆硯而已

仁和胡敬書農是程堂倡和投贈集序

夫人當少年豪舉勝地登臨良朋翩來雅詠閒作削稿如葉揮毫成雲於斯之時亦不甚惜及乎悲歡異其枯菀聚散感乎萍蓬偶檢叢殘動深馳溯是以草堂人日吟社月泉賦止一題製纔數韻

尙復愴懷時序追賞風流矧夫彙千百章成二十帙其閒金臺之彥玉堂之英吳下名流江左畸士莫不掎裳連襼送抱推襟大雅扶輪清風作誦如斯集者乎潛園同譜性情邁往結納宏通羔雁之投贄以行遠騷雅之什唱而愈高溯自通籍以前暨乎歸田而後交徧海內酬答綦多編存篋中瓊玖同視梨棗之壽金石之契存焉已爾乃覃思著述息影巖阿古樸當門疏篁映牖一時戴笠攜琴之侶判花頌酒之徒望柳攀稽抽蓬訪戴僧寮覓句則鉢爲催成漁隱塡詞則樵能唱出讀畫而春風在手說詩而秋月當頭室檀欒以寫圖五君嗣詠學陔華而高會九夏聯吟於以記友誼於苔岑於以表師資於名宿編集凡七著緣起也若夫强臺再上祕省初登偶題壁而歌徹粱閒未碎琴而名喧都下沆瀣之合契均歐蘇襟期之超游盡郭李秋蘆挐榼而銘紀重陽春水挐舟而

序傳上巳紫藤雙綰翠壁千番添客囊以詩笥盛祖帳於詞府匪直靡肥觴美招燕市之酒入潭柘溝蘆狀薊門之風景編集爲二慶遭際也至於才號謫仙蹟彰循吏瓊樓玉宇光價雖留手板腳韠塵容詎免得毋簿書督責遂閒步兵之廚撫字辛勤致停中散之操而乃佩韋尋繹座揭爲銘從政然疑懷虛若谷湘館輯採風之錄鑾江攄懷古之篇小展經綸拓軒楹於官舍偶偕賓從賞花月於江濱重新有美之堂還仍舊額好畜奇礓之石此是歸裝來暮載其歌謠去思勤爲籀篆編集有六詳宦迹也迺者解組中年養痾故里名園暫借貲十萬以難償雅集頻摹賦三千而未已鬢絲禪榻茗盌爐香邀彌勒與同龕假維摩而示疾回思舊雨大半晨星逝者如斯慨嘗以慷而乃

主上鑒龔黃之爲政

授赤緊之提封兩郡量移一麾遲把即家

詔拜異數身叨君以爲露冕專城難勝羸瘵刀圭量藥冀得俞跗薓苓助乞夫同齊轅策報期於異日編集成五書病侯紀

恩遇也嗟乎人生百年事會萬變易遷者境難沒者才所貴白水之盟勿渝其素他山之益能闡其微此日四靈姓名分附他年一品集序重哀發潛德之幽光誌下臣之榮幸冰清心迹證宦況於生平山長頭銜副才人之遲暮因君蕉額慨我龍鍾悔不學早入山書成仰屋從人非笑呼以馬牛與子徜徉訂爲鷗鷺效天隨之採杞罷廷尉之張羅蘭艾別其町畦松筠參其通介縱匡濟之無策尚文章之有神可奈人事相牽歲華空邁社翁無酒何以治聾莊子生楊竟於左肘祀虎林之耆舊徒抱冬心憶鸞掖之交游遂如春夢守遺編以終老覽少作而增慚無已請歌君耶溪樂章爲

我起幽憂之疾可夫

屠修伯盟山堂初集序

蓋自一家詞賦才擅當塗七葉聲華緒承開府西蜀杜陵之什斜川蘇過之編莫不馳譽鳳毛齊名麟角豈直竹林競爽花萼聯輝已哉然而白傅後身文葆僅誇秀美昌黎哲嗣金根難免譏彈李嶠無兒虞龢作匠自昔歎之矣今觀盟山堂初集見夫乘皋衍緒莊朏聯芳邁乎時流傳自家學其閒贈答諸作縞紵所交多半誼聯紀羣望崇郭李赴蓮社之禪約集煙波之釣徒相與痛飲以讀離騷澄觀而論唯識塵累不染襟期自超年華則雲閒之士龍才藻則山陽之王粲自風雅外絕鮮兼營於儕輩中允稱稀覯僕趨庭曩昔稍解吟哦珥筆承明終淪平鈍竊謂詩無派別人有性靈接時而生此事本關運會學我者俗從人各闢町畦修伯其尙襲

禾家雞呈材天驥敦本茂實卽流窮源於以畫仿元章書追逸少蜚聲蘭省廣愛棠碑乃翁定亦爲然生子固當如是白師子超於黃師子須知其駿在神雛鳳聲清於老鳳聲可怕後來居上

合肥龔鼎孳芝麓題陳章侯美人畫

章侯畫法妙絕一時所作美人圖風神衣袂奕奕有仙氣尤出蹊徑之外吾友石疏尊人守會稽獲其尺幅寸幀奉爲珙璧予有意擾攘南宮之石而風塵驅人忽忽七八年未果此願今於浠上友人覓得此軸筆墨倩冶工而又逸脫去脂粉獨寫性情乍凝睇以多思亦含愁其欲語徘徊想似如矜如疑卽其閒芳草無言裙香暗展石影映珊瑚之骨蘭風浮玉碗之香點綴蒨幽亦令人魂消心死而況攢翠娥於臨鏡約繡帶於合歡者哉吾心中一瓣香又在湯臨川矣

吳縣潘曾瑩星齋疏影樓未刻詞題辭

古梅數枝雪月同邑幽蘭一箭風露有香銅笛悽怨瑤琴古音病蟬抱葉綴以愁絲殘鷺選樹眷夫冷紅梛花濛濛春痕著水山翠漠漠秋影在簾華鐙傳情圓冰寫影鴛鴦卅六波心悅魂鸚鵡一雙屏角偷眼淺夢憑招墜歡猶拾天涯倦遊旅思棖觸藤陰選句紫雪盈袖蕉葉醮墨綠雲墮窗箏語寂寞慵招大喜酒波瀲灩聊呼小叢蕭槮之況明蟾乍窺杳眇者思白鷗有約瑟然多感渺兮懷人石帚香影屯田井華拾翠織綃君其嗣響歟

錢唐張炳赤士潘節婦傳

嗚呼代女摩笄名山鬱其古恨炎娥墜粉滄海振其頑音寒雲盪而羸杵崩白日頹而齊鼓死是知乾坤坱圠必資釐戴之功兒女精魂自挾蟬哀之性婦姓孫氏母家山陰始自稱息來配潘家黃

金非新婦之裝碧玉是小家之産夫友松服農襏襫食力擔簦汲骭泥深鋤禾正午壓肩露重擕米偏寒婦黽勉安貧提攜共命當春花而忘對鏡得秋月以代明鐙不辭皸手之痕儂如紅蓼只願同心之誓郎是青松咸豐壬子春友松疾亟歿前夕呼婦與訣曰我且死汝尚少且無子嫁可也能守則聽汝婦嗚咽不能對叔寶彌留之日聞者傷之共姜誓死之天於茲定矣婦治喪畢越旬忽自縊黃壤蒼茫去去蘼蕪之步赤繩慘澹生生連理之心草獨活而已枯香返魂而孰諒族人救之得不死然神已癡矣蟲曾化螠經首方終草豈卷葹拔心尚活掩戶支離之骨空牀宛轉之腸生也有涯溘焉竟逝年二十有四時二月望後八日距夫之亡只二十六日耳螟蛉終替誰延蒼水之宗鶗鴂空號不照彤編之字炳采彼遺芳登之列傳嘉其一死靡他之義原其兩番終殉之誠核

實循名書曰節烈雖蘭蓀無種未留一瓣馨香而松柏有知應慰千秋魂魄遺骸贔屭護祠中之樹莫教卓女來游化鴛鴦作冢上之禽此是韓憑再世贊曰忠臣枋得烈士漸離其死皆後其節不虧潘婦殉夫不浹月耳豈少鴆媒本無鳳子此心皎雪爲氣淩霜夫存與存夫亡與亡直道鄉評幽光女士敬備輶軒告之太史

建德胡念修右階畸園記 并贊

概浦千頃挾慶湖三十六源而朝宗句乘九層環杭烏七十二峰而鼓吹緊楓橋之重鎮地即義安有緣野之名園天連古博同憂同樂當謝公陶寫之年一壑一邱正范伯流連之所星聯東井揖讓懷葛之衣冠月霽南山襟帶齊梁之煙水此則清芬可仰人以畸稱聚族而居地因園著者矣駿公先生太邱世澤於越耆英九轉木天一麾江海在山之水清自廉泉出岫之雲用爲霖雨高冠

游俠方山以倜儻生姿冉服談禪竇綸以嶔崎自喜珥節尊鱸之郡擱秋水以盟心校經蕺蔚之圖依白雲而望舍有懷風木表阡戀馬鬣之封還讀楹書析薪荷龍門之業浣江源遠試濯纓於子美之亭鐵厓山高欲買鄰於廉夫之宅逮乎豸華再出鴻廡行吟拄笏如仙浮家為客布帆無恙時帶水以迴旋錦里逢春好登樓以憑眺桑麻十畝幸開徑而得先疇花石四圍便取材而結佳構爰居爰處歡迎盤谷之林泉苟合苟完談笑愚溪之風月溯自京洛應徵之日樸遬既勤洎於巴渝奉使之年奐輪斯美蓋茲園之作由經始以抵落成已駸駸乎二十閱月矣今者元龍名士湖海稱豪仲弓世家星雲行慶建文翁於西蜀廣廈橫經迓高適於東川公堂避舍錦江春色正繡弓衣夔府雄城會加節度猶復長風送雁乞一曲於剡川細雨騎驢憶百花於快閣題橋萬里非以高

車駟馬爲榮樹木十年常有甘露醴泉之瑞須叓吾之重見指揮無負乎蒼生認諸葛之後身丰采不同於俗吏夫豈若濫巾北岳移稚珪迴駕之文捷徑終南騰藏用還山之誚也哉蒙也平居鏡水承蓋清塵同出宛邱通家華胄少陵之交唐氏族弟分姓於伊祁昔杜拾遺據左傳在周爲唐杜氏一語遂呼唐十八使君曲江爲族弟僕與公皆出陳胡公之後其視唐杜爲何如也之識鄰侯小友忘年於天寶吟江楓而逢古調起舞應寒山之鐘看修竹而問主人聯步聽滄浪之鼓自贈繞朝之策先著祖逖之鞭慕貢禹之彈冠愧吳蒙之刮目聯鑣關於汐社聞池館於峽亭將乘興以操舟乃命儔而授簡才慚王隱難爲地道之記文義取景純敢擬山經之圖贊贊曰

爰有楓橋在浙之湄義安建縣東尉置司世食舊德築室於斯

右楓橋贊

左縈蘭渚右倚蘿村言念君子如玉之温模山範水成此畸園

右畸園贊

烏帶何有有紫石英龍耕鶴守采仙是名以遺主人永保長生

右帶山草堂贊

楊爲逸民王亦高士鐵鍜二峰梅環九里山高水長風流未已

右揖楊拜王之樓贊

玉樹交柯金魚比翼此物相思託生南國春滿枝頭佛説愛力

右雙紅豆莊贊

不慕子京帥蜀修書乃學遺山築亭以居史文野質回望石渠

右野史亭贊

劉傳七略王授青箱名父之子世稱元方曲園遺老題圖肯堂

右授經堂贊

昔有覃溪自號蘇齋今見陳子蜀學書懷會當持節摩眉山厓

右學蘇齋贊

滂喜通儒善説文字公爲解人與之同志西京之遺南閣之記

右讀未央文字之室贊

帶經而鋤五畝之宅萱葉杏花飛觴行炙齊眉如梁相敬如郤

右饁耕堂贊

章侯偕隱對挽鹿車姜悟繪水女妙簪華神仙眷屬詩畫傳家

右團圞室曼殊室寫經軒贊

畦留寒菜畝棲餘糧調梅諧性鼒鼎羹湯加飧巾饋含飴北堂

右蔬香樓贊

蘭薰而燒櫝材而伐共保歲寒松柏兀兀夜氣養晦春風發越

右晦木堂贊

季鷹作客千里懷蓴封翁晚節仰止先民登斯堂也佳節思親

右思蓴堂贊

博聞彊識嶽嶽潛邱蠲精劄記折角時流晤對一室瓣香千秋

右潛邱贊

艮悅北學農求祕書希夷道統古靈經疏百家一貫吾愛吾廬

右通廓子著書之廬贊

東籬花開人澹如菊清風徐來黃粱初熟學佛學仙退心空谷

右菊花香澹夜禪初贊

藥欄低亞花枝殿春迎風解語窺月效顰何如金帶富貴芳辰

右紅藥山房贊

諸暨縣志卷五十九

雜志一

輯邑志畢總前人記載之有涉文獻而無可隸者次爲二編曰軼事曰詩話都名之曰雜志所以述傳聞驗事實也

軼事

山海經有長沙零陵桂陽諸暨等郡縣見顏氏家訓今山海經有餘暨無諸暨非古本也新纂

西施越之美女過市欲見者先輸金錢一枚孟子注

蕭思遇梁武帝從姪孫性簡靜不樂仕進常慕道有冀神人故名思遇而字望明言望遇神明也居虎邱東山嘗雨中坐石酣歌忽聞扣門者思遇心疑有異令侍者遥問乃應曰不須問但言雨中從浣谿來及啟戸見一美女二青衣女奴從之並神仙之容思遇

加山人之服以禮見之曰適聞夫人云從浣谿來雨中道遠不知所乘何車女曰聞先生心懷異道以簡潔爲心不用車輿乘風而至思邈曰若浣谿來得非西施乎女回顧二童而笑天曉將别女以金釧子一隻留訣思邈稱無物敘情又問此去何時來女乃掩涕曰未敢有期空勞情意思邈亦愴然言訖乘風而去須臾不見異香猶在寢室時陳文帝天嘉元年二月二日也虎邱山志

河豚腹中之腴名曰西施夫西施一美婦也豈乳亦異人耶千載而下乃使人道之不置如此則夫差之亡國非偶然矣輟耕錄

嘉興産檇李有半月痕相傳爲西施爪印秋雨盦隨筆

王十朋會稽風俗賦黄竹神木周世則注蕭山黄竹山越絶云范蠡遺鞭於此生筍爲林竹色皆黄狀如刀劄案邑有二黄竹尖皆在東鄉遺鞭故事至今父老猶能傳述周注王賦乃繫之蕭山考

今本越絶無此文新纂

史記秦始皇至錢塘臨浙江水波惡乃西從狹中渡所謂狹中卽今富陽縣絶江而東取紫霄宫路是也江流至此極狹去岸纔二百步水波委蛇從此東渡取道暨陽舁至會稽山今暨陽郭外有始皇廟宇乃經從之處徐廣注史記直以爲在餘杭非江流之所經也耆舊續聞

今諸暨縣東長阜鄉與會稽界處有刻石山相傳卽古會稽山李斯刻石銘功處故山名刻石俗稱會稽大山互見山水志

廬江杜謙爲諸暨令時西山下有一鬼長三丈著赭衣袴布褶在草中拍張又脱袴擲草上作懊惱歌百姓皆看之搜神後記

諸暨吏吳詳者憚役委頓投竄深山行至一谿日欲暮見年少女子來衣甚端正女曰我一身獨居又無鄰里惟有一孤嫗相去十餘步耳詳聞甚悦便卽隨之行一里餘卽至女家家甚貧陋爲詳

設食至一更竟忽聞一嫗喚云張姑子女應曰諾詳問是誰答云向所道孤獨嫗也二人共寢息至曉雞鳴詳去二情相戀女以紫羅巾贈詳詳以布手巾報之行至昨所過谿其夜大水暴漲深不可測乃回向女家都不見昨處但有一冢爾

晉紀瞻除會稽内史時有詐作大將軍府符收諸曁令令已受拘瞻覺其詐破檻出之訊問使者果伏詐妄晉書紀瞻傳

余浣公山遐浦記余祖居高湖多洲渚山遐浦其一也府志言浦在高公湖捕魚最多今里人佃爲魚步水淺易涸俗呼山下步舊蹟且湮沒不彰矣余特表之以存先賢遺躅考遐爲巨源猶子嘗令曁有惠政此浦遐所開也而父老流傳直呼令君之名亦足見先民之樸卽以山下步易之未必非羊棗之意大觀堂集案晉書山濤傳濤子簡簡子遐字彦林爲餘姚令以峻法坐免後爲東陽太守

不言其爲諸暨令而退爲巨源孫亦非猶子余說多誤

王羲之有諸暨帖其文曰諸暨始甯屬事自可得如教丹陽意簡而理通屬所無復逮錄之煩爲佳想君不復須言謝丹陽亦云此語君王右軍集

宋王象之輿地碑記香嚴寺碑在諸暨香嚴寺開元二十一年康希銑撰徐嶠之書寶刻類編作開元二十一年六月立越王香嚴寺碑康希銑撰徐浩書案嶠之官將作少監越州刺史浩官嶺南節度使終彭王傅無父子同時各書一碑之理杜春生越中金石志作嶠之書惜碑已軼無舊搨可驗新纂碑載金石志闕訪

唐刑部李尚書遜爲浙東觀察使性仁卹撫育百姓抑挫冠冕有前諸暨縣尉包君者秩滿居縣界與一土豪來往其家甚富每有新味及果實必送包君忽妻心腹病暴至困惙有人視者皆曰此

狀中蠱及問所從來乃因土豪獻果妻偶食之遂得茲病此家養蠱前後殺人多包君曰爲之奈何曰養此毒者皆能解之今少府速將夫人詣彼求乞不然卽無計矣包君乃當時雇船攜往僅百餘里逾宿方達其土豪已知唯恐其毒事露憤怒頗甚包君船亦到先登岸具衫笏將祈之其人已潛伏童僕十餘候包君到躡履拄毬杖領徒而出包未及語詬駡叫呼遂令拽之於地以毬杖擊之數十不勝其困又令村婦二十餘人就船拽包君妻出驗其病狀以頭捽地備極恥辱妻素羸疾兼有娠至船而殞包君聊獲餘命及卻迴土豪乃疾棹到州見李公訴之云縣尉包某倚恃前資領妻至莊羅織攪擾以索錢物不勝冤憤李公大怒當時令人齎枷鎖追包君纔到妻尚未殮被荷枷鎖身領去其日觀察判官獨孤公卧廳中夢一婦人顔色慘沮若有所訴者捧一石硯以獻獨

孤公受之意悽惻及覺言於同院皆異之遂巡包君到李公令獨孤郎推鞫尋其辯對包君所居乃石硯村也判驚異良久引包君入問其本末包涕泣具言之詰其妻形貌年幾乃判夢中所見感憤之甚不數日土豪皆款伏具獄李公以其不直遂憑土豪之狀包君以倚恃前資擅至百姓莊攪擾決臀杖十下土豪罰二十功從事賓客無不陳說判亦力爭之竟不能得包君妻兒在揚州聞之過浙江見李公涕泣論妹冤狀李公怒以爲客唁決脊杖二十遞他界淮南無不稱其冤判託疾請罷時孟尙書簡任常州刺史與越近熟其事明年替李公先以帖令錄此土豪一門十餘口到纔數日李公尙未發杖斃於州厚以資幣贈包君數州之人聞者莫不慶快逸史

黃巢連陷鄆沂等州時賊勢突來衆見旌旗皆松山朱買臣號郎

日遁去宋嘉熙尚書省牒 方臘擾浙西竄入諸暨境忽見一嫗業屨路旁每長一尺五寸賊怪問之曰將以供官軍賊驚竄去宋嘉熙文應廟碑記

豐江周氏濂溪裔也家祠藏濂溪畫像南宋以來儒林文人題者甚多咸豐辛酉邑被兵是像巋然獨存未始非先賢呵護也惜鄉僻無眞鑒未由別其眞迹摹本耳新纂

常長孺楙宋淳祐七年進士爲浙東安撫使時値水災捐萬楮以振之後請糴於朝得米萬石蠲新苗三萬八千又以諸暨被水尤甚給二萬楮付縣折運民貧不至乏絶各祀於家宋史本傳

宋時有王萬章者爲諸暨尉爲政頗有去思王龜齡十朋有答萬章箋曰地處甌閩叨與宗盟之列職分州縣獲同王事之勞首辱明緘仰欽厚德某官才高四傑望重三珠騰槐市之英聲擢桂枝之高選東州筮仕暫宣綵棒之威當宁急賢行應紫泥之詔某備

員亡補竊食懷慚泛綠水而依蓮倦遊儉幕具扁舟而把釣欣遇梅仙翫其詞意則萬章亦閩甌人也王龜齡集

慶元戊午鹽匪婺州孫破面唐軍一等跳梁縣尉楊思忠禱於松山朱翁子廟得吉卜整眾拒賊時兵尙距賊壘里許賊已望見神旗滿路皆書松山神兵四字驚駭而潰文應廟記

李伯時自畫其所蓄古器爲一圖極精妙舊在上蔡畢少董良史處少董嘗從先人求識於後少董死乃歸秦伯陽熺其後流轉於其壻林子長柟今爲王順伯厚之所得眞一時之奇物也揮麈餘話

朱竹垞會稽山禹廟窆石題字跋圖經載禹葬會稽取石爲窆石本無字迨漢永建元年五月始有題字刻於石王復齋碑錄定以爲漢字殆不誣矣曝書亭集

朱竹垞蘭亭殘石拓本跋禊帖肥瘦各殊王順伯主肥尤延之主

瘦黄魯直主肥不膸肉瘦不露骨

舊志載魏國公謝仲斌中山孝王謝若穆於列傳樓志辨其非諸暨人附於名臣傳後案謝氏家世載在宋史迴隊謝氏即其裔亦是後遷暨者魏國中山王决非邑人也俗說附會固不足存新纂

中屠澄與路旁茅舍中老父嫗及處女環火而坐嫗出自外挈酒榼至曰君冒寒且進一杯澄揖遜曰始自主人翁卽巡澄當婪尾河東記

賈治安策大梁人曾官諸暨州同知辟宗正府幕至仁和令卒其僑居西興有賈公墩嘗白綸巾衣鶴氅吟嘯其上自謂風度去古人不遠詩工唐七言律字行草皆佳西湖竹枝集按王冕有琴鶴二詩送賈治安又有送暨陽同知詩俱見竹齋集

張德元不知何許人自號乘槎道人至正間爲諸暨州吏目有奇

術善觀字知吉凶生一子名之曰槐忽謂友人曰是兒必死字木傍鬼非死兆耶未幾果死友病書豐字示之曰死矣明日赴至或問故曰豐字從山墓所也丙丰封樹也豆祭器也墓既成矣尚何生乎或以命字揖德元使占人病曰已死矣君持命字揖垂命之兆也已而果然有徐總制者書字問德元曰據字今夕當納寵徐歸其夫人果呼一女子出拜則乳媪女也嘗飲劉彥昭家曰今夕有客已而客至問之曰吾聞滌器聲知之萬歷府志 錙績一日坐德元肆中有二童持一字來問吉凶占曰是爲吏緣同曹訟之當送刑部笞四十郎回童子相視默然既而曰如先生言欲訴政司以求決可乎曰此行不可逾且矧欲已耶績謂笞未可知童子曰律當然耳德元曰今夕非附軍器船卽官鹺船也童曰官鹺船霏雪錄

楊廉夫鐵冠重四錢六分向藏高太醫鶴琴家明季雲間陳眉公

以文徵仲望湖亭畫一軸王履吉楷書阮嗣宗詠懷十七首詩卷當錢買之是日臘月二十一公私之逋如蝟猶能抽力置此見者莫不笑吳癡有種太平清話

張應韶吹鐵笛數里外聞之楊廉夫號鐵笛道人其笛在張仲仁處色有羽緣損而多坎吹之不能成聲

江藻錢述古知諸暨州以本地人官知州亦前代掌故也惜其人無行事政蹟可徵耳新纂

元末劉伯溫見西湖五色雲起知爲天子氣應在東南微服游江湖間先至會稽王冕家與之間行竹林中潛令人放砲冕聞響而驚歎曰膽怯往海昌費銘家時新建廳堂精潔唾汙之銘出見令人拭去歎曰量小遂往臨淮見人皆英雄屠販者氣宇亦異賈肉乞饒卽大斫一塊與之算多王侯命曰天子必在此也不然何從

龍者之多耶晚得太祖遂深結納之許定大計寄園異聞龍興寺記
紹興儒士王元章能作梅來金華見太祖優待之曰我克紹興著爾做知府賜衣服遣回國初事蹟
王元章畫梅在山陰蜀阜寺壁康熙間爲俗僧所堊以周念山畫石補之行吉春軒集
蘇州葑門外有姜羽儀撰安里橋記姜諸暨人也蘇州府志
山陰三十都盛塘里有解元殿神陳姓明初解元諸暨楓橋人生平孝友正直自暨陽道經盛塘而歿遂爲社神神殿枕山環水遠接文峰爲山陰五社之冠山陰縣祠祀志今楓橋宅步陳氏譜無可考而隆慶騶志載有陳元祚解元坊在楓橋鋪前或即其人而與宅步別派未可知也互詳科第表
王葵軒鈺嘗夢騎黑龍於上橫一金玉砌橋跨而折杏花三枝請

人解之曰水色黑屬壬龍屬辰當應壬辰科橫一金玉砌橋乃子姓名得杏花三枝探花也永樂壬辰果以第三人及第夢珍廣記

沈青霞鍊壽氏仙迹傳云余束髮好神仙獲鴻寶秘書之流往往藏枕中竊讀之世之人不能深思博見以六籍所不載列聖所不爲聞羽化升舉呼吸雲霞服食金丹之事輒撫掌詆訶以爲迂誕此殆不然大造陰陽變化而精微披陳六合之內流浪千載之間工巧近於剞成而精麗疑於夙構此豈不足怪耶人惟安於日見習焉而不知所謂夏蟲之疑冰陰禽之怨日者非耶暨陽壽氏春峰被服忠信敦義尙禮慷慨名節可書竹帛者如數霄星不可指而舉也過山中知余好神仙爲余道其禱祀呂仙而仙翩然降其家者累日爲作存心堂之記春峰之賦揮毫若飛其他篇什川湧雲譎不勝誦覽又爲君先人圖遺像委逝已十年而形容肖似不

爽毫髮至其意匠縱橫丹青熠耀有智力之所不能窮而巧工之所不能濡染者此其故又何也安期會於項羽之門洪崖見於旌陽之側伯陽經於關君之市麻姑降於蔡經之家往往有之假令道氣不飛騰眞人不羽化安得蹤迹顯於人間若是昭明暴著哉由春峰之事觀之則神仙之必有明矣君二子俱雋才伯鄉進士季尙符篆郎皆與禱事非其禮義充於室家馨香達於神明則仙不降焉神藻瀹則形骸修氣沖虛則眞宰集功積行累而後變化之道備好善非長生之本歟暨城壽氏譜

駱纘亭篋朱金庭書云側聞往事汪濤湖納采於翁榮靖人有言汪之貧者榮靖曰吾正取其貧爾萬一樓集

毛西河王文成傳門人相繼總屬善類因記所知者一日翁溥毛西河集則榮靖固親炙姚江之門矣世猶以其周旋嚴分宜短之嗚呼

士之立身可不慎哉新纂

莆田宋祖謙去損致陳章侯函云昔人云傳神寫照在阿堵中老蓮寫文姬便令縑素有聲有淚轅文夫子以儷都尉僕以之儗河梁之篇矣尺牘新鈔

宏光元年魯王播遷至越以張陶菴岱先人相魯王幸舊臣第岱接駕儀注無所考以意爲之踏腳四扇氍毹藉之高廳正中設御坐席九重備山海之供魯王至冠翼善冠元色蟒袍玉帶朱綬觀者雜沓前後左右用梯用臺用櫈環立看之幾不能步賸御前數武而已傳旨弗辟人岱進行君臣禮獻茶畢安席再行禮不送杯箸示不敢主也趨侍坐書堂官三人執銀壺二一斟酒一折酒一舉杯跪進酒上膳一肉簋一湯盞盞上用銀蓋蓋之一麪食用黃絹籠罩二臧獲奉盤加額跪獻之書堂官送進御前湯點七進隊

舞七回鼓吹七次存七奏意是日演賣油傳奇內有泥馬渡康王中興事巧合睿顏大喜二鼓轉席臨不二齋梅花書屋坐木猶龍卧青苔榻劇說移時出登席設二席於御坐旁命岱與陳洪綬侍飲諧謔歡笑如平友睿量宏已進酒半斗矣大犀觥一氣盡洪綬不勝飲嘔噦御坐前尋設一小几命洪綬書箑醉提筆不起命止之劇完饑戲十齣起駕轉席後又進酒半斗睿顏微酡兩書堂官掖之不能步岱偕洪綬送至閣外命書堂官傳旨曰爺今日大喜爺今日大喜極君臣歡洽脫略至此眞屬異數陶菴夢憶

水滸牌古貌古服古兜鍪古鎧胄古器械章侯自寫所學所問已耳而輒呼之曰宋江曰吳用而宋江吳用亦無不應者以英雄忠義之氣鬱鬱芊芊積於筆墨間也周孔嘉丐之張岱促之凡四月而成岱爲作緣起曰余友章侯才足掞天筆能泣鬼昌谷道上婢

囊嘔血之詩蘭若寺中僧秘開元之字兼之力開畫苑遂能目無古人有索必酬無求不應既蠲郭恕先之癖喜周賈耘老之貧畫水滸四十人爲孔嘉八口計遂使宋江兄弟復覩漢官威儀伯益考著山海遺經獸毨鳥氄皆拾爲千古奇文吳道子畫地獄變相青面獠牙盡化作一團淸氣收掌付雙荷葉能月繼三石米致二斗酒不妨持贈珍重如柳河東必日灌薔薇露薰玉蕤香方許解觀非敢阿私願公同好

博古牌章侯畫新安黃子立摹刻能手也後章侯死子立晝見章侯至遂命妻子辦衣斂曰先生畫地獄變相成呼我摹刻此美綺園爲余言者然則蓮畫之貴豈特人間哉董無休紀事

老蓮明經不仕能書善畫花鳥人物無不精妙中年遂成一家奇思巧構變幻合宜人所不能到也作畫興到急就名盛一時子字

字無名亦善書畫筆墨脫作家氣人物花鳥迥異尋常圖繪寶鑑

陳洪綬畫人物軀榦偉岸衣紋清圓細勁兼有公麟子昂之妙設色學吳生法其力量氣局超拔磊落在仇唐之上蓋明三百年無此筆墨也時順天崔青蚓子忠亦善人物與洪綬齊名號南陳北崔洪綬子字亦以人物名於時徵畫錄

松江府志張爾葆字葆生弱冠即有名畫苑寫生入能品遂與李長蘅董思白齊名其壻陳章侯洪綬自幼及門得其畫法案章侯初娶蕭山來氏續娶杭州韓氏妾胡氏無娶於張者松江志云云係謬傳耳新纂

老蓮初無詩集生平作書懶於題詠偶有所題亦未存稿其老友姜綺季與共晨夕見有題輒爲鈔錄久而得詩一卷鐫於板老蓮見之大喜因自爲敘名曰陳老蓮集老蓮死毛西河復爲之敘兩浙

輶軒錄

姜綺季手錄老蓮詩老蓮自敘曰綺弟以老蓮詩送愁不知老蓮與綺弟四月閒坐吳山望西湖坐西湖望吳山筆墨半作佛事綺弟消老蓮躁氣老蓮增綺弟畫學僧不必高不拈公案吾得一無久仙不必談龍虎吾得一善長客不必才子遂名航吾得一茂齊雖刀槊聲時一入耳步虛聲梵唄聲韻語聲映而去矣所愁者沈石逃將復走吳村老蓮不能周其老母病兒兄阿琳以盜賊枳道不能與吾共文酒朱仲軼眷戀曲池又強迴筆端作選體詩以換酒食招呼之未必肯來孫竹癡孤兒寡婦朱訒菴金衞公孤兒幼女未必能周恤然見綺弟便濟之矣今贈弟無愁道人弟拜之否辛卯中元書於西爽閣不第文字奇變其衷懷之超曠友誼之懇摯與夫無久善長諸子及姜綺季之爲人均可知矣新纂

張陶庵定香橋小記甲戌十月攜朱楚生住不繫園看紅葉至定香橋客至者八人南京曾波臣東陽趙純卿金壇彭天錫諸暨陳章侯杭州楊與民陸九羅三女伶陳素芝余留飲章侯攜縑素爲純卿畫古佛波臣爲純卿寫照楊與民彈三弦子羅三唱曲陸九吹簫與民出寸許紫檀界尺據小梧用北調說書一劇使人絶倒夜上鐙天錫與羅三與民串崑腔戲妙絶與楚生素芝串調腔戲又復妙絶章侯唱村落山歌余取琴和之牙牙如話純卿笑曰恨弟無長以侑君輩酒余曰唐裴將軍旻居喪請吳道子畫天宮壁度亡母道子曰將軍爲我舞劍一回庶因猛厲以通幽冥旻脫縗衣纏結上馬馳驟揮劍入雲高數十丈若電光下射執鞘承之劍透室而入觀者驚慄道子奮袂如飛畫壁立就章侯爲純卿畫佛而純卿舞劍正今日事也純卿跳身起取其所用竹節鞭重三十

斤作胡旋舞數纏大噱而罷（西湖夢尋）

崇禎己卯八月十三侍南華老人飲湖舫先月早歸章侯悵悵向余曰如此好月擁被卧耶余敕蒼頭攜家釀斗許呼一小划船再到斷橋章侯獨飲不覺沈醉過玉蓮亭丁叔潛呼舟北岸出塘棲蜜橘相餉暢啖之章侯方卧船上嚎囂岸上有女郎命童子致意云相公船肯載女郎至一橋否余許之女郎欣然下輕紈淡弱婉嫕可人章侯被酒挑之曰女郎俠如張一妹能同虬髯客飲否女郎又欣然就飲移舟至一橋漏二下矣竟傾家釀而去問其住處笑而不答章侯欲躡之見其過岳王墳不能追也（陶菴夢憶）

老蓮畫張仙像衣帶俱著色面獨用墨白描無粉題曰書謂爲蜀主孟昶像又見他書云昶降後每朝見揮淚而出藝祖宴李煜錢俶與昶時許作國樂豈不識昶而受花蘂欺耶蘇氏亦有張仙本

末蘇蜀人去昶百餘歲無遺老說昶像而昶無遺像耶爲文昌化身無疑矣末行書弟子路濱香華供養八小字吳越所見書畫錄

章侯自題飛白竹畫曰萬歷己未洪綬翻經法華山中作竹有幾種種種貌其形似李長蘅題曰小淨名醉墨後爲權要得之傳於關中張道民以白馬易之此草筆也何爲人愛惜至此哉嗚呼今日者爲人所愛惜其惟技藝乎越風

章侯仿吳道子作水墨龜蛇圖精神變幻見者懔慄雲間陳仲醕繼儒題曰天地交泰風雲相得望兮威威觀兮赫赫吳氏道子之胡本陳子章侯之手勒得者珍之後世鎮宅邪魔盡息異哉另出手眼神乎超凡之筆眞珍藏之至寶愛者不能易以璣璧末行寫君湝樓大社督命題於七樟菴八字菴爲章侯家藏書處君湝者楓橋人也所見書畫錄今存予家

厲太鴻湖船錄鹿頭注云楊廉夫詩鹿頭湖船唱赧郎鬧紅一舸注云鐵厓詩自注鬧紅一舸湖上船名余摘白石老仙詞句題之蹋船注云楊鐵厓詩可自西津買蹋船丁頭生湖船續錄宛在注云陳章侯雷峰西照小景題曰乙酉秋日洪綬作於宛在琴書詩畫船注云居琴隖題新纂

諸暨陳氏女忘其夫姓年十六爲杭鎮撥什庫某所得鬻於銀工逼之堅不從會杭人郭宗臣倡義贖難民知女之節贖之忽友人某贖一童子問其鄉里則其夫也明日又一友贖一嫗至其母也繼贖一嫗其姑也有兩翁覓妻女踵門詢之又其父與翁也鄰人聚觀歎息以爲異事有泣下者蓋女子將於十二月二十四日婚而兵忽至遂被掠去三人者治酒醴爲合巹而歸之蠶尾續集秋雨盦隨筆言女年十八與此小異

馮蒼源家玉屛峰下有蘭若僧麗實者居之坐關日久不事募遊康熙癸酉二月二十四日僧忽整衣至蒼源家話別且云將往謝三姑不答明日沙彌報老僧圓寂而蒼源第三女歸蕺里蔣氏者遣人報甥賡陶生晷刻正符賡陶名方堯菊圃先生宏烈子也性愛潔衣履几案不染纖塵人呼辟塵珠世傳秦少游爲毗陵女子後身事果信耶允都名教錄

蔣菊圃宏烈以耆德重於鄉繼妻斯氏樂善好施妾李氏刲股救嫡孫來聘名元瑾亦厚德金和名元瓏即簾青居士也事詳人物志菊圃第六子岸先名方埰娶於陳孫商玉名元璉娶於馮粹陽名元琪娶於顧黃璧名元琮娶於陳甯國名元琜娶於沈見信名元瑞娶於壽奉宜名元璋娶於斯來聘子紹眉名士洵娶於顧奉宜子紹鑑名士湖娶於郭信壽名士潮娶於何竝苦守終身一門

節義近世罕聞

國初五竈張某任性好俠雅負經濟人稱之爲張魏公後以陰謀舉兵被誅新纂

章無黨先生著戒溺女文午夜脫稿黎明有宰牛者叩門言昨夢金甲神奉天帝旨禁宰牛手探夾袋中禁宰牛文見示視之則吾子戒溺女文也神因曰此誤再探禁宰牛文示之乃去九都名教錄章陶靑山記云道新橋下有諸生嗜牛夜夢坐橋上呂祖戒曰生嗜牛吾有戒文啟囊出帙曰誤矣此章平事溺女文也俄而覺與此異當以青山記爲確

余縉伯兄岸修甲申南旋記甲申三月大盜覆都伯兄以新第留京賊逼朝臣受僞職與同年史君繼鯑以智免微服南旋覓小舟抵臨清水道阻策蹇陸行將至濟甯忽聞人馬馳驟聲須臾飛騎數百擁至眾怖無人色御立道左俟其過訖視末數騎則同年歸

起先也馬上相視舉手微笑飽馳去詢從騎始知前騁者江南標客三吳士大夫變服以從也抵宿遷南來人云清江浦一帶有史閣部兵馬戍守禁北舟不得渡衆愕然遂謀於宿遷渡河既渡無土人引導望南奔迷失道陷洪澤從僕稱有廢舟艤湖渚而亡檣楫會日暮刺舟行未半濟忽上流砲聲若轟雷舳艫數十張幟而下衆相顧吐舌顧近有蘆洲亟引避甫傍涯大舟亦移纜洲濆矣熟視之同年某某也遂入舟具酒脯蘇飢渴蓋賊已躪淮右壽陽士大夫攜家避難順流抵此不期危險時有此邂逅也比明假小舫送達南岸次日抵義舟井村有茅店方小憩期一飯行倏一獰漢從二三惡少瞪目視大聲曰君等從何來實告我我能生若否者盡斃矣衆相視未對獰漢踞坐攘臂曰僕姓馬此方大俠好睚眦殺人今君等從京師來詎非從賊官吏乎苟一語支吾當盡膏

白刃語未訖忽門外大噪羣賊變色反走若大敵至者第連呼曰馬來速操兵衆乘隙行將十里倦甚望道旁村舍有嫗問可易米否曰有能炊飯否曰能則大喜環坐需舉火炊未熟喊聲復作啟戶視一騎挾弓矢馳鄉民數十百持械追逐追者逼則發一矢復馳蓋逃卒入村落掠食幾爲村民所殪然視篋中蒲亦幾竭矣衆大駭跟蹌走又三日由六合抵大江無一舟往來夕陽銜山羣相抱泣有恚憤欲躍入江者忽一人策肥從兩騎瀕江行不顧去良久復策騎返曰君等何來衆以情告云僕夏姓名大夏留都太學生也距敝莊不遠諸先生幸枉顧因偕衆步往至則巍然甲第也既而水陸畢陳珍饌豐潔從者俱酣飽飯罷謀渡江夏曰是無難守帥保國公某姻家也明日當呼舟以濟衆懽甚晨起夏以號旗懸江上軍中見之疾棹小舟衆畢渡同行者史君外浦江張以邁

甯波徐家麟會稽王觀瀛皆癸未同年也先是伯兄得第後予慮倚閭心切決計先歸史君錢予予中坐泣下史君引滿進曰足下英年暫屈奚患不伸予曰不然遇合遲速安足較第恐將來非復今日禮闈耳時同邑張副帥羽辰需次邸中趣予行且遣兩壯士擐甲策馬作前導遂由天津登舟歸甫入里門先君子驚喜曰幸今日至明晨舉家將奔避矣時東陽許都搆難風鶴日數驚里族聞予至皆詢問相勞苦因勸舉鄉練爲守禦計又倡出貲餉貧者於是人心始固明年甲申三月蕭韓若邀遊五洩歸至草塔而邑紳駱武懿先生馳函報則國變鼎沸矣亟歸告先君子發使迓伯兄僕人喃喃謂長安糜爛未必乘閒能逸即出亦未必遄邁若此也予曰驚鴻駭鹿甯擇飛走吾知伯兄之必不汙僞命也計此時應達淮南已而果遇諸雲陽道上橐中垂罄矣幸家人攜金行始

克濟史君歸曰咄哉何子言之奇中也幾不獲見子大觀堂集

余縉山閒柝聲記予年十八讀書漁鵬山吉祥寺學師王昇初先生邑名士從學者甚衆予坐臥一小樓與孫子倩茂才同舍讀書良久就寢忽聞山閒擊柝聲自是每夜就榻即聞之而同舍生皆不聞也寺僧明善曰自君來輒聞君休沐歸輒寂然君後必貴比歲暮諸生散去師偕子倩尙在寺忽山閒鬼嘯次夕予至又寂

孫飛奇生於乾隆末年其始生也嗁號不輟至六七歲一日復嗁不休問之不言母恨之呪曰汝莫非記前生乎對曰然更問之則曰兒前生乃東陽嶺壁周氏亦名飛奇有子孫壽考他無所戀獨一涼石一石浴盆念念不舍耳母紿之曰若是待汝長訪之嗁乃止及長讀書精岐黃因至嶺壁村落房舍亦如舊識默不語爲周氏診疾輒效遂寓於周無老少皆敬之呼爲太公年逾八十一日

徧召周氏族人至涼石畔告之曰吾行將別矣撫摩石上欷歔久之濯足石盆拭巾長嘆是晚卽病周氏輿送抵家而歿新纂

乾隆間苕上汪靈川著四書題鏡諸暨與參訂會講者十有四人楊我嘉穀生金一清璉方梧岡鳳來楊西望如瑤郭漢年璜郭昇集龍文酈蕚庭國華孟砥川金瀛金聖贊瑛傅比園德余海珊鼇楊再巖說章則裕問世朱近仁訥蓋鄉先輩之汨沒於制義者久矣諸君行誼皆修飭西望蕚庭海珊三君別有傳載人物志

乾隆庚戌臺灣平奉

旨追蔭康熙間死事諸臣諸暨宣都司德仁酈通判允昌後裔宣文酈文卓皆襲蔭守備東華錄

北鄉三塘蔣氏祖塋在其宅後外沙飛揚較白塔湖千子墓藕山尤甚子孫多遷地爲艮明定西侯十一代寄籍江都都指揮六代

亦長安戍籍　國朝奉天籍蔣毓英於康熙三十三年官浙江藩司名教錄

馮森齋先生有趙郭義田略曰趙姓有田百八十九畝捐入儒學備鄉試諸生路費郭姓捐田百畝亦充路費又田百畝充書院膏火又田二百畝屋一所照省垣育嬰堂例收養棄嬰趙捐載入浙江通志郭亦題旌而育嬰歲報幾人路費止人五百以前人之義爲後人之利亦吾黨之恥也今趙捐尚存其舊而郭捐之田至於無可查稽是不能不有望於後起之賢裔矣

邑諸生盧水生元一字浙波島橋人乾隆十五年比歲不稔奉旨蠲免辛未至癸酉三載額征櫃總書某蠱邑令夜貼謄黃而晨除之酷征無遺水生詣櫃詰責櫃總勢張甚遂控縣至中丞訊是

案者皆責以不守臥碑責以健訟或問其入學歲科各試題或借其困頓場屋責櫃書不應睥睨斯文一字不問及私征本案問艮久往往收禁而止櫃總遣其黨揮金布網漸禁及水生父子叔姪事且不測蔡明經聞之憤甚赴藩司申理方伯富公既許究辦卒以掣肘而止然水生眷屬則得免於縲絏矣明經初名某字川若痛其親早逝改名本莪字蓼坡所著有蓼坡詩草儀徵阮中丞元採入兩浙輶軒錄

雲南楊丹山國翰於道光二年署邑篆訪求民隱事事躬親無可飾欺涖任首按胥役名册革去蠹猾五百餘名凡差役量給工食不得擾民嘗夜巡城中見破屋内有鐙光入其門一老嫗研錫箔問此業所得幾何曰不足以餬口問有子乎曰有年十幾歲矣曰何不令爲小貿易曰無資本次日以制錢十千遣役給嫗役乾沒

其半後數夕又入其室問嫗以給錢事嫗以實數告役事敗露乃倍罰役以給嫗嗣後畏其明察皆重足屏息無敢犯者某役至鄉村辦屍場村人供兩雞卵辭不敢受民訟隨到即訊庭無留牘又結積案數百宗衆咸稱平有健訟某不信且不服曰焉有如此神明請嘗試之入審事駁詰之聲如迅霆百計狡辯僅得脫出汗流浹背語人曰險矣哉此官若在吾不復訟其明威懾人如此邑多賭博官禁之差賄縱之其捕賭也不予差知自署內乘輿出儀門始傳諭曰某處捕賭差役即飛往告知至則官已先在捕獲多人蓋輿內實係他人公早帶親隨先往特不知其幾時出署耳縣北盛後村有竊窩失竊者蹤迹及之不諱輒昂價勒贖一日傳差役下鄉役請所往曰出北門既出北門又請所往又指一處每指一處所行不過五六里終莫測其何所往也薄暮抵白塔斗門距盛

後十五里而遙命役飽飯畢終不言步行先後從之至盛後未二鼓羣偷正聚飲酣呼圍其廬徑入門手擒巨魁痛懲之然初無人控告不知其若何廉得也邑西草埣鎮多屠牛者出示嚴禁之不止一日微服至草埣市牛肉啖之詭曰甚無味此牛得無自斃耶屠不知其爲官也叱曰今晨新宰鮮血尚在何妄謂又曰聞縣官禁私宰甚嚴汝曹不畏耶屠哂曰具文耳何足畏啖畢出門去少頃忽役來拘屠見官屠呼曰牛實自斃非故殺也叱曰今晨新宰鮮血尚在何妄謂屠語塞是日下午邑南排頭市捕一屠事相類草埣距排頭四十里其行蹤迅速如此城外有寡婦告子之不孝者驗其子僅十五歲疑之乃曰子忤逆法當懲惜年幼例不用刑奈何惟捐足一歲及十六歲可用刑矣願否曰需幾何曰制錢十六千曰願曰能辦錢店鈔票否曰能曰然則票到卽究欵曰婦

繳鈔票來乃照票傳店夥詰之店夥曰今晨有某寺僧以現錢兌此餘不知又卽拘僧至僧不能抵諱曰有之寺與婦爲鄰目擊其子忤逆狀昨日婦兒票無門哭泣欲自盡僧憐之故代之乃哂曰是已此菩薩慈悲也因詰責其子子涕泣不能言又顧謂僧曰如此狀亦復可憐否雖捐足及歲然終年幼如何用刑汝旣發慈悲代其母兌票何不發慈悲代其子受刑乎乃笞僧而枷之見者稱快有某姓女字貧士豪家豔之謀奪爲繼室以重利啗其父父惑之遂改字焉貧士訟於官卽庭訊默揣女意必向豪若依律慮有變乃令貧士跪豪後左指二人而右顧女曰汝願嫁先一人抑後一人女以爲所跪之先後也含羞供曰願從先因卽大聲贊曰律以先聘爲主汝願從先可謂曉禮義明法律眞賢女也女不能申其說遂判歸貧士去之日城商罷市山野村民手瓣香而會送者

百里不聞有鄉民拈香跪道左哭甚哀問有寃乎曰無寃民前嘗被後母告不孝蒙杖四十枷一月勸戒釋宥今母子和順聞公見去小人奉母命送公感戴大恩不禁淚涔涔下也其他讞事不勝紀載當幾立斷皆出人意料之外者期月之間能令奸宄震肅眞儒懷愛眞能吏也採訪冊傳墨林補訂縣志

郡城倉帝祠故龍山書院也實郡廨西園遺址楊鐵厓先生仿放翁書巢爲吟社號詩巢後人卽其地祀之而上溯有唐訖明奉賀監方雄飛秦公緒陸務觀徐青藤與鐵厓六君子會稽宗聖垣推廣祀位分爲三楹中楹上列祀六君子次列附祀黃太沖以下二十二人左楹上列祀西園十子次列祀吟會諸子二十四人右楹列越風所載先輩題名三百九十八人補增五人吾邑葉去病先生謂中楹上列當竝祀王元章爲七君子案自唐以後如嚴維吳

融輩失載者多不獨元章一人也山陰陳錦又補已祀而歲月莫稽者二十七人未祀者十一人擬題名右楹者十八人詳見錦所著龍山詩巢祀位記缺誤既多去取亦所未允中楹附祀吾邑有陳月泉郭春林二人月泉名芝圖原名法乾誤作德乾春林名毓別字又春誤一人爲二人中楹附祀與右楹題名錯出吟會吾邑一人越風題名吾邑十五人又山陰籍駱復旦一人仁和籍湯聘一人聘隸仁和遂誤爲湯聘仁新增五人中吾邑姚春林一人姚名偁椿林其字也住姚公步非楓橋人若吾邑之葉去病敬余小頫坤駱東谿衞城壽眉生僑詩文皆卓然名家其他如酈黃芝滋德之古詩周篤甫惺然之詩餘俱有師承而皆不與補祀附祀之列其去取可知矣至屠孟昭倬姚梅伯燮之爲諸暨人則纂是書者固未之知也

張陶菴岱有明於越三不朽圖贊吾邑清介一人駱纘亭問禮孝烈一人傅中黄日炯隱遁一人余岸修綸勳業一人蔣武勇貴文學二人楊鐵厓維楨王元章冕書藝一人陳章侯洪綬節烈一人余長三十一妻吴氏蕺山證人講社祔祀弟子錄吾邑二人陳章侯傅中黄蕺山弟子譜吾邑三人傅中黄傅平公陳章侯蕺山弟子考吾邑五人傅中黄日炯傅平公衡陳章侯洪綬傅天賚商霖

傳奉峩雨

邑南斗子巖距城四十里四面斗拔不可上通一徑險仄異常石壁嶄削下視慄慄傳有白鷽居洞府一日攝童男女去有返者言其中男有齔者丱者讀者算者冶者角拳勇者女有媼者少者紡者織者刺繡者歌舞者一白髯老翁主之初至問思歸否曰思則百方譬曉或涕泣不願留有竊告者曰俟之翁食汝桃幸勿食可

返其人遂不食翁亦勿强送之歸則依然在家也又傳明師由金華至張士誠兵禦之以邑爲戰守界經百戰距巖數十里環五指山築城爲李文忠駐師地即今新州城也一日將出師有老人見夢請助戰果大勝遂封山神爲龍王至今巖下有龍王殿禱雨輒應郭肇雜記

步谿人馮夏寶幼染瘋疾手無指拳足行丐街亭市中清潭廟造石橋捐洋銀三十圓光緒十一年街亭江口阪隄決又捐三十圓賣石砌路以丐人而屢捐善舉亦異人也新纂

邑令沈劍芙寶青治邑有惠政有書朱鍾揚拯溺事其略曰歲己亥夏六月暨邑大水楓橋當黃檀白水諸谿之衝壞廬舍數十間溺斃二十餘人隄岸崩坼稾穎漂没無算當水發時有朱鍾揚者農家子也父匶厝桑隈慮爲水所激遂挈小舟雇伴侶移置高阜

畢返棹聞呼救聲甚急鍾揚促往援同伴尼之不聽卒於驚浪駭濤中拯活七人酬以篋堅不受七人者鄭彭壽春朗何家圖樓阿髦阿江阿鼇及駱照遠之母何氏也

舊志有陸唐老傳秪言其著通鑑一百卷而別無事實郭鳳沼青梅詞注以嚴維爲諸暨人其辭甚辯以嚴助墓爲即維墓尤屬鑿空東陽吳氏譜以吳文簡翥爲諸暨人考文簡子蓋始遷諸暨文簡流寓於暨非邑人也

嵊縣志載元末教諭胡德助諸暨人江蘇嘉定縣志名宦傳知縣朱顯宗浙江諸暨人持身廉節釐弊興利民咸德之卒於官職官志載主簿郭全才浙江諸暨人湄池傅氏譜載傅列軫甯波府鄞縣學教諭傅彬建功絕域授職指揮子啟麟順治甲午武舉人乙未進士授浙江永生營守備傅鼎順治丁酉宛平籍武舉人授順

城門守備傳濟康熙癸酉宛平籍舉人考授內閣中書又明駱谿園集有贈王秉直序云國朝由儒顯榮若孟循累官至西安府知府孟貞官湖廣僉憲孟以廉由藩府八品官左遷石首縣丞諸人居里行事今皆無考朱顯宗爲江南循吏而邑志反失載尤所不解郭全才舊志但云貢生而不及其官吾邑文獻之失徵由來久矣

光緒壬寅三月初七日偕蕭山韓靄堂太守山陰謝黼庭孝廉遊山塘小憩龍壽山房觀善繼法師血書大方廣佛華嚴經普賢行願序八十一卷宋文獻血書補寫贊文世傳文獻即善繼後身故補寫此贊按文獻贊祇言爲承光後身而不及善繼善繼自至正乙巳仲冬血書此經至丙午仲秋閱九月始成其時文獻年已五十七則非善繼後身可知蓋善繼與文獻同時人故爲之書贊後

人遂疑善繼即承光其後身爲潛溪見之於潛溪夢中誤矣明高僧傳見方外傳無刺血書佛經語思歸子吳悟性跋謂當時失載經計八十一册庋廚中幾滿自元至今名人仕女題名者數百人跋詩數十首屢遭兵燹一無殘缺眞可寶也我邑先輩手跡傳世者甚少而佛藏中竟得此大觀吾以衰老之年無意遇此尤爲幸事

雜志補

嚴維字正文越州山陰人至德二年進士擢辭藻宏麗科調諸暨尉歷祕書省校書郎遷餘姚令嘉泰會稽志

欽定全唐詩小傳皆明言其山陰人邑士有據劉長卿送維尉諸暨詩有還家鄉情等字又維留別詩有晨趨本鄉府晝掩故山扉句遂以維爲諸暨人不知故山還家等字自北歸南詩人即類多用之其見於唐宋人詩者不知凡幾況山陰諸暨同爲一郡平且

維詩本作晨趨本郡府鄉字是俗本誤刻考諸全唐詩等書自見又謂嚴助墓係嚴維之訛援名勝志助墓在嘉興天甯寺後以爲據不知古人如王羲之杜甫陸贄墓皆不止一處亦不止此數人下而至於名妓蘇小等亦錯見於志乘助墓固當以在嘉興爲是而以助墓謂是維之訛又據何書而云然目孔學究見書無多好爲鑿空無根之論多此類也互見職官表新纂

錢觀復字知原吳越疏屬居常熟由太學登進士乙科初調諸暨主簿改溫州教授更瑞安仕至知廣德軍蘇州府志職官表失編附著於此

姚舜明爲華亭令民有爲商者與一僕俱踰期不歸訪之則已爲人所殺僕亦逃去其家意僕之所爲也捕得之執訴於官僕無以自明則械繫之廡下一日晨起聽訟因忽大哭舜明疑之然未暇

顧也訟者去呼囚問曰向何爲哭曰適見訟者乃殺吾主者也問何以知之曰見其身猶衣郎之衣今失此人吾必濫死矣是以哭耳舜明聞之憫然欲物色之未知其方是夕同官宴集飲罷宗室監酒務者數人登憩後園高亭有妓女不知人在亭上溲於亭下則有白衣男子突起草閒衆大驚亟命捕之至則惶恐稱死罪曰殺商者我也晨訴事於邑忽心動悸不能行而伏於此適見物墮於前疑爲捕今見獲我固當死遂送於舜明俱得所掠物寘於法僕得釋 徐敦立卻埽編

姚庭輝舜明知杭州有老姥自言故倡也及事東坡先生春時每遇休暇必約客湖上早食於山水佳處飯畢每客一舟令隊長一人各領數妓任其所適晡後鳴鑼以集之復會望湖樓竹閣之閒至一二鼓夜市猶未散列燭而歸 王明清揮麈後錄

馬子約純父處默熙甯中知登州建言乞放沙門島罪人處默時未有子夢天錫一子曰當壽八十位至諫議大夫子約隆興初以大中大夫致仕壽八十一而終大中官制即前諫議大夫也

宋史炤通鑑釋文序馮先生時敏撰今存新纂

楓橋陳氏自陳翰英至陳善學歷代像皆畫明衣冠方伯性學像乃老蓮先生手筆贊亦多出老蓮手同治壬戌夏賊環攻包村紮大營於楓橋屋廬盡遭兵燹賊酋見翰英像免冑率其黨羅拜曰此吾鄉城隍神也親封其像而去諸像皆賴以不燬遺愛之感人如此

汪玉水有紫檀界方一對首鐫行書曰兀坐草玄風后爲奸爾往鎮之世掌其編敬仲銘紹美製界團雕花鳥極精工信出名手上飾漢玉昭文帶一粟米文一臥蠶文血蝕殊古而瑩潤面刻草玄

閤隹器故楊鐵厓物也宋牧仲筠廊二筆

洞巖寺奉祠廣濟字順侯蔣崇仁利濟字濟侯蔣崇義靈應字佑侯蔣崇信三人皆業販米今臨橋香火甚盛徐渭詩注

崇禎十五年二月師次堰城督師丁啟睿總兵左良玉方與賊鏖戰楊文岳督虎大威馮大棟張鵬翼合擊賊大敗相持十一晝夜俘斬數千賊遂東陷陳州明史虎大威傳

張天福五竈人一日早起行隴畝間遇一女子年約十八九姿豔冶呼曰扶我過溝天福接以鋤柄不顧去歸途復遇於溝畔呼如前天福仍貸以鋤柄既過見遺有木印刻五穀豐盈四字意爲女子物呼而還之已失所在歸印倉穀則空者悉滿家致巨富孝感里志

普安耿文高萬歷辛丑由華亭教諭遷諸暨去松江時故訓導胡存道顯神示以繪像使攜歸耿至任故有詳建忠聖祠之事新纂

康熙辛丑進士王兆符或菴先生崑繩之子也學古文於桐城方靈皋先生先生病劇時兆符奉父命經理所刻左傳過淮楊明府千木悲其孝思不克伸勸就官迎養因貸以金三百諸君協力助之計定得暴疾卒臨死執蔣衡手曰告方先生爲我作書致千木諸先生生而助我感止一身死而養我老母孤幼則王氏血食一線祖宗永賴矣蔣衡王兆符行狀

浣東有鮑郎神祠不知何時誤鮑爲抱土人遂左塑夫人像而右其神俗語相承謂夫人待年時神甚幼夫人提抱之因以相報此五髭鬚杜拾遺之類殊足噴飯傳墨林補訂縣志

乾隆丁酉科鄉試前邑人夢神告以今年中者陳蔡人也於是陳蔡諸生應試者皆自負及榜發乃陳淇水蔡英而皆非陳蔡村人傳墨林補訂縣志

沈瑞華亭人得畫法於黄公望爲楊維禎作君山吹篴圖木石幽潤山水清遠人物器具點綴絕工松江府志

明海剛峰先生西子敘有代理縣篆之語則是先生亦曾署諸暨任表失載補録於此新纂

高郵欒鳳妻王素英興化人明初鳳官諸全州知州守將謝再興叛鳳謂素英曰吾爲國死固無恨但念汝無所託素英曰君死豈宜獨生言未畢賊鼓譟入刺鳳素英冒刃以身蔽之且罵曰汝輩負國又殺忠臣非天理欲殺吾夫必先殺我賊俱殺之州人竊其屍合葬苧蘿山揚州府志

寶應朱扆字勖孺號界陶康熙二十六年進士授諸暨縣知縣諸暨濱湖歲憂旱澇扆倣南河規制於泌湖建石牐隨時啟閉水利大興巡撫趙申喬器重之郡守某素與扆不合奉職無狀屢被巡

撫督責守疑辰之下石也適有僧出入制府幕中賄僧文致辰款制府遂劾罷辰邑民爲之稱寃里居十八年尙書張鵬翮將特薦辰以年老婉辭卒於家揚州府志名宦傳第著其文行而不及治暨實政辰去官始末亦缺不書附錄於此俾後來修志者改纂焉

諸暨周春溶嘉慶二十三年以優貢署四川重慶府永川縣知縣勤愼仁厚民不忍欺勖士先品後文政餘巡視田野奬勤懲惰刊蠶桑寶要以勸民至今頌德不置重慶府志本傳失書署永川縣任補錄

諸暨縣雜志卷五十九終

雜志

詩話

唐王公遠軒因遊苧蘿山問西施之遺迹留詩於石上曰嶺上千峰秀江邊細草春今逢浣紗石不見浣紗人回頭見一女子素衣瓊佩謂軒曰妾自吳宮歸越國素衣千載無人識當時心比金石堅今日爲君堅不得軒知異人貽詩曰佳人去千載谿山久寂寞野水白煙橫巖花自開落煖鳥舊淸音風月閒樓閣無語立斜陽幽情入天幕西子曰子之詩美矣不盡妾之所寄也乃答軒詩曰高欽巖花曉相鮮幽鳥雨中啼不歇紅雲飛過大江西從此人間怨風月既暮已散期來日會於水濱翼日軒往則西子已在焉又相與飲軒賦詩曰當時計拙笑將軍何事安邦賴美人一自仙葩

入吳國從茲越國更無春西子見詩怨慕久之和曰雲霞出沒羣峰外鷗鳥浮沈一水間一自越兵齊振地夢魂不到虎邱山既夜乃散異日又相遇而留者逾月乃歸郭素聞其事遊苧蘿留詩於泉石間莫知其數卒無所遇無名子嘲之曰三春桃柳苦無言卻被斜陽鳥雀喧借問東鄰效西子何如郭素學王軒聞者大笑翰府名談　陶鳧亭注王軒不知何許人郭素一作郭凝素然亦無可考無名子或云進士朱澤

世傳范蠡載西子泛五湖并附會蠡獻西子於越中道稽留三年與之生子後人名其地曰語兒鄉誣蟣賢者莫此爲甚錢香樹尚書陳羣有詩曰檇里語兒鄉譌傳至今茲句踐既返國嘗膽甘若飴事讎餌以色訪得西家施大夫受成命一往不復疑奈何中道止而竟三年稽周公乃大聖輒敢興謗詞放牛桃林日有詔賜妲姬泥古不衷理何用考古爲得此詩可以解小說家之惑允都名教錄

蕭山亦有西子祠明諸生屠姓失其名居與祠近題詩於壁云紅粉谿邊石年年漾落花五湖煙水闊何處浣春紗是年學使夢一婦人曰吾西施也生未入五湖而屠生妄語其爲吾斥之旣按部詢生生大驚誦其詩笑曰詩固佳然已失實乃令生詣祠謝自爲文祭之綜明詩

沙蛤一名西施舌海甯查初白有詩云尤物佳名託依然住水鄉死難逃越網生只戀吳航自注沙蛤產吳航者佳秀水朱竹垞亦有詩云吳人輸一錢思覩西施頰何如得網中宵分嚼其舌二詩俱雋雅而有寄託竹垞又有清波引詞云越絲千縷誰暗趁落潮網住恁時看取一錢底須與悔逐扁舟去亂水飄零艮苦自從歌罷吳宮聽不到小脣語鳴檣薦俎此風味難得並數島煙江雨短蓬醉曾煮荔子香餅樹一半句留爲汝試問舊日鴟夷比儂饞否

瀝簃詩話

厲太鴻宋詩紀事卷十三載周鏞會諤五洩山詩鏞下注仁宗時人諤下注諸暨令諤後有郭亢詩無注則諸暨人也鏞詩曰路入蒼煙九過谿細穿巖曲到招提天分五瀏寒領北地秀諸峰翠插西鑿徑破厓來木杪鶯泉鳴竹落榱題當年老默無消息猶有祠堂一杖藜全唐詩亦載此詩注云唐末諸暨人舊縣志浙江通志浙水詩故皆云唐時諸暨令時代官里皆舛錯而樊榭考訂之學自是可據其於諤下注諸暨令鏞下祇言仁宗時人而不及其爲令或作詩者是宋時諸暨人而唐末別有一周鏞爲諸暨令全唐詩及府縣志通志浙水詩故均因牽涉而誤未可知也

文潞公爲越之諸暨宰鼓樓新成書一絕於上曰挂向樓頭一任撾撾多撾少儘從他黃紬被裏貪春睡舒出頭來道放衙有不相

喜者以詩達時相呂文穆公意其不事事欲中之也文穆見詩曰此人有宰相氣榜客去云候越州諸暨知縣文彥博到即日傳報文公罷官歸銓曹有人告之公不肯往見或者再三勉之而往文穆一見大喜出諸子拜之曰他日皆出陶鑄又出文靖見之曰此子他日與公同秉政後皆然陶朱新錄

宋馮幼學時行居邑之祝鳴仕蜀長於詩而五七古尤超妙五古如重陽登翠圍亭詩曰林樾失洗沐叢灌老偃蹇坐令軒豁地雍穆成奧闥千年李峩眉孤調絕攀挽徑欲剗君山笑看湘水遠我來此亭上造化閱舒卷何堪浩蕩意鬱鬱仰若俛蘭蕙生當門尙爾付鉏畚大材廊廟具顧此何衮衮石角礪霜斧一斬三百本圖事欲大快不復計小損天地英氣歸川原勝魂返鏡開水灩灩龍轉山蜿蜿臥虹踏歸市融雪護春甕晴光蕩芳酌中筵舞蹲蹲黃

花壓客帽胡牀秋風穩萬象兢參揖相見抑何晚通塞有時運明晦理相反干戈天地閉撫事切深悃痛澆塊磊胸不復效老阮和嘉州通判賈元升詩曰山城烏鵲喜佳句來春風浣手三過讀散我塊磊胸當年過秦論千載猶爲雄今觀妙好辭蹀躞追前蹤文章信有種字字合徵宫少成初識面輒語開沖融秋月耿高懷春冰瑩清衷俱墮人事海煩促難春容兒乃燕雀輩未易參鸞鴻別來卬笮外一笑誰與同羡君對賢牧快飲如渴虹何當款齋閣餘瀝借衰紅所幸九河潤密邇千乘封臭味譬草木我輩情所鍾夢隨沫若水下與九頂通更願洗老眼見君攀翔龍七古如梅林分韻得梅字詩曰霜朝馬蹏無纖埃錦城城西江之隈金蘭合沓俱朋來白沙鱗鱗江水洄梅花傍江高崔嵬人言猶是王建栽豪華過眼浮雲哉下馬酌酒聊徘徊飛英送香來酒杯酒酣疾呼竹籬

開走尋屋角如龍梅梅龍雖多此其魁睡龍屈盤別承颬風皴雨皷封蒼苔孫枝迸出誰胚胎天公撫摩春爲回愼勿變化隨風雷年年開花照尊罍我欲結茅買芋煨與梅周旋送衰頹絕似歐陽文忠晚年詩漚簃詩話

姚雪蓬鏞爲吉州判官以平寇論功不數年擢守章貢令畫工肖已像騎牛於澗谷之間索郡人趙東野題詩曰騎牛無笠又無蓑斷隴橫岡到處過暖日暄風不常有前村雨暗卻如何蓋規戒之詞也姚不省無何忤帥臣以貪劾之貶衡陽人服東野先見鶴林玉露

姚雪蓬春夜曲曰金魚鎖合蘭缸小酒不支愁尋睡早梨花不墮風更寒燕子不歸春自老流蘇護帳香雲結三十六簧清吹咽緘書欲寄湘水深城烏啼落花西月猶見温李風致漚簃詩話

姚雪蓬謫衡陽時有句云癡雲蔽嶽行人遠澹雨催花白髮生蕭

大山寺以詩云得謗何須囊薏苡工騷且自製芙蓉刻僧萬壑奇詩云故里田園抛弟妹異鄉鐙火對妻兒十年飄泊孤篷雪誰補梅花入楚詞浩然齋詩話

勝國王元章豪俠士也其詞語跌宕不羈可想見其爲人如五更驟雨隨風過滿眼落花如雪飛可愛華山陳處士風流文采卻貪眠桓溫豈解知王猛徐庶從來識孔明野蒿得雨長過樹海燕隔花輕笑人可喜一湖楊柳色不禁三月杜鵑聲青苔蝕盡牀頭劍白日消磨鏡裏霜皆爲時事而發至花落不隨流水去鶴飛長帶白雲來獨鶴遠從天際下老夫如在畫中行秋風繞屋樹聲雜夜雨落山溪水多萬里山河秋杳杳一天風雨夜蕭蕭亦佳句不可沒也支允堅梅花渡異林

王元章才贍思新善繪梅竹得意輒題往往奇拔尤長於七言如

雲合紫駝開虎帳天連春草入龍沙海氣或生山背雨江潮不到石頭城千峰回影陷落日萬壑欲盡松風聲抽思雖奇摛詞未秀

國雅

王山農先生祖父兒子俱善畫梅子卽山樵先生祖父名不傳於世僧溥洽贈先生詩曰王郎寫梅如寫神天機到手驚絕倫自言臨池得家法開縑散作江南春錢宰詩傳家有子花作譜放手直欲先春風據此二詩則王氏之家學淵源由來久矣漚簃詩話

王山農以小詞約蘇養直赴谿堂夜雪蘇報云今某已裝酒上船來日若晴須有月若谿堂聞人橫笛聲卽我至矣所謂月滿前村莫掩谿門恐尚有扁舟乘興人也陳繼儒辟寒

王元章畫梅自題二詩跋其後曰飯牛翁卽煮石道者閑散大夫新除也山農近日號老村南園種菜時稱呼元章字冕名今年老

異於上年鬚髮皆白脚病行不得不會奔趨不能諂佞不會詭詐不能干祿仕終日忍飢過畫梅作詩讀書寫字遣興而已自喝曰既無知已何必多言呵呵鐵網珊瑚

朱竹垞題楊補之墨梅跋朱三十五梅詞橫波清瘦只如無但空裏疏花數點梅花有魂二語攝之此惟逃禪楊叟能寫出若煮石山農興酣落筆便與少陵亂插繁花照晴昊句相似曝書亭集

王元章梅花一卷前題曰印水梅影復題詩曰我家洗硯池頭樹箇箇花開淡墨痕不要人誇好顏色只留清氣在紫門七頌堂小識

諸暨王元章隱於九里山自號煮石山農工於畫以胭脂作沒骨梅花人共傳之其寫懷詩云草肥燕地馬花落蜀山鵑冷淡無歸計蒼苔滿石田即題梅花書屋也柳亭詩話

至元中楊璉眞珈恢復佛寺三十餘所時棄道爲僧者七八百人

皆挂冠於上永福寺帝師殿梁間飛來峰石壁皆鐫佛像會稽王元章有句云白石皆成佛蒼頭半是僧潤亭漫鈔

元章嘗遇大雪履穿曳地袍翩翩而行嘲笑溢路或以怪民呼之而抱負隱然在劉基宋濂之間見世不能用怏怏而殁然自少至老兼癡狂怪妄之名而能自免於禍亦奇人也嘗自題畫梅詩曰清高祗有老梅樹照水花開箇箇眞亦樸拙可誦鳧亭詩話

王元章墨梅題云乙未春正月閏爲仲剛寫於識趣錢子予宰題詩云每憶山農王處士見花長作故人觀縞衣綽約春來瘦風節嚴凝雪後看天台王俊華題詩云會稽寫梅妙天下前代名流總其亞醉拈霜兔埽長梢一紙千金高增價往年嘗客燕市京權門貴戚來傾城巧求重購苦難致富貴於我鴻毛輕有時大叫縱豪素奇氣颯如風火生山莊野寺畫都徧一日四海皆知名垂老歸

隱越山曲爛漫千枝栽繞屋積雪平檐屋裏坐收得寒香三百斛百年去逐咸平仙忍將落墨入間傳風流有子喜不泯只今合置諸公間吴越所見書畫録

錢子予題畫梅和王山農序云王煮石畫梅系以長歌幾四十年矣俛仰今昔有懷故人次韻於後曰江南春來白雪爛落月橫參夜將半縞衣綽約如故人踏風犁雪欹老幹北風獵獵天正寒彷彿風光憑畫欄那知山人竟不死夜煮白石青松間高情撫世無今昔谿上梅花沒荒棘憶曾揮翰灑谿雲一枝寄與春消息花前喚酒寫長歌花下呼兒埽落花若非揚州何遜宅定是西湖處士家山人愛梅心獨苦笑爾豪吟玉堂樹山巔水際日看花鳳詔鸞書招不去解衣槃礴兩袖垂腕指所到皆天機南枝著花玉色爛北枝凍壓元霜飛自從上苑成塵土無復當年舊歌舞源裏桃花

不記秦九畹芳蘭已忘楚不如山人臥雲松破屋長在梅花東傳家有子梅作譜放手直欲先春風見花如見山人面莫道人間亡是公又題王煮石推篷圖云粲粲清水截晴霓夢回何處覓新題畫檐壓檻江南屋短棹推篷雪後谿落月欲分花上下春風不隔樹高低會嘗一舸尋詩夢繫纜孤山煙水西臨安集　案錢宰字子予又字伯均會稽人事迹俱見明史文苑傳四庫著錄臨安集六卷其涉吾邑者文三首詩六首而已樓志所載悉集中所無其眞贋未可辨也

管夫人畫懸厓朱竹爲陶九成所藏會稽王冕題詩云瀟灑三君子是伊親弟兄所期持大節莫負歲寒盟跋曰赤城陶君故家子也余寓西湖之東九成時來會談論竟日退有不忍舍者其仲季皆清爽眞芝蘭玉樹晉之王謝家也遂題而歸之珊瑚網

王冕天才縱逸其詩多排奡遒勁之氣不可拘以常格然高視闊步落落獨行無楊維楨等詭俊纖仄之習在元明之間要爲作者

四庫總目提要

元章詩直而不絞質而不俚豪而不誕奇而不怪博而不濫有忠君愛民之情去惡拔邪之志懇懇悃悃見於詞意之表非徒作也劉青田集

鑑湖濱有詩巢祀鄉前輩能詩者六人賀季眞方雄飛秦公緒陸放翁徐文長其一則鐵厓也鐵厓所著有復古集麗則集東維子文集古樂府詠史詩又有平鳴瓊臺洞庭雲閒祈上諸集居泖湖二十餘年嘗曰風日晴好駕春水船蕩漾湖光鳥翠望之呼鐵龍仙伯未知香山老人有此無也李季和謂楊鐵厓鐵龍精者蓋本此鐵厓寓杭州鐵冶嶺在今雲居寺下有土阜如劍脊者相傳謂鐵厓所居地與西湖近日泛舟湖中嘗刻詩箋小印篆曰湖八風月之印故小海生贈詩云二十四考中書令二百六字太師銜不

如八字神仙福風月湖山一擔擔全浙詩話

楊維楨元進士也官至江西儒學提舉阻兵隱於松江見高皇帝於當塗太祖異其冠服對曰四方平定巾海晏河清服也太祖喜遂頒行之今各州縣里長老人所戴及大夫士所服細褶衣是也省文稱海清云太祖復問曰汝事張士誠否曰非其君不事欲授以官曰古七十而致仕臣年七十三歲何敢冒昧太祖曰聞汝能詩曰學作耳請題御書鐘山二字詩進太祖大喜曰詩值千金姑贈五百因曰有薦汝者宋濂今在翰林院可往見之對曰惜其人學不甚博明日太祖以語濂濂曰臣學信不及維楨詩曰鐘山兀立楚江西玉柱曾經御筆題雲護金陵龍虎壯月明珠樹鳳凰棲雄吞古甸三秦小峻入層霄五嶽低願效華封歌聖壽萬年王氣與天齊續羊棗集

楊鐵厓耽好聲色每於筵間見歌兒舞女有纏足纖小者則脫其鞵載盞以進酒謂之金蓮盃予竊怪其可厭後讀張邦基墨莊漫錄載王深輔道雙鳧詩云時時行地羅裙掩雙手更擎春瀲灩旁人都道不須辭儘做十分能幾點春柔淺蘸葡萄暖和笑勸人教引滿洛塵忽浥不勝嬌剗蹈金蓮行款款觀此詩則老子之疏狂有自來矣輟耕錄

楊鐵厓訪瞿士衡飲次脫妓鞵置盃酒名曰鞵盃命其姪孫宗吉詠之宗吉作沁園春一闋以呈鐵厓大喜即命侍兒歌以侑觴當時傳爲佳話嘗過玉山草堂題云無奈道人狂太甚時攜紅袖寫烏絲其風流韻致要非方幅之士所能及也西湖遊覽志

楊廉夫以妓鞵行酒謂之蓮花盃瞿祐賦沁園春有書生量窄愛渠儘小主人情重酌我休遲四語雙關得語趣餘皆憨俳不韻昔

廉夫嘗以宴倪元鎭倪翻案而起終身不面脫遇何元朗王公美諸公豈不齒頰生蓮花哉臨朐馮汝行作鞵盃曲窮姸極致甚矣文人志趣之不同也蓮子居詞話

黃大癡爲楊鐵厓畫鐵厓圖吳興唐子華題其後曰一峰道人晚年學畫山水便自精到數年來筆力尤覺超絕與衆史不侔矣今鐵厓先生出示此圖披翫不已當爲之斂衽也古汴趙奐題詩曰鐵厓道人吹鐵笛一聲吹破雲煙色卻將寫入畫圖中雲散靑天明月白林世賢詩曰鐵龍聲吼千將笛毫端寫出蒼寒色老木糊天古意多萬壑千巖雲影白孟惟誠詩曰井西老人誇絕筆愛寫蒼煙出沒間玉女峰前落奇句老夫親見武夷山清河書畫舫

詩社以楊妃韈命題楊廉夫一聯云安危豈料關天步生死猶能繫俗情題目雖小而議論甚大所以諸人莫及歸田詩話

廉夫先生之母嘗夢人授金錢一枚而娠先生事業文章爲一代偉人豈偶然哉先生殁錢思復維善輓以詩曰生前母應金錢夢死後人稱鐵笛仙霏雪錄

袁海叟楊省菴皆出鐵門後人謂之鐵體嘗與李季和在吳下論古今人詩李舉觴屬楊曰廉夫崛强作漢魏古樂府亦能作昌黎琴操乎楊亟請題賦畢季和拍几大叫曰楊廉夫鐵龍精也元詩選

顧阿瑛與廉夫飲於書畫舫侍姬素雲行椰子酒相與聯句鐵厓乘興奏鐵龍之笛復命素雲行酒阿瑛口占云鐵笛一聲停素雲鐵厓擊節遂足成一詩俾阿瑛次韻詩曰黃公壚西逢故人坐客各以能詩鬪椰漿半斗破明月鐵笛一聲停素雲繭紙題詩寫章草瓜皮看鼎辨周文人生嘉會不有述何異市中羣聚蚊時至正八年上巳日也

辥蘭英蕙英姊妹吳郡人聰明秀麗建一樓以處顔曰蘭蕙聯芳著詩數百首合刻曰聯芳集時楊鐵厓製西湖竹枝曲和者百餘家見之笑曰西湖有竹枝曲吳下獨無乎乃效其體作蘇臺竹枝十章鐵厓見其稿題二絕於後云錦江只見辥濤箋吳郡今傳蘭蕙篇文采風流知有自連珠合璧照華筵難弟難兄竝有名英英端不讓瓊瓊好將筆底春風句譜作瑤琴弦上聲自是名播遐邇咸以爲蔡女復生易安淑眞而下不足論也

元時錢唐女士曹妙清字比玉號雪齋張妙淨字蕙連號自然道人皆工詩章曹又善鼓琴行草俱有法度事母孝謹三十不嫁而風操可尚張曉音律情逸而才豔晚居姑蘇之春夢樓皆一時淑媛也與楊廉夫爲文字交曹和廉夫西湖竹枝詞云美人絕似董嬌嬈家住湖南第一橋不肯隨人過湖去月明夜夜自吹簫張和

詞云憶把明珠買妾時妾起梳頭郎畫眉郎今何在妾獨住怕見花間雙蝶飛廉夫有答妙清絕句云紅牙管束紫貍毫雪水初融玉帶袍寫得薛濤藁草帖西湖紙價頓時高玉帶袍者曹氏硯名其云藁草帖者狀其孝也西湖游覽志

曹妙清攜乳母訪廉夫於洞庭太湖之間爲歌詩鼓琴以寫山川荒落之悲引關雎朝雉琴操以和白雪之章廉夫大賞爲敘其曹氏弦歌集太平清話

臨海民妻王氏有令姿被掠至師中千夫長殺其舅姑與夫而欲私之婦誓死不可自念且被汙乃陽曰能俾我爲舅姑與夫服期乃可事君子千夫長諾之師還挈行過嵊之清風嶺仰天歎曰吾得死所矣嚙指血寫詩石上投崖死石上血墳起歷久如新官府樹石刻碑於死所表於朝封貞婦立廟祀之後有人題詩曰嚙指

題詩事可哀斑斑剝剝上靑苔當初若有詩中意肯逐將軍馬上來其人遂絕嗣楊廉夫亦題詩曰介馬行來百里程淸風後夜血書成祇應劉阮桃花水不及巴江漢水淸後廉夫無子一夕夢一婦人曰爾知所以無子乎曰不知婦人曰爾憶題王烈婦詩乎雖不能損節婦之名而毀謗節義其罪至重故天絕爾後廉夫痛大悔更作詩曰天荒地老妾隨兵天地無情妾有情指血齧開霞嶠赤苔痕化作雪江淸願隨湘瑟聲中死不逐邊笳拍裏生三月子規啼斷血秋風無限寫哀銘復夢婦人來謝未幾果生一子臣鑒錄

元微之題劉阮山居云芙蓉脂肉綠雲鬟罨畫樓臺靑黛山千樹桃花萬年藥不知何事憶人閒元遺山詩云死恨天台老劉阮人閒何戀卻歸來正祖此意頃見楊廉夫詩蹟亦有是作云兩髯原非薄倖郎仙姬已識姓名香問渠何事歸來早白首糟糠不下堂

情致不及二元而忠厚過之南濠詩話

楊鐵厓將訪倪雲林値天晚泊舟滕氏之門宋學士元發後人也富而好禮知爲鐵厓請至家鐵厓曰有紫蟹醋醪則可主人曰有鐵厓入門設盛饌出二妓侑觴且命妓索詩援筆立就詩曰颯颯西風秋漸老郭索肥時香晚稻兩螯盛貯白瓊瑤半殼微含黃瑪瑙憶昔當年蘇子瞻較臍咄咄論團尖我今大嚼不知數況有醋醪似蜜甜豪宕可愛四友齋叢說

祁陽浯谿有石鏡臺乃元道州遺迹楊廉夫詩云此石曾聞獻鳳池賜還仍對次山碑分明照見唐家事不問旁人說是非相傳此鏡曾入內庭並無形影發還故山其光復見柳亭詩話

廉夫初寓吳山鐵冶嶺雅好聲妓名傳都下葉居仲寄以詩云聞道西湖載酒過飛瓊弱翠擁歸鞍可無私夢登金馬謄有春聲到

玉鑾異國頓消鄉井念小堂新作畫圖看野人未納彭宣履獨向淸谿把釣竿晚有四妾竹枝柳枝桃花杏花皆喜歌舞有嘲以詩者曰竹枝柳枝桃杏花吹彈歌舞撥琵琶可憐一箇楊夫子化作江南散樂家西湖遊覽志

廉夫以西湖竹枝詞索和於崑山郭義仲郭以吳中柳枝詞答之因賦詩云吳中柳枝傷春瘦西湖竹枝湘水秋說與錢唐蘇小小柳枝愁是竹枝愁

楊廉夫試官天台之初道逢靚妝女子抱一牝雞招搖於市馬首詰之曰欲逐雄也詢其年已及笄遂呼其母及社長俱詣公宇責以風俗大義笞老嫗戒女遣去其客趙麇爲作春雞行曰天台女兒宮樣妝雙螺綰珠蘘絲裳未學羅敷早采桑卻隨老翁祝尸鄉大年三日洗椒觴絲繩縛雞官道旁揚聲渡關非孟嘗爲憐五德

窺東牆鳳棲梧桐自來凰春波浩蕩雛鴛鴦龍門上客憩甘棠相逢肯作夢高唐無由舐鼎隨旌陽鞭鸞笞鳳坐堂皇白袍社長拜琴堂忍教野蛺搖春光廣平賦梅鐵石腸東風錯恨桃花郎草堂雅集

楊鐵厓以至正丙戌至宜興張公洞洞口摩厓有題名云至正六年缺月八日會稽楊維楨領客富春吳復缺七人來遊賦詩曰五月八日記遊仙三十六天洞裏洞洞中窗戶夜不扃地底風雷日相哄巉巉靈骨誰手鑿納納虛谺曷時塡龍顚虎臥絡薜蘿委蓋隨旃挂鸞鳳莖高玉屑陳金枓窪陷墳漿流瑪瓮元田鴉色白於鷗丹室蛇光紅似蝀石函綠字紫泥封元圃瓊華青子種白騾有迹踏石田金虎無聲飲銀汞樵柯已爛商四朋藥韲初過第二仲牛車堂氣待著書螺女行廚時進供胡麻留飯阮郎來林屋刺船毛父迴王生石髓隨手堅吳客求珠空耳縫九靈太廟包氣母五

嶽眞圖持兒弄書傳丹篆爾何須石化黃金本無用玉盆濯髮天雞鳴鐵笛穿空神馬控符行律令鬼承呵聲出腦宮龍聽頌未應片石隔仙凡谿上桃花自迎送古今遊張公洞詩無出其右者題名石刻今猶存上缺似五字下缺似等字也桃谿客談

鐵厓集有不赴召自述詩曰皇帝書徵老秀才秀才不下讀書臺子房本爲韓仇出諸葛應知漢祚來太守枉於堂下拜使臣空向日邊迴老夫一管春秋筆留向胸中自次裁一本作商山本爲儲君出黃石終從孺子來太守殷勤承上命使臣繾綣日邊迴堯山堂外紀則作天子書徵老秀才秀才嬾下讀書臺商山肯爲秦嬰出黃石終從孺子來太守免勞牀下拜使臣且向日邊迴袖中一卷春秋筆不爲旁人取次裁宋濳溪鐵厓墓誌云洪武二年召諸儒纂修禮樂書上以維楨前朝老文學思一見之遣詹同奉幣詣

門謝不至明年又命松江迫趣賦老客婦謠以見志賜安車詣闕留百餘日史統定卽以白衣乞骸骨上成其志仍給安車還山濂餞以詩曰皓仙八十起商山喜動天顏咫尺閒一代遼金歸宋史百年禮樂上春官歸心只憶鱸魚膾野性甯隨鵷鷺班不受君王五色詔白衣宣召白衣還然則其不赴召有述之作當在詹同奉幣之時此詩留傳已久同安阮旻錫乃曰詩係邱釣磯作見本集題御史馬伯庸達魯花赤奉幣見徵不出有述至今海邊童叟咸能誦之又曰釣磯爲宋秀才不受元徵與鐵厓事略同故遂以其詩混入鐵厓集中鐵厓名滿東南而釣磯僻居孤嶼詩集尟傳遂致句略有不同耳余於乾隆辛未修同安縣志取邱阮二集參閱之因悉其故第思鐵厓集久行於世釣磯之稿刊行在後鐵厓之高風亮節誰不知之卽其老客婦一謠已足見志編詩者何必假

美於人然釣磯亦以道學見重於時配祀同安朱子祠子孫雖好事亦必不肯拾他人詩以誣其祖究未知舛訛始自何年姑誌之以俟考鳧亭詩話

鐵厓老客謠曰老客婦老客婦行年七十又一九少年嫁夫甚分明夫死猶存舊箕帚南山阿妹北山姨勸我再嫁我力辭涉江采蓮上山采蘼可以療飢夜來道過娼門首娼門蕭然驚老醜老醜自有能養身萬兩黃金在纖手上天織得雲錦章繡成願補舜衣裳爲妾佩古意揚清光辨妾不是邯鄲娼詹同爲作老客婦傳案宋濂楊鐵厓誌鐵厓卒時年七十五謠中何得云行年七十有一九沈梅史冰壺抗言在昔集據此決爲後人贋作長洲尤西堂侗亦有鐵厓七十五歲詩曰吾愛抱遺老自注楊自號抱遺老人詩人楊鐵厓梅花三弄篴金粟數銜盃船屋閒居士書臺老秀才相從九華伯

擲筆賦歸來考國雅廉夫病革撰歸全記投筆曰九華伯招我當往及逝聞空中有步聲則是西堂亦謂鐵厓卒於七十五歲也余校之楊氏譜系亦與宋誌合老客婦謠誠不無可疑瀛簃詩話考鐵厓壙志生元貞元年卒洪武三年年七十六

楊鐵厓吳詠十首與竹枝詞可稱雙絕因錄存五首曰曾侍玉皇第二筵鐵仙輕脱故依然江州坐上初相見還識人中孟萬年杜牧詩春苦未遲水晶宮裏舊題詩小鬟莫訝腰如束善唱白家楊柳枝馬上郎君出帝城瓊林宴裏記相迎吳山吳水新迎送學唱陽關第四聲淮南八月雁初過奉使槎回烏鵲河十里揚州花底散五陵年少已無多地行仙子羊權家曾降中山萼綠華三十六橋明月夜姑蘇城內有瓊花自註官妓有瓊花宴者自維揚來蘇州

楊鐵厓著七客者志而各繫以詩曰抱遺老人嘗得斷劍於洞庭

湖緱氏子煉爲笛又得古琴於赤城相傳賈師相故物得胡琴於太陵呂氏得管於杭老官人所云宋道君內府物又得玉帶硯一古陶甕一硯爲文文山之手澤甕爲秦祖龍藏中器也既而闢一室以居六者老人時燕居其中六者皆以客待之而又命之名焉以鐵笛形如龍狀而聲如龍吟也故名之曰洞庭鐵龍君以胡斛聲相近琴又主於律口噤以珠而聲又如貫珠然故名胡琴曰西域斛律珠以象出於象山而以其齒爲管管又同於筒故名之曰象山管氏筒以古琴有焦尾材又聲如秋聲故名之曰赤城焦氏秋硯本石而有玉帶文且出文山氏故名之曰文山玉帶石古陶出於滈池君之墓也盛酒於中經歲不變而折花其中又能自葩實不死故名之曰陶氏太古春書洞庭書西域者紀異也書文山者尊忠臣也書筒管而不書道君書秋聲而不書秋壑書太古春

而不書滈池君以其所遇非其主也老人古之廉士今之怪奇人也以不遇於世又自客六者之間而七焉總而顏客之所曰七客者之寮客主道人而道人亦以客自目蓋相忘於六客之間不知主爲客客爲主也說光陰者謂百代過客人託一室於宇宙之内雖主亦客爾人於形骸之外有主客之分是以物我相形而閒閒之智詹詹之言銶然而起惟達者不與物競而與化往來至吾忘物物忘我主客何有哉道人既自忘而且歌六客之詩曰有客有客來洞庭駕罔象兮驂奔鯨千年含景雙龍精玲瓏九竅羅天星莫邪出匣鏗有聲一鳴一止三千齡　有客有客來西域龍頭高昂頸雌霓腹如巴蛸鳳匪翼口呀夜光集月魄奇聲擘山椎辟歷道人因之寫胸臆　有客有客來象山渡青海飛銀灣陪道主登玉壇吐星宿呈琅玕出入爪甲冰雪寒號鬼母驚神奸一聲吹裂

虎豹關　有客有客來文山如金如鐵堅匪頑文山頹不可攀留爾亦足消羣奸靜以安方以直帶蒼玉佩文石文星爛然守元默　有客有客來赤城碧梧風裁光瓏玲音含太古文七星直如朱絲清如冰洗秋蟹鳴秋聲金舂玉應和以平　有客有客來滈池皤然其腹蠡以癡曾經太古春風吹至今面肉凝如脂祖龍朽腐不足奇和氣自活千年枝東維子

烏帽青鞵白鹿裘山中甲子自春秋呼僮檢點門前柳莫使飛花過石頭此王葵軒鈺題淵明圖詩也葵軒子孫頗微訪其詩得此一絕而已又有五言一絕曰河裏有箇梼鷺鷥飛來歇青天無片雲丟下一團雪續竿棗集

孟子温貞女蘊詠梅詩曰疏林幽萼雪中開馥馥清香繞鏡臺一様冰姿和玉色高低流影入窗來幾枝開放軍營晚吹角當林月

影孤無限斷腸成百結幽香引入小單于前詩幽嫺後詩激冷深合貞女身分自題畫松詩曰森森老幹倚晴空萬木參差誰與同自昔棟梁人已去謾將綵筆寫遺容滙簃詩話

孟貞女箸有梅花八韻率兩首一韻隱寄倡和必偕之義意可悲矣希古堂集

明張叔京題宋潛溪集詩曰惟天有星漢璿璣煥周羅碧海蕩坤軸洪波撼鯨鼉人生於其閒懿德鍾天和仰觀及俯察至理諒匪他昔初古神聖龍神覩熒河元機一以泄風雲蕩相摩星文既有象雅訓還成歌渢渢亦灝灝委委復蛇蛇荒哉秦晉閒紛爭鬭蠻蝸斯文灰燼餘簡編互差訛漢儒六七作薑生陂巍科淵淵天人策伊皋力相劘傷彼長沙傅命折鬼所訶自從建安來嵩蓬蔽菁莪朝陽罕鳴鳳秋蟲叫寒莎韓公高世資回瀾障狂波泰山屹在

望碧樹撐瓊柯柳子思精悍古器見象犧氣高或怒張微疵玉之
瑳宋家諸老翁經籍賴刮磨文章本載道重任力所荷歐子才冠
古跂立輩與坡璜珩間玉佩鏘鳴雜鑾和寥寥百年餘烽塵事兵
戈文風日浸憊翾飛亂羣蛾乾坤既一統大國崇巨軻青帝掃煙
霧宿垢清沈痾姚劉實首出歐虞更番番嶄巖金華峰秀拔浙水
阿柳君與黄公飛駕連瓊珂宋子年最富美質資礲磋幽探既入
室速肖心無蹉英英三傑名衆星見羲娥二公惜不整噫歟天則
那宋子今獨步康衢奮龍騶逸態未及已氣就天山禾又如三峽
濤百折生洄渦源深流則長爲潛復爲沱羲軒世雖遠大道無偏
頗前脩懔遺則奎壁光瑳瑳勇直探虎穴深將入龍窩鯤鵬一奮
激不數蠏與蠡老我不作勇才衰奈君何君看千尺松下有百尺
蘿相依在寒歲鬱鬱青陰多峥嶸冰雪心孤根正陂陀行看柱廊

廟飛棟高嵯峨排戛莊雅元明詩中僅見之作漚簃詩話

陳紫廬自湖北歸攜駱纘亭先生同洪僉憲遊赤壁偶題搨本詩固佳字更雄奇詩曰虬岸蛟波雉堞邊瓊梯紺宇貝宮連帆檣歷亂迎湘雨雲樹蒼茫帶嶽煙今古英雄眞一瞬江山風月自千年相逢尊酒頭俱白磨洗無勞問昔賢名教錄

駱纘亭七言如筑道中和顧僉憲云谿洞偏分蠻部落山程中度漢衣冠送張大參赴嶺南云梅浮春色羅煙暖鱷引秋濤海瘴低九月集武昌南樓云鐘沈古寺浮雲外雁落秋江暮雨中華贍典雅七子中之李于鱗也漚簃詩話

唐狄梁公爲相有盧氏姨居午橋南別墅梁公候姨見姨弟挾弓矢攜雉兔歸因啟姨曰某爲相表弟有何願姨曰相自爲貴老姨止此一子不欲令事女主甘守貧賤公慚而退纘亭先生爲賦午

橋姨曰魚潛兮于渚溝澮兮層黍丈夫有鬚眉兮甯事女主芻蕘出雉兔歸母無喜亦無悲脫粟廚中炊正熟三牲五鼎將何爲一萬樓集

駱則民先生象賢纘亭給諫高祖也性樸質而詩多豔雅其春愁曲曰薔薇露溼紗窗薄燕子銜泥度簾幕小庭花雨晝絲絲檢點閒愁春漠漠銀箏低撥哀怨深黃金鑄出相思心闌干倚徧默無語煙綿草韡花成陰香濃雲母春眠重鳥弄歌聲學鳴鳳酒兵牽引破愁城花神競笑破詩夢蘭膏坐對蓮漏遲翠衾抱擁施屛幃東風淺澹夜來急落紅滿階人不知江南曲曰吳娃蕩槳春江曉翠袖紅裙畫船小浪花吹動鯉魚風落紅減卻春多少高城日暖酒旆低綠楊影裏驄馬嘶美人當窗弄白日晴驕綠水臨河隄金釵換酒勸郎飲并刀碎翦連枝錦杜鵑嗁老枝上花癡鳩飽飫桑

閒椹郎心如水不可留春山遠蹙眉黛愁柳絮茫茫渡江去多情又逐春波流春波曉出横塘曲浮萍暗鬭蘼蕪緑東風不放過南湖月明人在横塘宿哀頑綺豔亦陶元亮之閒情宋廣平之梅花也漚簃詩話

纘亭先生有邢參知督漕過徐次韻詩曰柳籠煙日百花明雨岸黄鸎夾道聲繡陌雅宜琴瑟靜彩毫閒對酒尊清萬年國計東南力四海官聯管鮑情莫向黄樓憶黄鶴江河一樣抱孤城爲李于鱗所不及

翁榮靖題黄鶴樓詩云湖海數聞黄鶴樓轉蓬遲暮乍來遊已無丹訣留仙閣但見蒼煙送客愁吳苑日斜芳草徧楚墟雲散大江流乾坤芻狗終歸盡徙倚狂歌何所求客見詩謂翁曰送客愁不是送客舟翁曰然當改之不知愁字正用崔灝詩改舟字便無味

以此見榮靖之度量其不欲明所長以抑入如此續年棗集

駱舜傳問孝登山絕句曰鎮日登山興未闌數峰猶似霧中看漫遊不在窮巔頂只此歸途已自難一時漫筆而所託殊深

翁榮靖過清遠峽詩云愛此清遠峽清興隨杖履空堂迥臨江閒亭半藏墅石泉帶巖扉深林淨零雨徑轉淩晴峰青霄連梵宇高雲近疑幄澄江遠如縷殿閣傳飛來歸蝯聞化女復有安期仙題詩紀遊處對此遺物慮遙瞻自容與靈勝固所欣神怪良不語平生懷清曠如何滯羈旅會當辭世氛言尋息心侶後陳還冲先生過清遠峽亦題詩曰爲馳金鑑上重瞳漫入煙霞杖履慵孤剎嵯峨霄漢外兩禺蒼翠水雲中聽經虓鳥相招隱採藥禪僧已悟空顧我塵緣何日了峰頭願借一枝松二詩皆載禺峽志鄉先輩風流墨迹徧於南荒亦韻事也漚簃詩話

陳還沖先生詩格高邁，置之初唐大家中莫能辨也。一傳而有欽

冰，再傳而有章侯。古之至人得意者，其氣有餘，能布氣以與人，況

先生父子祖孫乎！然非賢子孫寶此，則殘煤斷楮已付酒家，鴟或

翦作韈材，誰能展卷若新見一斛明珠乎？陳眉公白日樵眞稿

陳還沖方伯著績苗疆，一時邊民皆懷其德。有五寨道中詩曰：谿

洞菁蕪雪未消，邊庭寒峭獵騎驕。弓旌奕奕遮神駿，幢羽翩翩護

使軺。款塞知非唐頡利，臨戎不數漢票姚。朔風蕭索征衣冷，欲叩

重閽乞紫貂。贈肖亭奇將軍歸五寨詩曰：雲淨天空曉渡河，明王

推轂重廉頗。牙旗閃日搖金甲，寶劍迎風動玉珂。露布方聞平北

虜，簡書猶是備東倭。喜今舞羽苗來格，快唱將軍敕勒歌。莊麗弘

闊，不讓唐人。漚簃詩話

陳老蓮善畫工詩，曾有絶句云：桃花馬上董飛仙，自擘生綃乞畫

蓮好事日多還記得庚申三月岳墳前孫古雲藏其詩冊書法入神品錢唐陳雲伯文述題曰風裳水佩總翩然一幅生綃一幅蓮畫手眞如吳道子美人誰似董飛仙影沈魚國香先覺涼翦鷗波夢未圓記得年年過上巳酒壚貰醉岳墳前西泠懷古集

小蓬萊宋內侍甘昇湖曲園之一也明季爲黃貞父汝亨別業扁曰寓林飛樓窈窕湖山俱在檻底石徑之側有垂絲海棠一樹花時予必過其下持盃小坐紅露沾衣殊多幽趣今數易其主俱遭火焚俗僧旗厮相嬲不足觀矣陳章侯有詩題曰亢侯飲予黃貞父先生園賦此黃園何以寓林名令我沈思澹世情已悟浮生如泡影不知何事戀朝榮畫船良友秋湖約冷雨春風烟水行賦得數詩人未醉主人可喜是吾兄清波小志亢侯名胥鄮邑諸生章侯之兄也

老蓮於梅墅祁氏多往還詩祁奕遠以詩招入化鹿菴次韻云重

戀入竹徑小屋嫩雲窩道者提壺喚頭陀帶酒過借君尸博士與我話巖阿投水栖山福書經寫佛多奕遠寄詩招入化山云菊花佛堂繞竹雲客舍迴我來養凝骨君勉掩奇才秋色憑君看春醪待我開此閒山頗妙意欲暫徘徊祁季超奕遠叔姪贈薄隝卜居貲云生途何處問大略問山頭有意苦才拙無心任運遊移家仗親友守墓近松楸不幸中之幸兩賢何處求奕遠贈予移家之貲卻贈云連年衣食子兵亂尚分金劫掠無餘際相憐復爾深難忘亡國念幸斷喪家心浩唱千峰月偕君老石林館奕遠竹雨菴問予行藏出黃石齋夫子所畫扇上詩索和云買山兼買水兩事最難期已得盤谷地不爲悲憤詩大山謀筆冢小隱裹珠絲老子安於義大兒非所知寄祁止祥云君今先我進曾念我曹否夕陽酣小閣濤曉臥高樓文章偏入奧詩賦不言愁清淨西湖水况逢九

月愁世家孤臣避難相依事可哀矣（漚簃詩話）

海甯陳文簡公元龍題陳章侯蓮鷺圖云墨花吹得綠參差小影分來太液池白鷺不飛蓮不謝搖風立雨已多時極清華朗潤之致

西湖兩隄垂柳余幼時及見其盛明鼎革後皆罹翦伐陳章侯嘗寫一圖自題其上曰外六橋頭楊柳盡裏六橋頭樹亦稀眞實湖山今始見老遲行過更依依若幸之而實惜之也每放步其閒不勝張緒當年之感（湖壖雜記）歸安楊鳳苞有詩云淒清盡入老蓮詩平渚閒波異往時回首日斜歸鳥外六橋行過更遲遲（西湖柳枝詞）

老蓮初娶蕭山來氏方伯斯行女來集之元成之姑也承家學工詩淸閨唱酬頗饒韻致來氏歿老蓮有悼亡詩云誰求暗海潛英石琢箇春韻續斷絃明知方氏今難得如此癡情已六年又云裒

蘭摧蕙護昭陵一望驅車便遠行遥憶忌辰誰上食蒼頭小婢奠葵羹續娶杭州韓氏亦工詩有南旺寄内五絶句曰詩從仗友途中得寄到楚關淚盡頭深坐霜風如一詠化爲明月照高樓寄來錦字丁甯囑酒釀花濃歸莫遲阿儂自結神仙眷曾向平康醉阿誰客中萬事多傷感每到雨中最斷腸只恐歸來春暮日梨花夜雨暗錢唐飢來驅我上京華莫道狂夫不憶家曾記舊年幽事否酒香梅小話窗紗莫把歸期盼斷腸且將歸日細思量柳邊馬嚼金環響粉撲嗁妝出曲房茭胡淨鬟女道蘊一門閨秀盡能詩工畫滬箋詩話

老蓮侍姬胡淨鬟善畫解禪人比之於東坡朝雲老蓮有自笑詩云文詞妄想追先輩書苑高徒學小妻韻人韻詞韻事與梅墅祁氏抗豔一時

陳章侯有呼蝯洞五言絕句四首云慧理是同鄉白蝯供使令以此後來人十呼九不應明月照空山長嘯在何處呼山山自來麾蝯蝯不去痛恨遇眞伽斧斤殘怪石山亦悔飛來與蝯相對泣洞裏復幽深恨無巨靈力余欲鎚碎之白蝯當自出雖不甚工別饒眞率之趣又見其爲仲靑道人畫谿山淸夏圖詩云林屋張公不爲過神隨筆法上浮螺別風淮雨時舒卷弦子三聲一叵羅亦有姿致西湖夢尋

諸暨陳章侯能詩而名爲畫所掩也然詩亦流傳甚寡朱竹垞靜志居詩話錄其贈妓董飛仙一絕王漁洋詩話錄其憶舊一絕而已皃亭詩話

老蓮有夢先帝泣賦三首云衣鉢多年寄病身也宜忘卻是孤臣禪心夢裏身難管白玉墀頭拜聖人老僧幸得覲先皇八彩重瞳

永不忘夢裏天顏猶咫尺餘年猶敢戀禪牀半夜鐘聲覺草堂老僧正夢見先皇嵩呼頻喚彌陀號淚滴袈裟荷葉裳騷怨忠懷詎詞人墨客所能彷彿哉前人記載或以之入方伎傳冤矣漚簃詩話

世所傳陳章侯詩絕尠僅得七言一絕所云神宗皇帝太平年是也余幼時過越鎮東閣下得章侯所鐫硯一方有句云勸鼎銘鐘不問天漚麻藝果事皆便餘閒多在南山下割取春雲耕硯田又嘗於王太史方川家見其爲姑母祝壽有題畫詩一首亦工海嶼詩話

陳章侯畫梅竹自題云辛卯暮秋老蓮以一金得文衡山畫一幅以示茂齊茂齊愛之便贈之數日後丁秋平之子病老蓮借茂齊一金贈以資湯藥冬老蓮以[缺]頁子餉茂齊時邸中無一文錢便向茂齊乞米茂齊遺我一金恐墜市道作此酬之以矯夫世之取人之物一如寄焉者高江村得此畫題詩云輕鈕嬾劚種花泥畫

裏閒將物侯齊疑有生香出檐際惹來山鳥盡情啄露下桃花竹外梅不愁暮落與朝開寒齋灑埽蔬飧後香爇都梁看一回幷繫以跋曰康熙己卯九月二十三日題於簡靜齋雨窗對菊去章侯作此畫時四十九年矣若不遇予棄置弗復道後之人寶之名教錄

陳洪綬字章侯楓橋人積分貢生詩賦與字别有丰致而尤工於詩助得貲悉散族衆曾無少惜有春晴詩云二月朔日晴農務漸漸興老農耕不輟稚子亦學耕小雪詩云何當三日積銷卻萬方愁彷彿陶杜書畫非名人購求未嘗輕作其族人之待以舉火者無慮日高風厚德豈紗障金松白團烏駁比哉郡志不列諸義行文苑而編之方伎列傳疏矣諸暨賢達傳

老蓮七絕最工次則五言律詩如山陰道上云微雨來淸氣涼風翼小車贈沈子其云看畫不留客灌花長閉門除夕云山館觴除

夕兒童說舊朝夢劉道遷云夢從琴峽水話到石梁松送顧平叔還金陵云疏林茅店老古道皺囊人夜坐云松濤好詩料雪意發清思壽張學涵云同人集橘雨長笛響松泉鄭履公見招卻書云細雨杏花發種花人閑關清超蒼雅莫名一格固不獨漁洋山人所稱春愁當二月酒渴起三更也逗簃詩話

錢唐吳寶厓客越久新城王漁洋寄以詩曰競說仙人萼綠華紫金條脫降羊家苧蘿谿上青無主一代紅顏獨浣紗蓋調之也漁洋詩話

毛西河寓大善寺吳尼繼符爲天童曉公付法以掃塔過越謁西河以女僧不當與酬酢遣女弟子徐昭華報之灝行尼出摺扇乞詩不得已書一律云不信纔觀世皤然去普陀傳衣眞是錦剪髮尚如螺貝葉箱中薄蓮花水面多阿潘方學道相待洛橋波次日

越中女士合餞於國門見扇齊聲索昭華和詩蓋借此相難也昭華連和二詩一曰前身本靈照開口即彌陀乞食施山鳥裝香在海螺鄉程雲外近別思晚來多試看千江月徐徐出綠波二曰幾欲還慈室無緣款白陀毫分眉際彩掌合指頭螺贈拂留獅尾繙經渡貝多龍宮看神女何處不淩波又送尼詩曰芙蓉曲岸散紅霞送客江邊疏柳斜蘭槳行時飛化雨綠茵鋪處布金沙乘杯欲渡吳閶水拂麈曾開鑑曲花一自水田相顧去何年重把綠袈裟西河詩話

徐仲山徵士命女昭華師毛西河雲間張錫懌有詩云弟子如蘇蕙先生類馬融蕭山任辰旦詩云誰知詠絮堂前女猶是扶風帳裏人張遠詩云甲門傾國賦文華曾向毛萇授五車皆指其事

徐仲山以七夕死昭華以禁日哭父擬木蘭詞寄毛西河讀之不

覺淚下時汪東川司成在坐曰聲調哀苦體格蒼惻有女如此郎以當木蘭何過焉其詩曰戚戚復戚戚天孫罷機織只道天邊歡會期不道人間別離日人間別離眞可憐天邊歡會知何年悽悽登我堂不聞鳥雀喧但聞老母痛哭聲連連啾啾入我房不見瓜果陳但見蛛絲蟲網相鉤牽前年當此日天河正瀰瀰分將五色縷聯作百年卮去年當此日天柱方傾頽桂陽城北乘羊去緱氏山頭跨鶴歸況復今年當此日百歲堂前喪靈匹欲曬麻衣兩淚懸但啟書樓寸腸碎天河有時挽天星有時轉惟有乘槎一去人萬古千秋不復返穿鍼徒望眼不使淚我親九重空照地不照泉下人黃姑此夕依然渡惟有嚴親不知處木蘭空自夜停機願代爺行竟無路戚戚復戚戚作此七夕詞欲知此日心中苦覶此河流無盡期昭華多哭父詞有登青來閣檢父遺帙七律中四句云

青松出瓦根俱豁碧柳當窗蔭漸疏捲榻已無新注帖開箱惟有舊藏書又一律後四句云山長似向空欄斷月隙還隨小橘圓有女媲無班氏筆遺書萬卷續何年

高郵孫孝廉無焯其尊人吏部公以鄉官爲當事齮齕瘐死獄中孝廉内人潘氏刺血寫經以懺救之及潘年五十孝廉避亂歸里錢唐錢石城進士妻林以甯吏部同年女也爲潘作駢啟徵詩毛西河屬徐昭華應以詩曰高郵湖水清且漣湖旁有第高巑岏梅花日出照錦欄夫人五十饒朱顏考之氏族華以繁黄門之後典午遷世居淮服控海瀾先人嘗著獬豸冠通家有子孫巨源以之作配年又年自從少小卻珮環鹿車長挽鮑與桓公車門下雖升賢仍如韋素心所便祇惜中道遭家艱勁刃剸尾及孔鸞夫子賣餅安邱閒還鄉元節足盡跰只今日霽浮雲騫健持門戶晚景安

覆巢卵㲉猶瓦全秋風雙融生羽翰羣從羯末女令嫺皆言絳帳由文宣獨憐銓部留猘犴度人經寫百千番螺腕刺血和淚丸寫入貝葉翻紅蓮子母自小愁不年曾書三部華嚴篋一藏佛腹一塔輒其一送置天台問夫人爲此更何憐聞之涕下如瀾汍今來設帨事足傳顧家閨秀文如椽深慚學步非敢然稱觴祝君壽綿綿

山陰商雲衣商太宰孫女徐伊璧閨友也伊璧有月下和雲衣韻詩曰一彎初月出雲新照見花前滿面春羨爾雙蛾似初月不須相待畫眉人浴花臺爲太宰第中之勝後歸姜京兆伊璧同雲衣登此不禁今昔之感有詩曰君家池上覆春雲此地曾經刺繡紋近檻游魚浮碧水當階細草拂紅裙風吹二月鶯聲度露滴千巖花氣薰行到浴花臺畔路不禁雙淚落紛紛漏簃詩話

徐昭華送虞英嫂歸諸暨詩云落盡紅衣蓮子多相看淥水木蘭過曉風不解吹愁去偏送佳人到苧蘿案虞英嫂今無考必伊壁酬唱閨友也據此詩知吾邑詩媛舊志之失載者多矣

余蘿村懋棣題李羅峰知止居云泉石中間老此生孤蹤誰解問雲卿十年晝館芙蓉夢半畝山堂薜荔盟採藥峰頭芝作珮垂綸谿畔鶴同行息機便是羲皇侶不占江東處士名寄鍾慕雲觀察云問君近卜冶城居埽地焚香日宴如夢裏蓴鱸三泖近簾前花月六朝餘旁開精舍羅名士細檢牙籤校異書更喜謝庭多玉樹揮毫直擬駕黃初絕去脂粉獨標眞素當於色香味外求之

駱念菴先生棄官後溷迹樵漁自號楓溪釣叟如賀蘭山詩曰仙雲五色團諸落靄雨片時走百蠻漢江秋思曰貔貅戰血漂淮雨鼙鼓騰聲黯陝雲萬里江山爭一角千家鋤耒貢三軍淸湖仙巖

次黏給諫曰深山古木雲棲鶴靜籟清風月入花皆清雋莊雅饒有唐音

駱叔夜復旦詩名滿東南如送馬少府之思明任曰夜月丹砂句漏火春風蘆管繡江聲送周無文歸里曰黃葉夜封梅福里青谿夢繞贊公房地藏閣曰隔岸馬嘶春草路斷橋人去夕陽山讀舒蓼菴後集感賦曰三戶已無劉氏臘九疑猶泣漢宮螺贈俞厓菴都護曰鈴閣花深時卧鹿樓船波靜不驚鷗哭舅氏易菴儀部曰誰苦淮浦神羊在已見青城化鶴還皆名句也懷湯宮若七言絕句尤爲神韻獨出詩曰煙雨江亭濁酒傾荒林雜樹鷓鴣鳴青山無處尋行迹零落飛花滿故城灑移詩話

湯中丞莘來聘重遊湖上詩云小橋隔岸時通馬細柳如煙不礙鷺風調頗以中唐隨園詩話

近人起句之佳陳月泉芝圖舟中云夜起對江月滿船聞睡聲月泉與其同鄉劉鳴玉鳳岡童二樹鈺稱越中三子刻有越中三子詩

陳月泉爲越中三子之冠其漳州雜詩云守在東方久晏清天南設險此專城雲嵐拂雉烽臺迴金碧翻波鬬艦橫飾假水師山嶽重貢來番船羽毛輕漢庭不用朱厓議大食于今列款誠金陵云建業城高下夕陽白門煙色暮蒼蒼地蟠龍虎形空壯國號煙花主易荒馬渡應知眞邂逅燕飛莫訝太悤忙請看無限江湖水祗有秦淮閱興亡岳州云巴陵勝賞有高樓蘭沚芳汀繫客舟江勢遙涵衡嶽動地形半入洞庭浮腰迴風柳宮人怨淚染霜筠帝女愁滿眼蕭蕭木葉下由來此地足悲秋夏發桂林云棘竹枝長椰葉齊蠻天霧雨暗淒迷腥涎水滑蚺蛇浴鐵色山昏狒狖啼諸葛

荒臺餘部婁伏波遺廟滿蒿藜南來是處風波惡重憶輕橈泛越溪鐵厓元章無此蒼勁何論餘子其古體詩尤兼昌谷玉谿之長銅雀臺詩曰寒光晃朗澄秋旻枯篁斷柳迷通津漳川清賞不可見雄都日夜飛沙塵羣山趨拱如奔馬洪流逆折當胸瀉中原王氣抱江來黃星正照銅臺下彌留宛轉顧蛾眉繞江部婁紛相疑熊居之屍遺五筶祖龍碻發涸汞池老梟鍊形作請魅碧火可然沙可吹詎忘漢相恣威施譚尚不刃協必災韓樵燕筑踵相隨遺蛻肯爲虀與虆經營狡窟五花奇西陵墓田誰復知給彼歌舞之諸姬繐帷張陵樹長同槽讖典午昌寶瑟埋雄劍亡金虎歇冰井荒履妓香姬幻作孿鱗鱗碧瓦飛鴛鴦似賀郎錦囊中物而波瀾較閎桂林春晏曲曰杜鵑口血吹不止花飛絮亂春如此蒼梧一夜發新篁黃陵廟裏湘妃死湘妃死矣斑竹生截向吳刀認古情

圓螺紫暈嗁猶漬除是皇天老不成黑分入晦圓珠蝕寡鳳孤龍幾南北麻姑量海一眴閒請看堅丹曾奪得牛星呼鵲夜成梁浹浹明河不覺長紅蘱萱暖迷蝴蝶紫佩霄深吹鳳凰邪溪本是蓮花水⿸厂樂響歌聲記不起家門正對苧蘿山素服遊魂誰是主姑射原來縹緲煙欲尋瑤水泛鴻天扳雲蹈霧不可上炎空歊毒跕飛鳶游絲拂地風繚繞菖蒲漸長丁香老便是天涯一片心人閒不下三青鳥吳楚中間幾點山無人移卻碧巉岏桂江近接湘江尾風搖蘿帶青潺潺西山移石填東缺長柯玉斧修明月婉曲沈摯瓌瑰譎變乃復似義山燕臺河內諸詩漚簃詩話

粵俗春夏之交男女相聚野外褻語哇聲互相謔虐名曰唱歌陳月泉有紀事詩曰三月蠻鄉試葛衣平郊騾馬夕陽微木棉墟落山姑語自注魈也笏竹城闉瘴母飛素足沿波分隊至紅腮待月帶人

歸車書浩蕩今無外西粤風謡采獨稀諷諭微婉風詩之遺月泉足迹半天下以諸生老所箸有秋暉書屋集死後無存其友郭又春茂才毓袞輯爲丹棘園集與山陰劉鳴玉鳳岡梅芝館集會稽童二樹鈺抱影廬集合刻爲越中三子詩

傅莫菴詩以晚唐爲宗五言如早梅詩云雪冷香難覓煙空鳥不知無題云地下明珠淚天邊碧海心安仁夜泊云水風寒入谷霜葉暝連村弔六陵云冰天還有骨臥榻久無家玉臺峰云曉日靈風過孤煙暮雨來登雁峰寺云嶽色平臨寺湘流曲抱城長沙旅懷云連天岳陽水壓樹洞庭霜七言如秋興云恨無石馬酬文冢安得金龜貰酒錢鄴中懷古云千古英雄工作劇一家昆季最能文懷柯厓先生云十分冷落揚雄宅一半虛無蘇季田潞河舟中云一色晚霞排雁陣半船涼月落漁蓑秋懷云冰霜有信先催柳

砧杵無風亦到門梅花云十分冷淡春還在一種蕭疏蜨未知重憶云落花謝巷鶯千囀暮雨章臺柳萬絲贈張千戶云湖中楊柳看搖落客裏無衣又一年俱有風致

余叔子文儀郡齋雜詠曰海面文生魚吐墨嶺頭春暖麝行香語極新穎

叔子尚書詩饒風致綃山農婦雙卿工詩一時詞人爲之賦楊花歎尚書有用屈悔翁韻九首第二首尤工其領聯曰絲盡素蛾猶振羽髓留白獺總無痕又有卽事詩曰螢尾有光依殿草蜂腰無力凭宮槐又曰狗監空能傳舊事蛾眉又聽拜君恩

寶岡尚書立春詩云靑旗細浥農祥雨綵勝輕搖花信風太平春色十四字盡之 全浙詩話

胡紅鶴愼容稚威先生妹也姊曰胡石蘭愼儀歸諸暨駱茂才烜

姊妹俱有才名紅鶴窮鬱無依隨石蘭遊嶺南有途中呈姊詩云一雙冷雁拂天翔似我天涯姊妹行半嶺梅花成故舊兩肩書本是行裝南瞻粵海愁羈旅北望燕雲指故鄉只有嬌癡小兒女戲憑籃笥索檳榔（於越詩話）

石蘭撫紅鶴女為女後嫁洪洞劉侍御秉恬石蘭有偕女思慧壻劉侍御陶然亭踏青詩曰萋萋芳草綠城隅花外同搴御史車勝迹登臨荒草地孤亭突兀破窯墟簪裾雅集庭幃共鸞鳳和鳴宴飲餘倘割菰蒲結茅舍不嫌來作野人居（漚簃詩話）

邑有趙氏者忘其夫姓有經堂園懷舊詩云物是人非已愴然那堪人物並非前碧桃遇劫全遭斫綠柳無辜亦被遷梁燕重尋無舊壘沙鷗欲聚少清泉荒蕪一片憑誰弔惟有寒蟬咽暮煙詠病菊云形容憔悴詠仳離欲轉秋光不自持力弱漫憑籠蜨粉勢孤

任爾網蛛絲西風暮雨千重恨冷露淸宵萬種思焉得更逢彭澤令休教落寞傲霜枝似苦節奇窮抱身世仳離之感者諸暨詩存

郭又春讀宋詩四十二首其論王黃州曰韓柳文章李杜詩獨開新運首元之龍門一代官三黜主管風騷更有誰梅聖俞曰詩派宣城聲價高草衣掘載出蓬茅不知六一緣何事苦捉都官當孟郊邵康節曰安樂先生眞散仙都將造化入詩篇天津橋上聞鵑後便有官家遍賣田神味不減元遺山論詩絕句惜祇此三首佳耳漚簃詩話

近人楚北李君忘其名壬辰進士有論詩絕句鐵厓一首絕佳詩曰客婦文妖更鬼才春花秋月鬬新哀玉溪刻意摹昌谷都乞夔州賸馥來

邑少閨秀閒或有之則皆貞麗嫺雅如徐昭華胡石蘭其最著者

也昭華塞上曲四絕曰朔風催雪滿刀環萬里從戎何日還誰念沙場征戰苦將軍今又度陰山長雲衰草雁行平砂磧征人向月明思婦不知秋夜冷寒衣還未寄邊城蒲萄宮錦紫驊騮走馬沙場日未休鼙鼓聲傳明月夜琵琶絃斷玉關秋彍騎三千出漢關雕戈十萬臥燕山月明近塞頻驅馬尚有將軍夜獵還石蘭宴滕王閣餞諮太安入北上詩曰一閣到而今重看玉佩臨詞章隨世變別意共江深夜眠詩曰地僻不知更漏永瞥驚花影過東牆早起詩曰一番花信五更風那管春宵夢未終餘如戴綠華玉萼題浦江吳絳雪六宜樓詩稿四絕曰吐屬清華蘊若蘭仙風玉貌總珊珊天人綽約爭誰似應是前身吳彩鸞片羽由來重吉光偶然陶寫味深長殘膏賸粉都堪貴佳句眞宜入錦囊果然玉佩更瓊琚鍾郝門風式里閭問字有緣親絳帳瓣香定奉女相如縹緲高

樓號六宜能琴善畫吏工詩才人自昔稱珠樹爭及閨中色色奇呂漱香春餘春暮詩曰流鸎不解語猶爲落花嗁白桃花詩曰月明空見影疑是息夫人吳校餘品梅送春詩曰惜春無計挽春華落盡庭前樹樹花低亞闌干圍不住一雙蝴蝶過鄰家袁菊英秋華讀管子詩曰本末策名臣子糾何妨屈節相桓公張又嘉玉汝初雪詩曰猶疑明月在已被碧雲遮臥雪詩曰自笑十年宜布被翻將一夢到梅花夏雨詩曰生水添三尺新涼逼一肩落花詩曰霄漢旋升弄玉去綺樓竟墮綠珠來新春詩曰殘雪已隨疏雨去曉風猶帶舊寒來影詩曰先生自號爲烏有之子神傳勝白描新綠詩曰共道枝頭新樣好明朝齊上翠眉尖春寒詩曰冷到蘿衫簾未捲東風陣陣勸添衣蠶詞曰纔白東方鵓鴣喚阿誰有夢到漁陽其擬陸劍南方草曲尤饒古趣詩曰秋去春來燕相續美人

獨愁銷片玉奄忽離家已半年捲簾又見芳草綠可惜光陰客裏銷草色綿綿路迢迢幾番欲歸歸未得春愁難凭濁酒澆春風徧綠江南岸身在他鄉那得看不知何處最芳菲柳姑祠外紅橋畔湖頭錦繡幾成堆梨白桃紅爲誰開一鞭想策路千里欲行不行重徘徊强將登樓除煩惱樓前總是靑靑草誰家夫壻覓封侯封侯何似還家好同邑馬絳軒相有贈張又嘉師黃春史詩曰何時得近譚經席一見靑絲步障人儼然有徐都講之風惜黃非西河其人也予論同邑閨秀昭華石蘭後又嘉實後起之秀而皆嫁於楓橋鐵厓九里藉以增色余第二婦毘陵趙氏雅解詩律繼續前徽或在是歟

徐昭華西湖竹枝詞曰赤石磯邊湖就姑長將綠髮石邊梳妝成只怪西施巧那便花花似此湖徐野君選入竹枝類編錢塘吳寶

厓與友約作西湖竹枝詞每人百首自以爲窮極工巧見昭華詩歎爲鐵厓亦未曾有遽毀已作昭華又有擬婕妤宮怨詩曰不羡玉階迎翠輦不羡金箱賜錦衣祇羡新來翠尾燕翩翩獨向御簾飛亦爲吳寶厓所賞謂慧心雋齒別有機趣

三都章鑄君迪德著有玉茗軒詩集今佚其五言詩如偶成云遠山微露樹新水乍生萍初晴云雨積山多瀑雲浮野半陰七言如秋居雜詩云夢裏年光桐葉老籬邊風色豆花疏對月云無奈相逢偏是夜可知最好莫如秋聽蟬云風吹隔水微涼樹人坐閒庭薄暮天暮春云撥火初添三月雨成泥又踏一春花皆清婉可誦

漚簃詩話

錢遠工廷策長於近體五言如好夢常留意眞愁不告人冰炭誰留意冷淡自爲情看雲生別思數雁得新詩七言如閒雲觸水侵

潮氣野月穿蘆照夢魂小艇舊愁秋作魄長江新月水爲精皆佳句也

趙雨鵑式工詩餘其小詩亦畫工所不到眞雅才也春遊絕句曰獨步尋芳春日斜板橋只有兩三家名園空好無人到一架鞦韆臥落花柳枝詞曰湖頭扶醉夕陽斜猶記敲門宿杜家獨抱瑤琴臨水曲一鉤新月上梅花春恨曰無計留春春自回獨眠人瘦小妝臺芭蕉綠到闌干外零落棠梨一樹開

屠琴隖以庶常散館改官時住米市胡同雙藤老屋一日於街頭買芍藥賦詩云尙留花事一逡巡病起看花已過春俗吏未成仙吏謫半年天許作閒人城南雨露足豐臺絕豔驚從市上開不信園丁減聲價肩挑茉把一齊來風搖四壁更參差說到將離定幾時量取腰圍約金帶本來不稱瘦腰支一時名流和詩甚多顧南

雅詩曰煖蒸雲氣雨霏霏散作仙人五色衣除是鄰侯鏁子骨不知誰稱錦腰圍看花老眼未蹉跎嗜好酸醎奈爾何從此評量春色處豐臺不及廣陵多錢衎石儀吉詩曰悵望豐臺第一枝昨宵風雨太離披未知瓶膽閒敷蕚香細簾垂靜護持文章小謝近蓬萊大好翻階麗句裁莫道芳洲生杜若賺人錯判度支來

琴隖歸田後築潛園以養痾花朝約同人祀花神自賦詩曰多生不參枯木禪有惜合住散花天胸中生意浩如海婆娑起舞春風前春風卻與花司命吹得千花萬花醒東皇太乙手握符昨來芙蓉城下呼欽哉帝命加九錫管領羣芳春一國瑤臺玉京風露寒特賜平泉湯沐邑空中雜沓迴雲軿靈之來兮相後先華鬘纓絡五雜俎翠羽明璫十種仙綠章上達氤氳使臣本玉皇香案吏郎今天地一家春朱草靈芝之不勝紀良辰吉日百卉昌有情無情皆

樂康初筵請上千萬壽滿酌桂醑流霞槳蕙櫋荷屋椒塗堂荔帷蓀壁連藥房石家金谷施步幛裴公午橋開錦坊當筵一盞寒泉冽薦以菖蒲之九節玉門赤棗元光梨粻屑瓊糜白如雪景光駘蕩佳氣新鶯歌蜨版來侑神道心了了觀化得動靜消息潛園春韻人韻事韻語一時名人多和之而以吳江潘眉壽卿詩爲絕唱潘詩見文徵

琴隖讀書處設梅花紙帳金冬心汪巢林李復堂高西塘李嘯村諸君手筆也爲吳山尊學士所贈琴隖譜疏影詞曰春生斗室有蘧蘧蜨夢來往香國白月簾櫳倏到前生不知今夕何夕簟紋不捲湘紋波滑花影碎滿身無迹是耶非耶萼綠花來翠羽嬾傳消息禪榻鬢絲漸老看殘夜酒醒萬籟俱寂幽獨憐伊香雪玲瓏窗紙也生虛白嬋娟花月容消受怕負卻春風名筆喜鄂君繡被香

銷魂得冷魂清絕余慈伯有和句云身在花中著意尋香卻又香尋無處眞是嵌空瀏亮慈伯亦工畫梅蓮子居詞話

此心只有白鷗知纏綿盪作湖波皺屠琴隝踏莎行句也琴隝以詩畫鳴不甚措意於詞然如長亭怨慢法曲獻仙音徵招揚州慢諸調豪爽疏俊不媿名家

大林周姬撰有犬搏虎行云怪哉里巷喧相語小犬竟能搏猛虎西村李叟年六旬日受飢寒老困苦身外猶餘犬自隨家中別無人同處曉持斤斧入山林期采束薪換勺黍山中忽聞腥風腥餓虎突出齧其股當時亦有同行人奔伏叢莽色如土犬忽攫身數丈高飛抉虎目健而武猙獰騎虎聲亂嘷虎蠢犬靈虎竄去犬乃導主棄薪歸負傷未重力可努我聞其事信且疑越陌爰諮叟舌吐若非此犬捍衛功葬身虎腹同肥羜犬雖有力能幾何義勇獨

不畏强禦微物猶知報主恩狺狺豈屑盧令伍龎然應笑黔之驢自矜踶齧逞餘怒事爲創見語亦生新其近體詩如千谿道中云薄霧山光時出沒斷厓人影忽高低送人之揚州云五夜淸歌筵上酒六朝遺恨篋中詩亦淸越可誦湄簃詩話

諸暨程行之茂才讀板橋雜記題詩於後云半堆瓦礫認河房詞客飄零劇可傷重聽尊前話天寶誰知身是老周郎春風歌扇美人簫一曲秦淮柳萬條往事蒼茫誰復問白頭江令哭南朝淒怨悲慷大有舉目河山之感

葉去病廣文謂郡城詩巢當並祀王元章因作詩巢七君子詩曰季眞夷曠人風期軼魏晉縱情酣麴蘖淸談剗鄙吝狂乞道士銜遂棄集賢印世無李太白入眼吾知僅公緒昔避亂南安山窟中滴露注老子颼飀聽松風氣洽友斯戀靈妥交乃終餘事出偏師

屹屹長城攻元英隱鑑湖散拙棄塵滓一第實命慳三拜俾世重赫矣弟子榮鄙哉公卿寵毋以貌取人斯言吾聞孔南渡陸務觀斯文實宗主忤時異蘇軾愛君侔杜甫棲遲梁益閒魂夢中原土垂死望中興千秋涕如雨元季楊廉夫行超識亦洞作吏砥清操論史定正統老婦羞嫁裳白衣謝清俸放浪吳淞間慷慨梅花弄元章乃逸民兵機夙諳練平時談喪亂養拙謝推薦甯受畫師譏肯陪參軍宴著書做周禮惜哉無由見兩間有奇氣文長偶中之談兵踞幕府翫世混市兒憤極軀命輕落筆風霆馳一篇白鹿表空有永陵知

葉去病少時有明九邊詩如草青眾堡妖狐立月黑偏關一雁哀龍翻黑水寒無浪馬渡黃河凍有聲奇警可抗明七子

吾鄉自陳月泉茂才後騷壇主盟歸余小頗太守坤壽眉生孝廉

僑小頗五言詩如暑盡云蘩砧催木葉積雨變蟲聲夜過朱伯韓
云晚風欹帽去斜月抱書歸贈姚石甫云著書忘白首健飯慰蒼
生七言如登龍山望海亭云久客心傷歸鳥倦大荒愁擁暮雲迴
觀畫關山圖云沙草亂流盤濁騎戍樓殘日見危旌夜坐用梅伯
言韻云晚菘佐饌登新甲秋菊烹泉薦落英贈朱朶山云花底巾
車停梵舍醉中詞翰滿歌樓感興云誰令𨯂鹿呼羣起終信貪狼
長獸難十說方宜用候應五難誰欲阻嚴尤昏鐙急雨荒鷄惡曉
塞新霜健鶻盤散直云斷煙曳屋連高樹暝色頹空盪積陰觸雨
暮鴉無整翼負轅疲馬有歸心眉生五言詩如邊牆晚眺云鴉寒
爭繞堞雲嬾不歸山酸風壓古木淡月逼黃昏至日感懷云待兔
終成誤瞻烏少定蹤七言如大風出居庸關云輿穿仄徑偏無礙
馬踏層冰不敢嘶淮陰侯墓云兩漢山河沈浩劫萬家煙火抱孤

墳蒯通老作黄冠客漂母能張赤幟軍過水磨關云河抱斷冰猶夾岸天連殘雪不分山靈石曉發云千行眉鎖秦城柳九折腸迴晉地山庚子下第南歸留别云十里鶯花趨洛下二陵風雨薄成皋和丁子琳寒夜見懷云入世已嗟文字賤無才猶喜性情眞郞當云疲牛曳石聲如沸老樹迎車勢欲吞皆警句也

駱東谿衛城詩名重都下而鄉里轉少知者中年以窮愁客死京邸余小頗觀察爲之刻東谿集六卷詩多蒼涼激越之作故鄉無其書祇記蘭亭訪王元章墓七言二絶而已詩曰保越録言多子虚參軍拜職事何如草廬家傳今猶在那有攻城上策書小長蘆傳足名家修史如何又舛差欲證墓碑無覓處山風吹落野梅花讀書得間無愧詩史東谿學識於此窺一斑矣

姚椿林古詩饒有晚唐人風調其燕子樓辭曰涎涎燕子猶來去

三月落花香冐樹靑苔泥煞畫樓陰相傳盼盼魂銷處憶昔風懷滿洛城尚書紅杏舊知名共誇天上張公子願覔人間賈愛卿傾城一顧承恩寵淸矑翦水情波動金勝纏頭十萬輕玉墀牋奏三生重藏嬌有屋最鮮華門外迎來七寶車幾陣溫風春戲蜨一樓膩雨夜交花銀屛珠箔開迤邐埽眉初侍玉皇吏袖拂紅綃體盡香簫吹紫鳳聲俱媚歌舞氍毹年又年四時花月兩神仙自教錦瑟無虛度誰識荷珠只暫圓一朝人去芙蓉館靑春不作泉臺伴夫子瓊英格性淸女兒雪藕絲腸斷賸粉殘脂屛不數縞衣困守女牀孤相思有曲餘紅豆傾墜無心效綠珠閒來情思無聊甚冰心宛轉傳春弱賦到雙棲玳瑁梁勝彈獨夜箜篌引香山學士故情多翠黛靑衫臉慣波鴛冢尚虛埋玉地魚箋添製懊儂歌無端消息寒梅遞可憐不會人深意顰蹙修蛾滿鏡愁橫斜玉箸沾巾

膩茹痛含酸又一旬楚腰消瘦不勝春桃花無復供稀粥蓮子終教見苦心玉烟化去曇華隱白楊風急迎紅粉環珮從今地下墜笙歌可似樓頭近黃雞催曉曲曰黃雞喔喔啼白日朧朧曉三萬六千消幾聲花顏雲鬢飛蓬葆磨刀烹雞滅雞口羲和攬轡鞭日走夸父杖化珊瑚紅北邙白楊嘯悲風雞鳴不須烹日行不獲已君不見白日抱光沈海底祖生劍氣沖天起

壽春亭孝廉靜室云噤聲貓捕鼠拳足鷺窺魚絕似南宋人詩

大梅山人姚燮暨產也隸籍鎮海才名徧東南尤工爲側豔詞有悔曾詩曰纏頭壓馬聽歌去繡臂韝鷹看獵來車子六萌延鶚盼侍兒雙髻媚蘭薰露草原非蝴蜨窟風花多是杜鵑魂莫灣畱榜橫春絮瓜步驅鐙送夕潮皆佳句也又有扇影詞曰錦盌芙蓉四幕花密樓藻井一層紗淒然擁髻樊通德坐對伶玄說趙家紅闌

宛轉段家橋媚向東風倚病腰側鬟西冷看山色水漾花影上春綃褪盡紅香春不妍碧蘿門巷有殘煙西風入夜鐙如豆只擁寒衾聽杜鵑舊時簾幕只鷺眠打槳東歸已隔年聞說語兒亭畔柳丰姿瘦似顧娟娟尤媚麗饒致

姚梅伯哀江南用少陵秋興詩疊韻至五到底不懈較錢牧齋秋興諸詩骨韻不及而神采更加如如何李牧頻移壘竟使芝龍再入關高陽不照重泉蜮急雨徒欺過峽鷗十萬蒼生方待命眼中誰是李厓州須知馬逸收韁晚煩怪弓柔脫彀遲萬里風霜韓愈馬一身天地杜陵鷗流槍焰逼黄天夕亂鳥魂趨白下陰最憐段熲亡軍禍早伏哥舒出鎮時六代鶯花紘撥怨八屯矛戟雨潸愁精衛未能塡大海杜鵑只解避深枝瀘水鐙紅傳餉急桂橋夜黑落星遲等聯尤爲雋奇

大梅山人工於塡詞著疏影樓玉笛詞直入玉田之室有論詞九絕句曰不聞九龍袞委以紅麝薰碧桃巢玉鸞自非人間春至潔不受滓春泓淨可拭流螢無晝光銀河無夜色自掃燕支土堆疊鴛鴦壙梟以遊絲煙弱過倩女魂胎息三婦豔裁翦六朝怨胡蝶媚未成杜鵑已腸斷手撥銅琵琶目送大江鵲可憐銀牀梧頳花自開落碧山一翦眉暗奪女郎秀何如楊柳枝迴風舞長袖疏鐙照籬豆絡緯能絡絲秋人邀含睇怨非青年時野絲難爲麻宛轉寸心絲飛蛾自不蠶何庸妒熒爝金碧十二樓但有玉塵布俯見龍淵深花田種珊樹可謂繪影追魂窮形極相此詞家玉屋也

姚野橋燮字梅伯甲午舉人工書善墨梅白描人物寫意花卉亦盡入古法庚子春正君自吳門北上余挈莒生送之梁谿同遊鄧尉惠山而返舟次曾爲莒生題湘江幽思冊淚濁沙一闋云詩夢

抱蘭衾水氣沉沉蛾眉月小挂篁陰澹沱香痕秋一剪人語煙心畫槳幾時尋極浦天深宓妃含睇弄幽禽唱到水雲縹渺曲玉簫吹琴刻有疎影樓詞八卷兼善音律著有褪紅衫梅沁雪傳奇兩種及詞律勘誤詩文集若干卷附文蔣寶齡墨林今話

酈伊人茂才依仁七言如旅思云餘花晚筍蕭公寺細雨斜風賀監湖病懷云難除小病如春草不斷新愁似野流落葉云半艇斜陽收破網一牀涼月怨清砧寄內云泥墮漫教妨燕壘春寒莫便寄牛衣棉花云自憐嘉植輕於草誰向高原認作花登龍山云草枯羸馬分羣出松老飢鷹逐隊飛五言如懷何文伯江都云梅花憶官閣明月夢揚州風情酷似隨園詩話滬簃

章素軒先生瑞麟邃於經術博賅羣書而詩不多見其讀陶詩有楊花薲是子橘蠹蜾爲流之句可窺見一斑

壽眉生七夕詞曰彩鳳隨鴉莫浪借秋槎一去少人知自從乞與張郎石散作人間没字碑目斷紅牆空淚流天孫脈脈也知愁何如淡埽蛾眉好脂粉錢還贖粉侯乞巧殷勤託鳩媒雙星私語笑玫瑰但憑侍史家家送忙殺鍼神辟夜來讀有學集書後曰金粉沈霾故國煙吳閶詩老共纏綿梅村痛哭虞山笑占斷紅羊劫後天雖小家數而頑豔絶倫

孫瓜田克基詩樸逸學陶有晚步口號曰鴉背翻夕陽炊煙上林隝力鋤村口田昨夜豆花雨牛羊下山來遥遥渡前浦時有田父歸倚杖話太古

周未菴廣文工畫蘆雁亦能詩有趙北口詩曰卻來趙北燕南地疑入山陰道上行燕子飛飛芳草合鳧雛拍拍水波平虹橋連蜷長隄杳鳥榜咿鴉短棹輕客路不知春已半頓思明日是清明

周桐號洩莊嘉慶戊午優貢生丁卯副貢生以詩受知於阮文達公和文達秋桑詩曰游絲陌上懸蟲影落葉牆頭送馬鞍又有秋笳詩曰八月九月正長夜出關入關無限情皆饒有風致

會稽宗侍御稷辰喜程客如諸暨逆女將至云我來少伯童遊地自注時客華容華容志言少伯邑人卿亦扁舟竊載人詞甚工緻

宗侍御道光己酉九日中沐由離渚度嶺至金家站次日登董公嶼曼勝菴途中得四絕句云六峰深處樹丹黃穫稻偏遲粒飽嘗只爲雨稀愁菜麥夜來一灑水村涼四十八村湖水落三萬餘畝湖田收天分奇福秦稽外方信秋秧竟有秋自注是年白塔湖隄決水沒田廬秋後始補種秧何人寄水作樓臺楓浦桑洲暮景開隔岸有山如倚筆高風遙襲富春來山名富春稽首心湖舊隱巢祖孫雙冢鬱林皋謂予葬外家心湖山人事吾門桃李青山近望植新陰補翠坳謂金氏兩生

周健菴乃大久官直隸鬱不得志賦宮怨以寄意曰監宮排比鴛鴦牒取次方將近紫宸又報平陽公主入紅箋裡裏進佳人可謂深於怨矣

酈藜生青照負才傲睨詩不合律而豪邁有奇氣夜望詩曰水白不分岸月明柳數堆湖心一聲笛風雨入樓來夢中詩曰一山空萬象綠淨不容煙忽地松風到飛濤瀉上天具見氣魄

陳大定以守備殉苗難詩稿散佚只存萬里煙波愁白髮一天星斗落清淮十四字已見本傳而英光自不可磨滅周篤甫太守足成七律添蛇足矣

國朝諸暨詩家五言詩如余浣公縉洄河新月云熒篆清幽襟閒吟卷秋水黃昏藉新月搖漾滄波裏章無黨平事山陰春日云村巷通巖壑人家帶舳艫楊千木三烱宮中行樂詞云花氣侵羅綺

春風媚笑歌陳小蓮字丙申與子占云畫理宗家學村醪會菊香余瞿庵懋杞伍胥潮云吳越皆邱墟公怒猶未已空令弄潮兒無情爲公死陳角村思湄禹陵云梅梁橫白雨窆石冷黃雲陳卓巖維垵即景云山翠當樓近湖雲著樹多馬月門以智登高云野闊牛羊小天高雁鶩稀山寺云細水涵幽竹蒼苔點暮花吳竹泉南金白雲院偶題云溪聲喧耳熱山翠逼人冷趙芳谷蘭送客云一行寒雁過千里故人愁陳小鐵世榮秋草云頹日飢鷹下尖風瘦馬盤周貞木果寒月云月意寒於我娟娟欲近人蔡棻峰梁須江舟中云灘流一片月船壓半江星斯雪曉山夜嬌嬌云多情憐壁月有意伴銀釭山居云沽酒問村路看雲過石橋山泉云流花歸別澗落葉遞疏籬秋雨云煙籠寒水闊雲截遠山平章錫文瓚思友云雜英滿芳甸好鳥鳴高枝湯又旦朝來遊玉泉寺云活水穿

茶竈枯藤護寺門黃澹齋士燿秋煙云寒隨雲影幻澹入水痕肥方千島云潦倒詩千首疏狂酒一尊郭濟門鳳沼溪上云山光到岸盡帆影過橋低吳宓川膺洛馬云快馬戲春陽健兒不敢近秋風塞上來萬里躡空影酈黃芝滋德寄友云浮雲與春色南下大江流水落孤帆遠天寒幾樹秋周篤甫惺然鑑湖秋泛云湖氣碧於煙隨風盪作水酈藜生青照訪浮塘趙十一夜話云水樹曳風碧火雲蒸雨黃七言如駱念菴清湖仙邑云深山太古雲棲鶴靜籟風清月入花余浣公舟次山陽云淮酒初濃梅雨黯吳蠶方老柘風微余瞿菴喜王七歸自成都云早從耆舊知風土便買佳人出漢關雨後望宛委瀑布云分明一夜黃梅雨瀉作平湖八百秋春夜聞笛云燭跋杯深頻看劍不緣花氣怕登樓余荊帆戀檣白鷗鷀云魂向隴山空色相客從易水借衣冠酈向榮欣書東澗詩

後云空藏書籍張舒國不幸期頭褚彥回張瀟水嗣軒韓成云不獨乘車能誑楚名高三十六功臣鍾同云臣自忠君馬忠主何曾戀棧欲孤生李夢陽云受恩便是忘恩處零落何人念對山五八墓云漢初五百田橫客猶憾當時失姓名余叔子文儀秋日示李大然云夢遊權作還家客朝散渾如退院僧陳角村偶占云柳絲難繫七香車一任鸎聲過別家惟有綠紗窗外月黃昏還照碧桃花蔣梅垞變南歸途中口占云佳節每從羈旅度名山多向馬頭看歲暮寄鄉園諸兄弟云時逢改歲思鄉里人到衰年戀弟兄陳卓巖詩云夜雨梨花寒食路春風楊柳故園心一簾細雨黃花酒半夜西風落葉聲趙芳谷秋杪雜感云刀環十五年前約戍客三千里外愁陳小鐵詩云七八年來春夢短兩三里外故人疏雲外山如披畫讀雨中花似隔簾看擬楊鐵厓繡牀凝思云昨夜郎歸

空有夢今朝花落未成詩芳塵春迹云花開遲爾尋春夢月下同誰立夜涼周貞木感懷云龜鼉畫上蘭陽樹風雨秋沈瓠子河壽春亭于敏明陵云一代清流歸將錄六宮紅粉罷春鐙斯雪曉開居偶詠云醉多聞謔歸常悔讀罷奇書夢亦癡寄懷琴齋云欲共階前邀明月每依簾外望朝雲聽雨云山鎖輕煙黏古樹溪添新瀨折迴汀夏雨云一片沈雲低樹腳兩厓絕壑瀉江聲郎景云綠陰一路隨溪轉黃鳥雙飛避客過郭又春毓長沙雜感云賈誼宅荒誰是主李邕碑斷已無文蔡東軒英初夏云乍晴乍雨添吟興輕暖輕寒促酒尊蔡萊峰晚步云天挂濕虹窺澗底雲移斜日度林梢黃澹齋春草云春風門巷飛蝴蝶夜月闌干聽鷓鴣古柏云空山落日徐君墓故國秋風漢相祠讀楊誠齋集云誰知不作南園記攜杖逍遙便可歸暮春即事云昨夜溪橋新雨過桃花水漲

鯉雨肥傳蒙園克莊諷世云杯餘滴酒蠅猶戀草帶微花蝶亦癡郭澹門十六國宫詞前趙云鈴語悲涼敂禿當永豐城畔淚沾裳尊前伎妾皆無恙更勸君王舉一觴後趙云御輦乍過宣喚少白鷺桃下看文書漳河一樣興亡感輸與西陵有墓田前秦云酒歌未若琴歌苦腸斷聲聲阿得脂後燕云明朝避暑承華殿宣敕中官進凍魚西秦云侍郎愼莫彈飛鳥恐有樓頭望幸人小遊仙云玉笙吹罷明河轉一派銀雲似水流如何百萬三千斤修得團圝又下弦陳魯望銜詩云鼠因糧盡垂頭去犬爲家貧放膽眠鄘黄芝五洩道場云一院寒鐘催白日半天飛雪破靑冥周篤甫東渡云玉局文章傳海外杜陵身世託扁舟題壽芝厓遺照云海國波濤歸幕府將壇韜略重書生雜感云山勢隨雲都北嚮夢魂似雁總南飛晉陽雜詠云五月山深遲割麥千潭水苦不生魚鷹眩籠

將花帽麗猲眠銷得錦窩春周健菴乃大贈陳襄夔同年云高齋古豔書千卷靜夜吟聲月一簾酈藜生秋興云病雕力弱三霄在瘦蟖心横萬里堪春寒云小闌一夜梨花雨人在重簾短夢中傳耆田壘林鑑湖即景云十里荷花湖上路四圍山色畫中詩右諸家詩皆錄自本集及儀徵阮氏南海潘氏兩浙輶軒錄浣東酈氏東埭郭氏諸暨詩存以備一邑詩乘綴畢綴數語於後曰鐵厓麓楓水濱綠蓑笠華陽巾樹騷幟扶雅輪孰代興曰二陳執牛耳主齊盟余小頗壽眉生張偏師攻長城餘磔磔莫等倫主此盟後何人詩話漚簃

駱鈞孫廣文詩既雋拔詞尤擅長與予往還甚多乃殁未數年而遺稿零落檢搜藏篋祗賸題先資政詸子圖數詩爲通聲潙濱春錢圖集玉田句暗香詞一闋而已夜雨對鐙有懷故人輒增嗚咽

詩曰人生最得意詩禮趨門庭父書夠能讀穎發在妙齡陳君一幅畫課子百年情上有雙鳴鶴下有千歲岑縹緗十萬卷卷卷有餘馨良時不可再努力事令名毋爲長局促皓首歎明經步上楓谿側高風溯楊王吾鄉老名士千載有殊芳美人今不見嬋娟空一方鳴蜩在灌木但聽唱啾忙嗟哉爾何苦俛仰我心傷鳳皇有五色喈喈號歸昌老鳳日以哺雛鳳日以長前修曷其繼徒倚爲君望結廬南山麓植花宜芝蘭庭階連釦砌玉樹紛琅玕道術世知重紆綬爲儒官儒官既足貴兒才況槃槃我願一樽酒佐以琥珀丸盼君圖中客相交長醉懽瑶華自怡悅浮薄心所刪仰視松柏性共此耐歲寒詞曰湖天日暮折蘆花贈遠又歌南浦雨屋深鐙轉首河橋漫延佇幾點別餘清淚更幾點戀人飛絮正船艤流水孤郵何事載詩去風月平分取第一是吳淞歡遊試數醉筇遊

展會記經行舊時路一自盟鷗別後猶夢到斷紅流處脈脈此情無極此愁誰語

錢鍔字伯錬諸生性剛直好負氣以品節自砥咸豐庚申粤賊蹂浙西鍔謀團鄉勇禦賊不果乃結廬於黃碧隝之螺谷悲憤賦詩曰荆作扉蘿補屋可棲可宿婦拾薪兒剝粟一飯一粥淩一泓泉種幾竿竹不沉不陸有酒一瓶有詩一軸何營何欲朝遊鳳翼灣暮返盤螺谷絶山谿聽山瀑課阿祜讀書命阿禧擊筑以陶以詠且耕且讀一家安樂團圞骨肉是天下清福山神來兮倏聞剝啄曰東南殺戮西北窮蹙國恩深厚奈何雌伏老錬聞之不勝窮蹴曰罪曰罪放聲大哭辛酉邑陷於賊迫爲僞官且曰不爾族不保鍔堅拒得免賦齷齪行以見志曰齷齪齷齪可笑可哭既不爲國奚有於族避得脫家之福悠悠螺谷如集於木避不脫有刀在櫝

剁賊如肉甯戴一天死不受二臣目如之何肯半點齷齪末幾卒

諸暨縣雜志卷六十終

舊志序文

諸暨自秦漢以來代爲縣而今爲州上下千有餘歲而志書無述其登附於郡乘者十不能一二蓋由其悉近而略遠也以故吾州世家之原本前哲之言行與夫山川戶口風俗物產之類舉無得而徵焉而庸非曠典與予生也晚慨然有志於是書暇日因本前史舊志參以人之家乘傳記身親求訪質諸老成而采擇焉爲圖四篇書十二卷爲目若干名之曰諸暨志首之以郡國源委推本始也次之以名號因革著同異也星野天文之次舍也故次之山川地理之封疆也故又次之書風俗城社以知氣習之善良保障之阨塞書戶口賦稅土產以見民物之滋耗徵斂之重輕學校館傳倉務營院橋梁坊市以考廢興古迹祠廟亭榭寺觀以備遊覽臨民典學則令長僚佐校官之位名門閥人材則有儒士進士宦

達孝義遺逸之差等其或地名里號歷世傳疑而莫定於一者則參互考訂各爲之案斷而書於下方至於動植之物見郡志者則不重出他如冢墓第宅方技釋道亦皆序書而復有衆目之紀遺以會其終內而州人可傳之言辭外而四方有關之製作則各因其人其事而附之餘無所附者則存諸紀遺越十餘年而成書亦非一日之積矣竊嘗聞之古者圖自爲圖志自爲志是故成周之制掌天下之圖者職方氏而土訓之官道方志以詔王焉掌邦國四方之志者小史外史而講誦之官道方志以詔王焉凡皆達於朝廷而關於政令者也其爲事亦重矣且吾州之入板圖也已八十餘年於茲故家大老日以淪謝文獻殆無足徵吾是以不能忘情噫於此而爲書欲以補千古之曠典誠可謂不量力惡能保其無遺軼哉他日幸而國家之政令史氏之采訪鄉邦之精粗有益

於分毫則雖負不韙之誚亦何辭焉大方君子矜其志而廣其不足則又予之所望也至正十七年歲在丁酉秋八月丁巳邑人黄鄰序

是書實遵永樂間部使者博采郡志時成式沿革次第條目燦然具載顧予衰謝其如何哉前乎元至正丁酉鄉達南郭黄公鄰網羅蒐采後乎是者郡志繕書預有聞焉南郭編集鋟梓未就天不慭遺竟成曠典郡志呈進副墨傳之人每汲汲焉徧覽未然也斯世斯民稽古證今翻刊演繹用心其可不然乎成周之制有圖焉有志焉邦國之圖正疆域辨土宜由乎職方氏掌之邦國有志奠世讀禮法小史外史掌之小大相維施舍有辨切關民風政令焉洪惟皇明握乾符經緯人文廣四海之輿圖基萬世太平之鴻業薄海內外曰圖曰志嘉與其之恩化川融丕哉休烈編次之要不

難於論譔而難於紀實實不徒紀必也事有依據言有精魄傳世久而爲不誣管窺蠡測滄海之有遺珠索米而作佳傳不韙之誚其未免焉來者幸而正之傳之續簡云景泰四年歲次癸酉長至日邑人駱象賢則民書

此志乃駱處士象賢屏黃氏鄭之舊而修之者也凡建置沿革風俗人物以及山川道里之類若詳也而板刻日就脫落且多舛錯觀者亦難矣瑩也承乏是邑竊有感焉而才譾政繁未暇及此邇奉巡視大中丞許公提學僉憲盛公檄兩浙文獻蓋將推舉縉紳耆宿博通今古者會而修之其稽古尚賢之意至矣愚敢因乃徵而補其闕略視昔若有加焉若夫删繁就簡因名核實而嚴筆削以成一邑不刋之典尚有俟於後之君子而此其權輿也哉正德庚辰歲陽月下浣吉大庾彭瑩跋

志者何志跡也志跡者何象事行也事行有象不過物焉而志道畢矣黃與駱則既志諸暨矣曷爲修之病二氏也二氏不曰志其跡乎曷爲病之乃若其意則可嘉也已是故删其可闕者録其不可闕者則吾之録者半彼之存者半取其存者而修飾焉則僅有存者矣積歲而論定積時而志成志成而跡著是故天道明而效法肇焉地利列而報反興焉人紀昭而賢不肖别焉故曰事行有象不過物焉而志道畢矣兩崖朱廷立書

予自爲暨縣念夫志者治理之譜也輒取縣所存新舊二志覽之舊者辭支新者事脫殊非推行之闕要乃敢命意删敘爲文五篇凡八卷更乙巳春夏二仲始畢稿捐俸而刻之與修者縣學諸生駱騏黃璽酈琥郭從蒙壽成學黃璧張思得應思敬姚德中云長洲徐履祥子旋謹識

今天下郡縣皆有志蓋彷彿周官小史外史之所掌云古者列國皆有史周之封建五等爲國一千八百有奇其小者殆不及今時一下縣之地而史官之職不乏焉顧今所可考見者晉之乘楚之檮杌魯之春秋而已乘與檮杌僅存其名於孟氏之書而春秋獨傳與日月同其光明則以經孔氏之所筆削而已余獨感於今之爲郡縣志者於疆里原隰戶口賦役物產風俗之大關於民生者大都略具梗槩中間可以因革損益有裨政理者一切漫忽不講其興舉是志之意自縣大夫出也則類列功伐表循良或不當乎實自鄉大夫出也則類取門第敘交親或至非其有宜詳者反略而宜斥者顧獨存種種而是令人開卷輒欲罷去即是言志雖不作可也諸暨爲越中名邑邑故有志而纘亭先生取而更定之中間不無所因而其博考廣詢劑量酌斟要之斷以己意者爲多至

於事關民生所當因革損益有裨政理者窮本遡源建標樹準每篇尤拳拳深致意焉蓋不獨邑之人緣是可以融暢顛末考鏡利病即良有司舉而措之利民厚俗此其㲉鵠矣至於列傳所載崇古昔而須論定重節義而略貴盛殆斷斷乎行古之道非近世之所謂志者云云而已萬歷元年夏至日錢塘周詩謹序

自昔採風謠者求之史乘譚人品者本之鄉評故十里之邑亦必有志蓋所以垂紀載備觀省以訓戒後世者也然其事貴覈其文貴簡至於山川之所以流峙風俗之所以厚薄人文之所以盛衰靡不悉載諸暨志歲久墜廢歲壬申江右念東夏公來蒞茲土慮其浸以逸也禮聘邑耆獻憲副纘亭駱公總其役朞而告成其事覈其文簡於山川風俗人文之所在益贍且詳矣鋟之梓亦二紀於茲萬歷壬辰二月余奉巡道吳老先生之委署事暨邑首求志

書而觀焉亦欲少展平日慕古樂善之意也左右以志板毀壞爲對及詢其由則云置於後堂前縣公集書算於此繕造文册乏薪供爨破此板以代薪矣暨邑封疆文物自山會餘上而下視他邑爲最盛長山雄峙浣江滎洄五洩瑰奇川湖漭瀁自鴟夷子皮之後忠臣孝子懿士高賢代不乏人迨我聖朝王楊二公輩出文行奇偉卓越千古茲豈非人傑地靈之所致然乎有志以備觀覽所以啟後人慕古樂善之思者未必不在於是也奚況前人鋟刻之費不貲今迺一旦以供愚民之炊爨良可歎也卽捐俸繕募工役具板幹給餼糧條其次第計其多寡量其盈縮一月而工畢使後之觀者亦少知不肖之留意於是書也然非敢有改於舊也不過因其廢缺者完補之耳工將畢義士蔡子智助貲以終其役亦慕古樂善之儔也功已告成不可無言於是書此以序其事云萬歷

壬辰秋署縣事山陰儒學訓導太倉張鳳儀重鐫謹序

郡邑之有志何昉乎周官小史外史之職所從來久矣吾越郡志自張陽和孫月峰兩先生修纂後踰八十餘年闕焉不備今我漢陽張公禹木先生來守是邦無利不興無廢不舉一日集薦紳士庶於庭喟然曰郡志豈可弗修乎文獻之隆替閭閻之利病錢穀之豐歉河渠之淤通八十年間民風士俗自爲一古今所有宜因宜益宜革宜損古洵備哉夫天道十年而一變今且數變矣豈因顧無可革者乎損顧無可益者乎官茲土者實有責焉於是下令屬邑暨當以次奉行今年仲秋公行部至暨問有能董暨之志者廣文張君書乘乃以家夫子對夫子聞之正襟危坐進事而詔之曰志從士心取義豈以吾久有此心耶抑暨志絕筆於前壬辰吾誕於是歲所見所聞所傳聞歷年久詳且確耶雖然吾老矣而其

勉爲之夫一人之耳目有限一邑之軼事無窮然其大要不外遵古正俗表賢恤民興利除弊數者而其間生聚教訓培養補救之方全在莅事之一侯一事善惟侯之賜一事不善亦惟侯之施明

萬曆迄

今上康熙爲侯二十有二人或以寬或以猛或以明作或以因循不敢謂人非卓魯民無樂利也顧欲講求八十年所見所聞所傳聞補綴舊志不但勢有未逮且茫乎無所從事焉而亦知今之志非昔比乎昔之暨富今之暨貧昔之暨僻一隅今之暨衝四達且昔則人情湻而今斯漓士風樸而今斯囂物力易而今斯艱所取乎志者志此也若徒侈其山川人物之勝以資騷人墨客吟咏嘯傲何貴焉孔子作春秋其義則竊取之今觀前志所載咸有條緒因之而已後八十年所未志者將志富而不志貧耶志僻而不志

衡耶人情湻士風樸物力易則志而漓與囂與艱則弗志耶據事直書因文衍義可矣事唯而退敬同書乘及文學楊子浣删繁訂訛循名責實閲五月日而書成幸不辱太守之命書乘起拜且謝曰荷尊大人教實多雖然愚父子得附公紀姓氏於簡末垂諸久遠皆公賜也若公者於功德言三不朽眞無歉也已邑人章平事謹序

江淹云修史之難無出於志志有建置沿革遠近險易陰陽五行吉凶趨避之道以寓其攻守奇正進退之法又有溝洫畎澮川浸湖海之類以定其物產而又爲之詳戶口以均賦役采風俗以別貞淫其所以爲具如此而其大要務人人深知其故不獨誇人物以示觀美也雖時移世更而所遭之變所處之勢有不同矣使其熟於天下事物之變古今理亂之源閭閻情僞之微其在堂戶之

上而已得其四海九州之業萬世之策由是出而備公卿大夫百執事之選則隨其施而無不可者何者其見之志者廣也昔蕭何入秦亟收圖書張禹條陳風俗李恂使幽州寫山川屯田聚落魏武獲田疇知盧龍間道梁武用張宏策知江路進取唐韋澳纂次風土利害宋祖得樊若水知采石廣狹世祖詔撰南陽風俗自古帝王將相用之肇造則天下定陳之治平則世食其福其及之遠勢足以羈縻使不敢動其待之變更先爲控制以扼其險隘所關豈淺小哉近世體例盡壞作者多非古法而食古通經之士又概不多見艱於考核勢不得不專意人物誇浮飾誕以諂謬媚俗夫然而其書不足取而爲天下之吏不習而爲往往意計無所出手足無所措嗚呼三代下之治之所以不古而其政苟焉而無可觀其不以此也與

國家之興百數十年矣直省通志咸
詔釐定紹興之諸暨歲久復缺暨之令沈君有憂之思謀其全即
舊志所載而增刪之閱歲書成得若干卷何其周且速也當簡冊
散佚之時淺識之士固已忽焉而不加詳矣及觀此志復修實有
裨暨治之大唯其令之周覽繙閱而因革損益按籍可求以洞悉
利弊則夫言志而專事人物者豈果要也與暨之地固多可志沈
君爲令風土人情又其所熟悉者也苟能合區宇以考形勢稽變
遷以觀成敗酌湑漓爲轉移之方訪疾苦爲興除之計事之晦於
昔者顯於今不得施於今者行於後暨雖彈丸地吾知教化之行
風俗之成非異人任也可不勉哉暨去郡逾百里曩讞獄一再至
其地其山川民物固余所目覩而可得言焉者會志成余再視郡
事因攄所見爲官斯土者告時乾隆三十六年歲次辛卯涂月下

浣署紹興府知府同知嘉興府海防事大興舒希忠序

今志凡三十餘萬言分門二十三卷四十四校舊所載文省事增策亦加多至十之七焉刻既成竊倣呂氏序意史公自序而一攄巔末篇終茫茫良有以也夫志猶史也不有人禍則有天刑雖昌黎文公猶且恐懼不敢爲而柳柳州與之書則以爲當爲而不爲此大惑也孫樵論昌黎順宗實錄尙不能當班堅然世無子長子雲又得謂漢以來可無史耶邑志自南郭黃氏始而溪園駱氏繼之彭公瑩朱公廷立徐公履祥皆踵修之卽今家有其書惟纘亭先生駱志無黨先生章志而已黃志以前未嘗無志宋胡三省注通鑑引之顧已不辨爲誰氏之書可慨也自章志而後百年於茲議修者意且有人禍天刑之說閧乎其中其然豈其然乎然而修之誠不易易大抵遠者稽之載籍折衷爲可近者採之輿論取信

爲可余於是不勝大懼亦復何敢多讓間於讀古之餘摘其有關於暨者手錄之或鴉塗或蠅凍日引月長裒然成集會北垞沈侯莅暨政推三異才擅三長爰舉斯志而毅然修之因以簪筆見屬時則有同志者吳袞五廷景周進思殿忠宣觀瀾湧毛鼎奐棟袁晉揚洵孫夏佐襄相與上下其議論而訂正之一切公需及剞劂之費皆六家任之閱期月稿成遂以復諸侯而裁定之以上諸各憲皆報可乃付鍥是役也始終其事相與有成者吾友程宅三位鄺向榮欣書畫則石鎮南梁經紀出納則袁顯若舜年嗚呼暨固桑梓地也生其後者忍使百年之間文殘獻闕咎將誰歸况有賢侯爲之主張是綱維是更得同志者相與或推之或輓之責將誰諉余於此蓋誠激於中不知其他人乎聽之天乎聽之維乾隆三十五年歲在上章攝提貞於孟陬始開館於今三年殺青斯竟樓

卜瀍西濱氏序

諸暨縣志𣄣附錄

宋馮時敏傳　經籍志集部　四川通志以馮時行爲嘉熙狀元及第考時行所撰縉雲集明云宣和初應舉又有建炎庚戌中秋與同官相期月下詩紹興六年十月六日詩宋狀元錄亦無其名且史傳所載時行論列皆紹興時事安得爲嘉熙狀元重慶府志璧山縣志皆附時行於宣和進士之末考宋史及李心傳繫年要錄皆云時行以太學上舍生除德興主簿遷太常奉禮郎則時行之非由進士起家可知流傳謬誤四川省府縣志之不足據自無疑義故前草志時以時行爲諸暨人惟諸暨舊志以時行父羽儀爲紹興五年乙卯汪應辰榜進士兄時敏爲紹興三十年庚辰梁克家榜進士考時行於紹興八年出知萬州後起知黎州三十二年特詔赴行在八月至建康上書言時事隆興元年卒時敏爲時

行兄而時行之卒去時敏之中選祇二年且時行於建炎庚戌中秋已有與同官月下相期詩則是時已仕於朝矣而其父羽儀反於紹興三年舉進士年月仕宦皆不相符且四川各志皆獨載時行無羽儀時敏時可之名似與諸暨馮時行爲二人而紹興中奏事之時行則必爲簪紳雲集之人其屬蜀屬暨皆有疑義流傳失實未敢率斷特表出之以俟後來訂定也

諸暨縣志跋後

余于乙未丙申年間在京師，閲邑人鯢仁和譚大令獻纂修志，至戊戌丁先大夫艱回里，閲四五月矣。志纂修無一編定者，明年譚大令始至局，已病矣。急急爲定志目佳如日而去余懼此役之終無成也乃與蔣孝廉鴻藻約限日爲草一卷未敢必其成也冀留藁以待後人而已閱朞而藁成得六十卷余又服闋將赴都門乃攜藁及大東鄉捐資一千四

百餘貫北鄉捐資三十貫而行一刻於吳門再刻於京師三刻於成都四刻於重慶自辛丑四月至戊申六月而工竣計資一千六百餘貫而蔣孝廉分刻之卷尚未安也閱時七年有奇而

圖尚未鐫也同志則功速而費儉

掣肘則功緩而費煩天下事大

抵然也爲識其始末如此是役也

捜訪編纂皆孝廉之力京師成

都兩次循擕則邑人江南鹽運

司使王君慶年署四川勸業道

周君善培皆有勞焉光緒戊申
十月邑人陳遹聲跋于東川節
署之君子磚軒

陳遹聲印

蓉曙

諸暨縣志後跋

一書之成死生以之荼苦蓼辛
非親嘗者未易言焉光緒丁酉
邑中修志之舉先行於上憲於
是分途籌捐紛紛銳進靡不有
初矣越兩年己亥鮮端緒寖糜
經費議者憂之時楓橋陳蓉曙

觀察銜恤在里乃急起而彰任之并邀余分任其事於是与觀察比屋而居驥服駑驂深慮僨績滅沒倒影汗流浹籍至庚子多抄屬藁初定大約觀察成三之二余成其一觀察服闋出蘇閩余亦收拾全藁歸里重加考

訂更正補緝校勘越癸卯始開雕於蘇一年八郡又屬余分任其事余無公使乃錢貸於戚友家以應命星流雲散顧視稀人觀察獨振其頹於既頹之後余力持其終於無終之際雲山退遽書疏商畧宣統紀元秋觀察

自川東歸始將板片交余稟請總凡一千六百餘板得九十七萬三千餘言大約觀察刻四之三余刻其一驟服驚駭前此者寫於書今此刻寫於時實京刻殊劣校亦甚疏舛錯最多余又重加校勘匡謬正訛修飾剜補前與

工而庵之病矣先是親察勞形公牘于役條遠來遑專事於此積遲時日余深慮之恐大衰朽之年朝不謀夕萬一遽逝誰繼余責（谷庵唯余俱自頭緒山水志脈絡則更非余不行也稾校之疏略甚）無以自寬乃援忍須臾無死以期於成一語以自誓今無成矣

而病骨支離藥裹纏身偃卧床褥百事俱廢僅此須臾而幾〻乎至於不能忍天何酷哉力疾視事汲〻奏功而卒焉得視其成韋已雖然老矣宣統二年四月邑人蔣鴻藻跋於攜李返日〻樓時年七十有三

諸暨縣志卷六十一

貞孝節烈表

丁酉邑志開局曾發採訪例言凡貞孝節烈之已蒙題旌者統照詳册採入又本志列女傳小序其義無特著事出傳聞别爲著録附於志後合觀二説則列女中之有貞孝節烈固與風俗政教大有關繫今志事將告竣附表之作萬不容已第編年編鄉均苦代遠難稽振海謹仿姓氏韻編之體即將城祠所存節孝録編次成卷闡幽芳亦以符定例也若云補傳敬俟來哲

姓氏韻編

上平聲

童馮洪翁鍾龔江斯祁余徐虞朱符胡屠吳盧俞齊倪柴陳殷樊

孫袁韓潘

下平聲

田邊錢宣姚包陶曹高毛勞羅何楊章張王方梁莊黃唐湯汪程

丁淩應劉周邱侯樓金任嚴詹

上聲

孔史李呂許魯杜阮趙馬夏賈蔣沈

去聲

宋季魏顧傅厲蔡愼邵謝華盛鄭孟壽

入聲

陸祝卓畢葛郭駱石戚酈葉

上平聲

童　童國祥妻陳氏　童邦榮妻顧氏　烈童廷榮妻唐氏

馮

馮時明妻任氏　馮時巽妻周氏　馮繼茂妻蔣氏有傳

馮運昌妻何氏　馮天紹妻陳氏　馮佳來妻傅氏

馮自誠妻蔣氏　馮　圻妻俞氏　馮　埕妻姚氏

馮　佳妻何氏　生員馮何球妻俞氏　馮藍才妻蔣氏

馮聖集妻陳氏　馮會侯妻蔣氏　馮　澤妻王氏

馮　洙妻王氏　馮啟讃妻陳氏　馮文桂妻孫氏

馮麗亭妻鄺氏　馮增桂妻石氏　馮楚望妻陳氏

馮寅谷妻陳氏　馮順君妻馬氏　馮廣欽妻蔡氏

馮銀洲妻屠氏　馮錫謙妻蔣氏　馮思誠妻呂氏

馮時明妻蔣氏　馮季白妻虞氏　馮子敬妻姚氏

馮其灌妻何氏　馮冉魚妻王氏　馮通三妻田氏

馮增福妻姚氏　馮乃楠妻陳氏　馮覃漢妻劉氏

馮恭肅妻姚氏　馮大營妻傅氏　馮正國妻李氏
馮爾相妻王氏　馮明照妻呂氏　馮傳訓妻趙氏
馮汝桂妻葉氏　馮思魯妻田氏　馮思行妻朱氏
馮明鼎妻蔣氏　馮思清妻陳氏　生員馮忠諤妻沈氏
馮忠岐妻王氏　馮景園妻徐氏　馮尚甫妻史氏
馮景岱妻周氏　馮正陽妻石氏　生員馮　寅妻金氏
馮鶴鳴妻傅氏　馮孔彰妻鄺氏妾丁氏　馮洪學妻斯氏
生員馮　震妻張氏　馮佳綵妻傅氏　馮堯輿妻陳氏
馮持高妻蔣氏　馮宗倫妻何氏　馮義上妻董氏
馮榮登妻周氏　馮鴻遠妻斯氏　馮文梁妻蔡氏
馮文豪妻何氏　馮紀月妻王氏　馮敷松妻孫氏
馮益治妻周氏　馮有德妻蔣氏　馮效志妻何氏

生員馮　楷妻楊氏　馮繼華妻陳氏　馮　生妻周氏
馮大陳妻傅氏　馮二陳妻陳氏　馮體仁妻金氏
馮朝聘妻陳氏　馮星聚妻酈氏　馮元登妻陳氏
馮中和妻金氏　馮守楷妻趙氏　馮守先妻阮氏
馮守和繼妻徐氏　馮開祥妻鍾氏　馮志達妻朱氏
馮元國妻周氏　馮日承妻　氏　馮炳坤妻陳氏有傳
馮錦忠妻傅氏　馮錦孝妻傅氏　馮如煥妻何氏
馮如煥妻顧氏　馮雙貴妻田氏　生員馮永芳妻楊氏
馮祥雲妻張氏　馮文楨妻周氏　馮大瑜繼妻金氏
馮　鏰妻虞氏　馮加官妻傅氏　馮春疇妻周氏
監生馮際旦妻朱氏　馮魯亭妻駱氏　監生馮天益妻俞氏
馮世梁妻李氏　馮五官妻陳氏　附貢馮兆才妻陳氏

（湖西）馮劉氏裔文靜　馮忠源妻蔣氏　馮丹如妻王氏

馮夢星妻沈氏　馮六合妻金氏　馮如恩妻陳氏

馮尙秀妻高氏　馮守模妻何氏　馮如琳妻俞氏

（生員）洪古法妻趙氏　洪振龍妻酈氏　洪越紳妻酈氏

（監生）洪文標妻姚氏　洪禹錫妻趙氏　洪禹德妻酈氏

洪煥租妻戴氏

翁

翁德博妻陳氏　翁虞山妻胡氏　翁兆斌妻顧氏

翁乾南妻石氏　翁日泰妻姚氏　翁承浚妻黃氏

翁爾晟妻袁氏　翁文英妻邵氏　翁一皆妻龔氏

翁先元妻周氏　翁先宸妻張氏　翁志繹妻余氏

（貞）翁天熊聘妻惠女貞　（貞）翁蓬先聘妻斯女貞　翁　僅妻黃氏

翁安邦妻郭氏　翁高風妻黃氏　翁如圭妻余氏

翁有封妻陳氏　翁公瑞妻馬氏　翁偉秀妻戚氏
翁明龍妻孫氏　翁太智妻胡氏　翁先廸妻李氏
翁鼎五妻石氏　翁　備妻張氏　翁南衢妻郭氏
翁宗成妻丁氏　翁其煖妻周氏

鍾

鍾錫環妻石氏　鍾世英妻石氏　鍾志豪妻張氏
鍾錦裴妻俞氏　鍾禹椿妻郭氏　烈鍾令典聘妻陸烈女
鍾于岡妻陳氏　鍾浦生妻孫氏　鍾維岍妻孟氏
鍾有騋妻酈氏　鍾維峒妻樓氏　鍾五藪妻傅氏
鍾之槐妻陳氏　鍾茂型妻陳氏　鍾二乍妻陳氏
鍾有朝妻勞氏　監生鍾　紹妻邵氏　鍾士豪妻鈕氏
武舉鍾于峒繼妻傅氏　鍾前佐妻張氏　鍾在田妻俞氏
鍾思豐妻張氏　鍾南堂妻陳氏　烈鍾世奎繼妻朱氏

鍾光隆妻俞氏　鍾國才妻黄氏　鍾殿棟妻黄氏
鍾禹長妻曾氏　鍾茂聖妻宣氏　鍾學禮妻杜氏
鍾學蘇妻黄氏　鍾上治妻周氏　鍾思錦妻吴氏
鍾潮信妻趙氏　吏員鍾燕貽妻石氏　驛丞鍾昶妻陳氏
鍾文皓妻朱氏　鍾士祥妻沈氏　鍾一水妻魏氏
鍾之檀妻酈氏　鍾標麟妻徐氏　鍾順春妻傅氏
鍾高壘妻許氏　鍾本高妻趙氏　鍾六橋妻趙氏
鍾五美妻蔣氏　鍾詹福妻徐氏　鍾良友妻駱氏
鍾太元妻陳氏　鍾泮芹妻馬氏　鍾治國妻顧氏
鍾春法妻朱氏　生員鍾殿揚妻王氏　鍾清元妻金氏
鍾賡湯妻張氏　鍾聲聞妻張氏　鍾登桂妻周氏
鍾聲燦妻俞氏　鍾錫祥妻黄氏

龔　龔宇廣妻孟氏

江　江楚堂妻孟氏

斯　斯　榛妻黃氏　斯　棟妻石氏　斯日魁妻周氏

斯悅仁妻周氏　斯繼櫓妻陳氏　斯　岳妻趙氏

斯爾悠妾蔣氏　斯蘭允妻周氏　斯曰福妻黃氏有姊銀桂傳

貞斯　仔聘妻王貞女　斯文虎妻鄭氏　斯豐一妻黃氏

斯茂松妻許氏　斯文彬妻陳氏　斯發恒繼妻徐氏

斯士楷妻劉氏　斯士煥妻周氏　斯士科妻吳氏

斯達德妻陳氏　斯林楚妻周氏　斯世盛妻周氏

斯志愷妻呂氏　斯發海妻張氏　斯發株妻陳氏

斯應鎬妻蔡氏　斯燦寶妻趙氏　斯敬眉妻吳氏

斯大受妻錢氏　斯秉鏈妻呂氏　斯珪玉妻曹氏

斯翹楚妻裘氏　斯芳林妻吳氏　斯宇南妻陳氏

斯之綱妻何氏　斯世榜妻鄭氏　斯杲妻周氏

斯　桂妻陳氏　生員斯毓桂妻酈氏　附貢斯五峯妻繼丁氏

斯大忠妻周氏　斯錫常妻王氏　斯長仁妻屠氏

斯培倫妻金氏　斯方玉妻周氏　斯錫晨妻徐氏

斯成仁妻陶氏　斯士英妻馮氏　監生斯國棟妻石氏

斯培仁妻王氏　斯　源妻陳氏　斯石氏裔宗範

斯士選妻周氏　斯信義妻周氏　斯以桓妻翁氏

斯能發妻繼俞氏　斯玉煦妻許氏　監生斯玉翔妻喻氏

斯秉忠妻駱氏　斯子驥妻黄氏　增生斯之粱妻徐氏

監生斯福佑妻趙氏　生員斯福耀妻酈氏　斯道南妻蔡氏

斯　松妻吳氏　斯偉俊妻趙氏　斯囦生妻張氏

斯戀棟妻黄氏　斯佳俊妻唐氏　斯德佩妻徐氏
斯百齡妻唐氏　斯發鉀妻邵氏　斯恒一妻趙氏
斯　璿妾王氏　斯以恒妻黄氏　斯士升妻陳氏
斯英寶妻黄氏　斯云栩妻徐氏　斯文烈妻蔡氏
斯學和妻周氏　斯趙桂妻張氏　斯能永繼妻黄氏
斯能立妻駱氏　生員斯　鑑妻郭氏　斯云霖妻陳氏
斯　照妻黄氏　斯瑞國妻張氏　斯麟生妻陳氏
斯晉生妻張氏　斯戀迪妻吳氏　斯日校妻趙氏
斯茂椿妻蔣氏　斯元德妻翁氏　斯發梁妻孔氏
斯宇隆妻袁氏　斯聯珠妻裘氏　斯文炳妻陳氏
斯美倫妻郭氏　斯繼槐妻陳氏　斯發成妻蔡氏
斯起元妻陳氏　斯景平妻黄氏　斯美中妻趙氏

斯鑑佩妻宋氏
斯景淵妻趙氏
斯尙岳妻黃氏
斯樹馥妻蔡氏
斯維喬妻蔡氏
斯宇鍔妻姚氏
斯學駒妻陳氏
斯學椎妻金氏
斯觀銘妻許氏
斯冠宇妻錢氏
斯瑞芝妻袁氏
斯心遜妻何氏
斯學濂妻孫氏
斯賞河妻黃氏
斯景魁妻金氏
斯文奎妻周氏
斯葆恩妻呂氏
斯方渭妻黃氏

祁

祁元興妻顏氏

余

余　獅妻曹氏有傳
余守仁妻徐氏
烈余長三 余十一妻吳氏有傳
余九霞妻錢氏
余紹增妻壽氏
余曾禮妻朱氏
余懋樸妻陳氏
余祖蔭妻戴氏
余文生妻方氏
余本先妻石氏
余桂昉妻朱氏
余光宗妻魯氏
余長山妻吳氏
余光賔妻盧氏
余宇昌妻徐氏

余調燮妻陳氏　余佳璟妻陳氏　余性仁妻蔡氏
余士方妻黃氏　余仲炳妻周氏　生員余世琦妻方氏
余世璉妻駱氏　余尙忠妻李氏　余世倫妻湯氏
余成九妻王氏　余阮有妻祁氏　余　衡妻方氏
余世聰妻王氏　余遇艮妻楊氏　余秀儒妻王氏
余次賢妻方氏　余萬銀妻王氏　余學英妻陳氏
余汝蓁繼妻袁氏　余德芳妻黃氏　余偉烈妻姚氏
生員余巽繼妻樓氏　烈楓橋余烈女駱氏有傳　典簿余祚曾妻蔣氏有傳
孝余　鳳妻何氏有傳　孝余　稷妻孟氏有傳　烈余聘妻錢烈女碧雲有傳
余修德妻王氏　余尊祖妻胡氏　余世量妻姚氏
余春封妻王氏　余河什六妻徐氏　烈余維寰妻朱氏有傳
余國艮妻蔣氏　節婦余徐氏子元亮有傳

徐

徐夢旦妻王氏　孝徐溥仁妻洪氏有傳　徐如山妻邵氏

孝徐行恒妻鄺氏　烈徐烈女承明女有傳　徐世傑妻蔣氏

徐　蓮妻石氏　徐正道妻俞氏　徐方國妻楊氏

徐光甫妻蔡氏　徐文生妻楊氏　徐爾熊妻宋氏

徐茂梓妻王氏　徐天墉妻陳氏　生員徐　信妻周氏

徐德明妻樓氏　徐維煌妻翁氏　徐世明妻應氏

徐始啟妻蔡氏　生員徐正晨妻翁氏　徐公望妻王氏

徐　檃妻楊氏　徐景祥妻俞氏　徐正愷妻孫氏

徐大鳳妻陳氏　徐汝呈妻黃氏　徐世鰲妻張氏

徐　顯妻周氏　徐之鏞妻馬氏　徐吉芳妻宣氏

徐見如妻楊氏　徐　鈿妻蔣氏　烈徐　烈　女

徐漢文妻陳氏　徐瑞芭妻祝氏　徐日敬妻孟氏

徐瑞洪妻石氏　徐成熊妻黃氏　徐步蟾妻陳氏
徐潮炳妻酈氏　徐忠邦妻沈氏　徐正榮妻丁氏
徐曰福妻錢氏　徐正墉妻周氏　徐彬林妻王氏
徐允祿妻鄭氏　徐南昇妻曾氏　徐引恬妻邊氏
徐坤川妻張氏　徐兆啟妻張氏　徐宗奇妻毛氏
徐宗福妻宣氏　徐繼明妻章氏　貞徐其中聘妻樓氏貞女
徐君珣妻傅氏　徐正星妻周氏　徐世績妻趙氏
烈徐夢占妻傅氏有傳　徐喬年妻張氏　徐　冲妻毛氏
徐維爐妻孫氏　徐　治妻許氏　徐鳳書妻傅氏
徐　烱妻蔡氏　徐　淏妻趙氏　徐維烺妻許氏
生員徐望公妻黃氏　監生徐維烱妻蔡氏　徐世佑妻斯氏
徐世宗妻陳氏　徐性德妻蔡氏　徐君佐繼妻周氏

徐秀峯妻樓氏　監生徐名驥妻許氏　徐君堯妻樓氏

徐性岳妻趙氏　徐來發妻黃氏　徐志行妻陳氏

徐漢俊妻趙氏　徐夢應妻斯氏　徐臻官妻周氏

徐夢生妻郭氏　徐近川繼妻周氏　徐貽高妻盧氏

徐君厚妻郭氏　徐興岳妻趙氏　徐　潮妻趙氏

徐大木妻馬氏　徐正英妻龐氏　徐象易妻袁氏

徐世華妻陳氏　徐鳳丹妻錢氏　徐步青妻郭氏

徐克標妻方氏　徐聖祥妻虞氏　徐立廣妻姚氏

徐心田妻張氏　徐鳳品妻孫氏　徐文玖妻俞氏

徐之鍠妻孫氏　監生徐如洋妻郭氏　議敘徐炳南妻郭氏

徐大相妻毛氏　徐德中妻蔡氏　徐夏桂妻宣氏

徐國楨妻邵氏　徐大耀妻陳氏　徐瑞耀妻翁氏

徐大翰妻俞氏　徐夢熊妻楊氏　徐殿選妻壽氏

徐芬如妻周氏　徐思企妻蔡氏　附貢徐作樞妻陳氏

監生徐宸妻沈氏　徐英妻蔡氏　徐大鈞妻袁氏

徐天均妻何氏　徐瑞蘭妻黃氏　徐熊妻趙氏

徐燎妻周氏　徐榮森妻郭氏　貞徐芬葳聘妻蔡貞女

生員徐徵泰妻陳氏　徐中瑀繼妻余氏　徐中元妻陳氏

徐志槃妻張氏　徐文孝妻呂氏　徐傑妻趙氏

徐佳錦妻祝氏　徐如潋妻蔡氏　徐最謹妻許氏

徐世浩妻趙氏　徐欽江妻陳氏　徐璋妻蔣氏

徐淼妻蔡氏　議敘徐鳳占妻樓氏　徐鳳羽妻傅氏

徐鳳永妻黃氏　徐秉賢妻袁氏　徐君淦妻許氏

徐起鉉妻黃氏　徐南鄘妻周氏　徐若金妻黃氏

徐鳳翼妻許氏　徐岐山妻陳氏　徐尙錦妻趙氏
徐德奎妻趙氏　徐兆裕妻斯氏　清泉徐妻楊氏
徐鳳來妻郭氏　烈徐厥紹妻陳氏有傳　烈徐法春妻蔡氏有傳
徐旣多妻張氏有傳　徐福臻妻鍾氏　徐楚域繼妻張氏
徐介福妻邊氏　徐國友妻王氏　徐宗裕妻朱氏
徐三綱妻蔡氏　徐麟趾妻許氏　徐　銑妻胡氏
徐成涵妻周氏　徐天圻妻黃氏　徐癸初妻陳氏
武信騎尉徐作新妻虞氏　徐大鳳妻陳氏　徐汝呈妻黃氏
虞　偉妻屠氏　虞鼎三妻蔡氏　孝虞　潛妻趙氏
虞靜安妻高氏　孝虞采章妻阮氏有傳　虞偉照妻沈氏
虞國祥妻陳氏　虞延夔妻包氏　虞　玠妻徐氏
虞　理妻余氏　虞　琮妻阮氏　虞　珩妻包氏

虞

虞行尚妻楊氏　虞日哲妻陳氏　貞虞之鎬聘妻王貞女

虞化蛟妻張氏　虞英才妻何氏　虞克偕妻張氏

虞漢式妻傅氏　虞嘉生妻黃氏　虞德尚妻沈氏

虞長鳴妻唐氏　貞虞化聖聘妻包女貞　虞維恒妻唐氏

虞茂高妻陳氏　虞人英妻屠氏　虞朝迪妻屠氏

虞福寶妻阮氏　虞賡唐妻王氏　虞之銓妻駱氏

虞瑞玉妻阮氏　虞　鎔妻馮氏　虞子松妻沈氏

虞趙氏裔寶善　虞高氏裔蒼玉　虞阮氏裔銀寶

虞志友妻沈氏　虞之鉌妻詹氏　虞　美妻包氏

虞　昴妻殷氏　虞禹受妻周氏　虞萬卿妻王氏

朱

朱　濂妻沈氏有傳　朱正鶴妻章氏　朱　濂妾樓氏有傳

朱天受妻何氏　朱能炯妻何氏　朱汝文妻黃氏

朱仲嘉妻孫氏有傳　朱汝魁妻周氏　朱　鎮妻金氏有傳

朱汝梅妻金氏有傳　朱元義妻陳氏有傳　生員朱文件妻張氏

朱　銀妻齊氏　朱承容妻蔣氏　朱明忠妻張氏

朱永浦妻孟氏　朱彥信妻郭氏　朱士耀妻壽氏

朱允中妻張氏　朱英才妻馬氏　朱德飛妻陳氏

朱學山妻楊氏　朱紹鼎妻樓氏　朱正貴妻鍾氏

朱浩松妻楊氏　朱宗順妻張氏　朱苗興妻張氏

朱士能妻趙氏　朱士恂妻陳氏　朱全福妻楊氏

朱兆治妻樓氏　朱允燦妻楊氏　朱必顯妻王氏

朱茂桃妻石氏　朱作賓妻陳氏　朱茂奎妻周氏

朱廼桂妻陳氏　朱元椿妻繼周氏　朱元梃妻繼徐氏

烈朱兆誠妻楊氏有傳　朱季松妻金氏　朱鳳翼妻何氏

朱照修妻齊氏　朱全國妻粱氏　朱夏高妻何氏

朱有才妻許氏　朱鳳占妻陳氏　朱　襄妻包氏

朱松魁妻何氏　朱兆丰妻陳氏　朱學廣妻蔣氏

朱志高妻杜氏　朱國祥妻何氏　朱周性妻陸氏

朱應煌妻周氏　朱盛名妻孟氏　朱星奎繼妻章氏

朱兆榮妻孟氏　朱漢聖妻章氏　朱宏範妻賈氏

朱　煒妻章氏　朱士華妻沈氏　烈朱青姑淵松女有傳

朱維麟妻王氏　朱日英妻陳氏　朱佳連妻俞氏

朱介福妻石氏　朱季書妻蔣氏　朱再飈妻楊氏

朱能昌妻邱氏　朱　迪妻楊氏　朱禹甸妻俞氏

朱承芳妻趙氏　朱敢將妻陳氏　朱賢光妻馬氏

朱如暻妻許氏　朱紹年妻鄭氏　朱思遂妻樓氏

朱貢球妻樓氏　朱文占妻黃氏　朱國舒妻郭氏
朱天時妻馮氏　朱成章妻包氏　孝朱雲望妻駱氏有傳
朱雲望妾顧氏　朱爾乾妻金氏　朱爾金妻郭氏
朱爾壎妻駱氏　烈朱烈女十姑有傳　朱能讓妻黃氏
朱元愷妻趙氏　朱春江妻李氏　朱三隆妻姚氏
朱天章妻沈氏　朱景春妻葛氏　朱承鳳妻周氏
朱京鼇妻黃氏　朱國光妻許氏　朱許氏國光媳
朱俞氏國光孫媳　朱能堂妻何氏　朱可齊妻蔣氏
朱松年妻屠氏　朱佳松妻金氏　朱承煦妻酈氏
朱昌祥妻方氏　朱大敏妻陳氏　朱能燦妻周氏
朱能恒妻馮氏　朱汝銓妻阮氏　朱仁彥妻陳氏
朱節婦孟氏有傳

符　符汝暢妻嚴氏

胡　胡斗輝妻許氏　胡大震妻徐氏　胡本潤妻張氏

胡元丰妻袁氏　胡文英妻楊氏　胡文鑑妻楊氏

胡正邦妻孟氏　胡佳會妻陳氏　貞胡占鰲聘妻姚氏

胡　杰妻樓氏　胡佩璜妻吳氏　胡文魁妻鄭氏

胡楚良妻趙氏　貞胡　生聘妻[illegible]氏　胡錫愷妻趙氏

胡承玘妻湯氏　胡德普妻陳氏　胡仁育妻陳氏

胡仁安妻陳氏　胡永安妻[illegible]氏　胡正法聘妻葛貞女

胡加璧妻王氏　胡　節婦有傳　烈胡　貞女有傳

屠　孝屠　孝女有傳　屠源良妻傅氏　屠源進妻傅氏

屠燕方妻宋氏　貞屠天瑞聘妻李貞女有傳　屠世傳妻史氏

屠坤宏妻王氏　生員屠　鑑妻潘氏　屠忠純妻楊氏

屠承鉌妻王氏　屠倫音妻胡氏　屠維銓妻虞氏

屠　張　氏　屠子雲妻單氏　屠杏粱妻蔣氏

屠啟文妻田氏　屠森照妻姚氏　屠維屛妻樓氏

屠維翰妻陳氏　屠光輔妻包氏　屠子千妻陳氏

屠士瑞妻李氏　屠汝輿妻羅氏　屠長茂妻包氏

屠清理妻李氏　屠燕芳妻朱氏　屠李氏裔美光

吳

吳　璟妻鄭氏有傳　吳　璃妻鄭氏有傳　吳　瑛妻黃氏有傳

吳　儉妻斯氏有傳　吳念沖妻姚氏　吳　玥妻蔡氏

吳學源妻俞氏　吳學書妻蔣氏　吳承悅妻斯氏

吳靜功妻姚氏　吳瑞景妻斯氏　吳文謨聘妻斯氏有貞女傳

吳學璉妻石氏　吳士相妻周氏　吳　濂妻張氏

吳　江妻周氏　吳來寶妻蔡氏　吳世鎬妻石氏

吳國斌妻蔡氏　吳燦貴妻謝氏　吳秉先妻楊氏
吳大能妻陳氏　吳邦鈞妻趙氏　吳明璜妻陳氏
吳士學妻樓氏　吳士選妻樓氏　吳文鑰妻趙氏
吳維聖妻斯氏　吳燦妻周妾王氏　吳成見妻宣氏
吳樹梁妻馬氏　吳偉繼妻葛氏　吳成性妻陳氏
吳盤和妻周氏　吳昌宇妻管氏　吳兆魚妻周氏
吳鼎第妻錢氏　吳鼎湖妻呂氏　吳茂俊妻唐氏
吳忠相妻唐氏　烈吳陳友妻周氏有傳　吳文正妻黃氏
吳文植妻陳氏　吳樹聲妻黃氏　吳貴藹妻蔡氏
吳嗣昌妻周氏　吳可歡繼妻陳氏　吳廷玥繼妻許氏
吳以醞妻斯氏　吳德懋妻陳氏　吳廷岳妻斯氏
貞吳念緒聘妻周貞女　吳廷珌妻周氏　吳以豐妻張氏

吳廷玫妻周氏　吳廷燦妻周氏　貞吳大有聘妻周貞女

監生吳以本妻徐氏　吳應昌妻張氏　監生吳以茂妻蔡氏

吳廷載妻張氏　吳帝模妻陳氏　吳帝欽妻黃氏

吳麟先妻畢氏　吳長益妻斯氏　吳帝璿妻張氏

吳文正妻徐氏　吳文秀妻蔡氏　吳忠浩妻周氏

吳魯田妻趙氏　吳文謨妻郭氏　吳文儀妻陳氏

吳天德妻石氏　吳顯銀妻金氏　吳時祥妻蔡氏

吳揚鏻妻趙氏　吳湘蓮妻趙氏　吳萬國妻蔡氏

吳大賚妻郭氏　吳大河妻斯氏　貞吳膺河聘妻章貞女有傳

吳德厚妻錢氏　生員吳志潛妻斯氏　吳竹書妻周氏

吳殿煜妻邵氏　吳應魁妻周氏　吳蘭基妻陳氏

吳廷瑶妻王氏　吳文富妻李氏　吳如松妻周氏

吳濟亨妻孫氏　吳開勳妻周氏　吳世剛妻徐氏
吳長清妻徐氏　吳帝柱妻張氏　吳長均妻酈氏
吳長泰妻黃氏　吳應祥妻趙氏　吳帝震妻姚氏
吳帝求妻樓氏　吳法相妻蔣氏　吳帝揆妻張氏
吳帝磬妻蔡氏　吳帝詢妻蔡氏　吳學芳妻張氏
吳奇進妻丁氏　吳文豳妻周氏　吳文義妻金氏
吳清秀妻趙氏　吳崧濤妻何氏　吳　瑭妻何氏
吳均清妻余氏　吳春瑞妻屠氏　吳春福妻駱氏
吳均湘妻楊氏　吳均邦妻宣氏　吳　璇妻陳氏
吳　璜妻傅氏　吳存孝妻王氏　吳定爾妻袁妾俞氏
吳榮南妻朱氏　吳善生妻斯氏　吳公讓妻金氏
吳南龍妻李氏

盧

盧　偉妻屠氏　盧俊侯妻傅氏　盧學良妻趙氏

盧定國妻毛氏　盧巨江妻余氏　盧良壁妻梅氏

武舉盧清元妻石氏　盧聰琦妻張氏　盧宇大妻湯氏

盧袁寶妻陳氏　盧　源妻郭氏　盧大義妻鍾氏

盧維楝妻祝氏　盧望燡妻蔣氏　盧維鉞妻徐氏

盧國楨妻裴氏　盧兆美妻壽氏　盧之元妻蔡氏

盧人元妻章氏　盧正豫妻方氏　盧正良妻戚氏

盧臨如繼妻許氏　盧國楝妻郭氏　盧東明妻陸氏

盧鳳翔妻趙氏　盧之楠妻鍾氏　盧樂山妻詹氏

盧明發妻俞氏　盧尙周妻蔣氏　盧日章妻張氏

盧衮州妾吳氏　盧南極妻夏氏　盧元法妻趙氏

盧元德妻張氏　盧魁先妻趙妾詹氏　盧樂山妻魯氏

盧元相妻周氏

瞿　瞿學山妻蔣氏

俞　俞　瀟妻童氏有傳　俞　滋妻趙氏有傳　俞　潤妻金氏有傳

俞安公妻樓氏　俞　樓　氏　俞日將妻孫氏

俞文林妻張氏　俞汝相妻蔣氏有傳　俞汝能妻樓氏

俞學南妻洪氏　貞俞士茂聘妻孫貞女有傳　俞德元妻王氏

俞繼聖妻李氏　孝俞士棟妻戚氏　俞士超妻樓氏

俞士俊妻陳氏　俞時六妻繼壽氏　俞光烈妻孟氏

俞光前妻樓氏　俞汝芳妻楊氏　俞榮先妻繼來氏

俞文位妻姚氏　俞靜海妻劉氏　俞亨正妻章氏

俞春元妻陳氏　俞尚迎妻謝氏　俞文茂妻李氏

俞學勤妻陳氏　俞國棟妻周氏　俞勳臣妻許氏

俞國柱妻吳氏　俞全貞妻王氏　俞千日妻陳氏
俞伯霞妻樓氏　俞之琩妻孫氏　俞經六妻酈氏
俞之恒妻酈氏　俞漢卿妻袁氏　俞達貢妻孫氏
俞祖述妻樓氏　永裕妻王氏　俞元吉妻傅氏
俞鼎阜妻傅氏　俞師韓妻楊氏　俞師卓妻章氏
俞秉禮妻酈氏　俞長吉妻袁氏　俞德裕妻馮氏
孝俞　錫妻章氏　俞渭文妻姚氏　俞兆發妻方氏
俞御日妻魏氏　俞穎人妻楊氏　俞　桂妻蔣氏
俞　橋妻裘氏　俞偉楨妻金氏　俞攀龍妻吳氏
生員俞　泰妻傅氏　俞克家妻傅氏　俞東望妻黃氏
俞廷枚妻方氏　俞霖繼妻李氏　俞遂揚妻董氏
俞益斕妻宋氏　俞培秀妻樓氏　俞大湜妻呂氏

俞　濬妻孟氏　俞渭傑妻韓氏　俞文楫妻來氏
俞鳳起妻宣氏　俞大化妻謝氏　俞文傑妻瞿氏
俞日秀妻張氏　俞天爵妾陳氏　俞天立妻顧氏
俞長濤妻壽氏　俞禹傳妻章氏　俞渠成妻酈氏
俞有秩妾丁氏　俞旭中妻樓氏　俞鴻章妻柴氏
俞振封妻史氏　俞正祥妻王氏　俞祥蕚妻錢氏
俞子龍妻葉氏　俞　洲妻李氏　俞茂勳妻黃氏
俞邦玉妻周氏　烈俞子周妻瞿氏　俞述繼妻傅氏
俞嵩封妻章氏　俞最文妻傅氏　俞美中妻顧氏
俞　溶妻金氏　俞鵬嘉妻章氏　俞維珪妻趙氏
俞朝懋妻錢氏　俞朝位妻傅氏　俞祥岳繼妻錢氏
俞國霖妻瞿氏　俞鳳鳴妻徐氏　俞崙山妻錢氏

俞祥福妻傅氏　俞瑤富繼妻姚氏　俞　瑾妻錢氏
俞慶瀾妻姚氏　俞望榛妻宣氏　俞永明妻章氏
俞蔭楠妻傅氏　俞恒盛妻呂氏　俞漢昌妻李氏
俞潤泉妻呂氏　俞精華妻汪氏　俞茂功妻呂氏
俞茂德妻厲氏　俞步瀛妻傅氏　俞鳳池妻蔣氏
俞　璡妻孟氏　俞如珩繼妻章氏　俞　珍妻章氏
俞尹周妻周氏　俞億棠妻孟氏　俞憲章妻羅氏
俞子龍妻傅氏　俞殿瀾妻周氏　俞士俊妻楊氏
俞嘉倪妻董氏　俞子惠妻楊氏　俞茂高妻呂氏
俞繼善妻傅氏　俞炳奎妻楊氏　俞光賓妻黄氏
俞求富妻樓氏　俞靜淵妻趙氏　俞靜川妻曹氏
俞光文妻沈氏　俞岐兆妻劉氏　俞志高妻郭氏

俞元松妻顧氏
俞龍義妻何氏
俞子傑妻盧氏
俞世仁妻吳氏
俞文炳妻毛氏
俞文貞妻許氏
俞夏瑚妻袁氏
俞眞瀛妻樓氏
俞美韶妻王氏
俞美錦妻許氏
俞美英妻何氏
俞大鑑妻趙氏
俞兆昌妻趙氏
俞廷贊妻何氏
俞兆雲妻傅氏
俞日寶妻姚氏
俞啟占妻錢氏
俞廷選妻李氏
俞必位妻斯氏
俞嘉元妻袁氏
俞信臣妻袁氏
俞維城妻周氏
俞雅章妻王氏
俞殿臣妻吳氏
俞德遠妻陳氏
俞冠士妻陳氏
俞永和妻石氏
俞維林妻姚氏
俞兆鄰妻楊氏
俞景茂妻章氏
俞六吉妻孟氏
俞宗魯妻酈氏
俞君彩妻何氏
俞汝來妻傅氏
俞玉堂妻沈氏
俞山鳳妻許氏

俞湘乙妻柴氏　俞在三妻姚氏　監生俞高樓妻侯氏
俞高𣗳妻孫氏　俞育麟妻吳氏　俞世賢妻章氏
俞子麒妻孟氏　俞廷櫂妻顧氏　俞覺明妻樓氏
俞順明妻章氏　俞星璇妻金氏　俞　釭妻田氏
廩生俞禹封妾吳氏　俞邦舟妻倪氏　俞能權妻馮氏
監生俞信權繼妻董氏　監生俞信權妾樓氏　俞永春妻孫氏
俞玉珍妻沈氏　俞大雅妻章氏　俞元彩繼妻樓氏
俞振麟妻侯氏　俞宗義妻方氏　俞奇章妻董氏
俞　析妻姚氏　俞金元妻傅氏　俞　枝妻朱氏
俞　祥妻孟氏　俞汝睿妻章氏　俞元莊妻章氏
俞日都妻謝氏　俞　章妻傅氏　俞國傳妻樓氏
俞星燦妻徐氏　俞華封妻傅氏　俞起富妻陳氏

俞錫魁妻孫氏　俞維蕚妻陳氏　俞之麟妻章氏
俞軼南妻田氏　俞　焯妻葉氏　俞　漢妻田氏
生員俞心鑑妻蔣氏　俞學乾妻應氏　俞維封妻陳氏
俞維坊妻朱氏　俞錦佳妻汪氏　俞之枏妻田氏
俞海文妻祝氏　俞國明妻魏氏　俞葆臣妻韓氏
俞崙山妻徐氏　俞嘉植妻田氏　俞伯華繼妻章氏
俞錫章妻韓氏　俞乃邦妻瞿氏　俞有照妻樓氏
俞學照妻楊氏　俞炳奎妻龔氏　俞稱明妻章氏
俞瑞增妻張氏　職員俞在瀛繼妻酈氏　俞君渭妻李氏
俞其美妻王氏　俞　瑾妻傅氏　俞邦傳妻酈氏
俞邦桂妻瞿氏　俞之湘妻謝氏　俞遇謙妻趙氏
俞邦惠妻朱氏　俞望生妻鄭氏　監生俞錦春妻樓氏

俞嘉順妻楊氏　監生俞爾桂繼妻王氏　俞啟傳妻應氏

俞楚書妻樓氏　俞邦輝妻章氏　俞周林妻姚氏

俞　坤妻張氏　俞啟惠妻樓氏　俞啟照妻楊氏

俞南永妻童氏　俞朝敬妻張氏　俞維新妻朱氏有傳

俞朝佩妻丁氏　俞文信妻姚氏　俞光遠妻李氏

俞光瀾妻錢氏　俞大慶妻丁氏　烈俞玉彩妾許氏

俞維效妻孫氏　俞光日妻孟氏　俞光德妻石氏

俞永信妻錢氏　俞淇學繼妻許氏　俞方汝妻駱氏

俞茂蘭妻葛氏　俞維南妻邊氏　俞岐法妻許氏

俞福誕妻洪氏　俞益椿妻張氏　俞維善妻周氏

俞至大妻吳氏　俞魯政妻楊氏　俞汝渭妻蔡氏

俞宋瑞妻呂氏　俞功林妻張氏　俞學麟妻郭氏

俞國楨妻李氏　俞王紹妻李氏　俞朝懋妻錢氏

俞朝渭妻傅氏　俞　許　氏　貞俞文昇聘妻呂氏貞女有傳

俞大士妻錢氏　俞平陽妻傅氏　俞尹周妻楊氏

俞徐權妻張氏　俞祥元妻余氏　俞其林妻程氏

齊

齊榮朝妻趙氏　齊宏仁妻柴氏

倪

倪夢應妻孟氏有傳　倪殿揚妻楊氏　倪殿掄妻章氏

柴

柴兆華妻朱氏　柴毓璘妻傅氏　柴克恭妻石氏

柴東建妻俞氏　柴東初妻俞氏　柴世奎妻朱氏

貞柴鼎彥聘妻顧氏有傳　孝柴氏士珪女有傳　柴福鉗妻潘氏

柴周文妻金氏　柴士蛟妻錢氏　柴天錫妻蔣氏

柴文烈妻錢氏　柴養和妻項氏　柴廷華妻時氏

柴長明妻陳氏　柴長安妻張氏　柴　粲妻陸氏

柴邦傑妻姚氏　柴汝灝妻陳氏　孝柴汝青妻馮氏
柴福鑽妻張氏　柴繼良妻王氏　柴毓璨妻馮氏
柴毓琦妻田氏　柴作楫妻高氏　柴質茂妻趙氏
柴杏傳妻俞氏　柴鳳翰妻高氏　柴　高　氏
柴汝青妻馮氏
貞陳　生聘妻楊氏　陳　隱妻張氏　陳　舜妻俞氏有傳
陳欽芝之妻丁氏有傳　陳必學繼妻童氏有傳　陳于陛妻吳氏
陳于畿妻何氏　陳洪泉妻樓氏　陳標楨妻劉氏
陳　詩妻何氏　陳首安妻周氏有傳　陳宏倜妻許氏
烈陳守義妻俞氏有傳　烈陳　賓妻王氏有傳　陳仲學妻應氏
生員陳有謨妻翁氏　生員陳瀛緒妻孟氏　陳　烈妻傅氏有傳
陳克智妻王氏　陳紹炳妻王氏　陳孟傳妻周氏

陳　恂妻周氏　陳兆鯉妻徐氏　陳聲九妻蔣氏
陳種三妻徐氏　陳作球妻張氏　生員陳宗稷妻楊氏
烈陳　耀妻王氏有傳　陳　瓚妾胡氏有傳　陳聖麟妾壽氏
陳峰高妻趙氏　陳張曜妻傅氏　陳其則妻俞氏
陳又增妻馮氏　陳邦堂妻盧氏　陳嘉訓繼妻朱氏
陳爾然妻徐氏　陳日庠妻趙氏　陳艮瑞妻楊氏
陳文耀妻孫氏　生員陳世泰妻袁氏　陳　鎬妻徐氏
陳文彬妻宣氏　陳　鴻妻何氏　陳見遠妻徐氏
陳元鵬妻章氏　陳濬川妻馮氏　陳帝佐妻傅氏
陳錫樽妻金氏　陳灝達繼妻俞氏　陳　梧妻楊氏
陳奕贊妻金氏　烈陳恂若妻郭氏　陳世俊繼妻章氏
陳景尼妻郭氏　陳茂隆妻楊氏　陳元熾妻石氏

烈陳瑞芝妻應氏　烈陳美伯四十妻王氏　陳兆堯妻方氏
貞陳廷貴聘妻屠氏　陳文旂妻王氏　陳嘉讓妻裘氏
陳廷禮妻諸氏　陳　賦妻郭氏　陳洪浚妾高氏
陳洪先妻何氏有傳　陳敬心妻郘氏　陳祖法妻石氏有傳
陳國俊妻何氏　陳　氏女　陳賢傳妻鄭氏
陳瑞耀妻戚氏　烈陳徐顯妻周氏武略騎尉　陳煥耀妻張氏
烈陳思聰妻趙氏　陳羽暉妻阮氏　陳文標妻酈氏
陳佳虎妻壽氏　陳大鏞妻李氏　烈陳金魁妻王氏
陳廣凝妻錢氏　陳　垣妻楊氏　陳安山妻白氏
陳士照妻楊氏　陳尙紳妻酈氏　陳廣類妻梁氏
陳文在妻趙氏　陳國寧妻王氏　烈陳　燦妻章氏有傳
貞陳君聘妻盧氏　陳宗墉妻趙氏　陳明初妻趙氏

陳元炌妻余氏　陳闇章妾王氏　陳寅敎妻黄氏

貞陳明岳聘妻尉氏　陳繼昌妻袁氏　陳汝鉉妻酈氏

陳汝鈿妻章氏　陳之概妻曾氏　陳旦初妻蔣氏

候選同知陳文楨妾徐氏　陳斐然妻馬氏　議敘陳其耿妻錢氏

烈陳殿燦妻章氏　陳之釗妻樓氏　監生陳　楙妻朱氏

陳永言妻孟氏　陳作範妻劉氏　陳安國妻孫氏

陳作梁妻許氏　陳之漢妻郭氏　陳　苞妻朱氏

陳　苣妻徐氏　陳大有妻楊氏　陳宗鏞妻趙氏

陳禮文妻沈氏　陳素行妻徐氏　陳世法妻沈氏

陳仲慶妻章氏　陳世元妻趙氏　陳裕昆妻何氏

陳心傳妾單氏　陳天性妻朱氏　陳玉光妻徐氏

陳　偀繼妻毛氏　陳郁文妻蔣氏　陳　伸妻張氏

陳其浩妻趙氏　陳奕文妻蔣氏　陳美文妻沈氏
陳　倫妻趙氏　陳耀文妻酈氏　陳盡文妻張氏
陳煥文妻朱氏　陳兆治妻鳳氏　陳兆枚妻趙氏
陳宗頫妻應氏　陳子丹妻章氏　生員陳萬福妻錢氏
陳國柱妻郭氏　陳邦耀妻方氏　陳禦六妻蔣氏
陳武亭妻侯氏　陳輿權妻朱氏　陳聘周妻徐氏
陳大亨妻慎氏　烈陳春邦妻周氏　陳如友妻徐氏
陳明良妻楊氏　陳之琴妻姚氏　孝陳兆鼎妻傅氏
陳尚忠妻王氏　陳思君妻沈氏　陳廷魁妻王氏
陳　炯妻孫氏　陳斯樾妻楊氏　陳嘉賢妻楊氏
陳祖喬妻馬氏　陳經一妻何氏　陳錫麒妻金氏
陳大志妻顧氏　陳建侯妻樓氏　陳漳山妻戚氏

陳履芳妻徐氏　陳元慶妻楊氏　陳克廉妻王氏
陳全鳳妻鄺氏　陳光龍妻馬氏　烈陳顯逼妻朱氏有傳
烈陳秉道妻徐氏有傳　陳洪書妻許氏　陳周鎬妻翁氏
陳履嵩妻樓氏　陳倫秀妻鍾氏　陳周魯妻李氏
陳華福妻楊氏　陳南柄妻王氏　陳天榮妻楊氏
陳萬富妻阮氏　陳萬和妻徐氏　陳廷鶴妻宣氏
陳廷富妻楊氏　陳良岳妻趙氏　陳高燦妻盧氏
陳理菴妻朱氏　陳棟隆妻樓氏　監生陳濟洲妻周氏
生員陳大觀妻袁氏　陳邦僖妻吳氏　陳鳴霄妻呂氏
陳曰洄妻蔣氏　陳鳴泰妻蔣氏　陳士梁妻張氏
武舉陳三捷妻徐氏　陳鳴陽妻孫氏　陳清源妻郭氏
貞陳士貞聘妻趙氏　陳貢璉繼妻徐氏　陳貢燦妻周氏

陳不吝妻張氏　陳徵文妻徐氏　陳東山妻陸氏

陳士中妻徐氏　陳廷琦妻王氏　陳應元妻黃氏

陳禹均妻徐氏　陳禹江妻郭氏　陳鼎琛妻周氏

陳忠言妻吳氏　陳建豐妻杜氏　陳沛廷妻斯氏

陳志桂妻趙氏　烈陳芹水妻徐氏　貞陳氏女蕙貞

陳士選妻胡氏　陳兆杰妻何氏　陳聖貴妻駱氏

陳帝廷妻周氏　陳茂蘭妻何氏　陳茂椿妻趙氏

陳周元妻周氏　陳其世妻樓氏　陳士全妻駱氏

陳步瀛妻樓氏　陳兆波妻何氏　陳光標妻樓氏

陳承榮妻樓氏　陳士良妻駱氏　陳玉環妻宣氏

陳士贊妻樓氏　陳紹昌妻楊氏　陳紹鈺妻樓氏

陳如云妻張氏　陳　生妾楊氏　陳志華妻樓氏

陳守清妻駱氏　陳建岳妻魏氏　陳全慶妻駱氏

陳恒麟妻蔣氏　陳殿文妻酈氏　陳迎祥妻周氏

陳天成妻詹氏　陳志學妻王氏　陳可先妻虞氏

陳懷琳妻徐氏　陳懷孝妻徐氏　陳瑞麟妻李氏

陳聖端妻周氏　陳肇元妻蔡氏　陳國瑞妾朱氏

陳文壽妻顧氏　陳邁年妻姚氏　陳光斗妻田氏

陳時夏妻石氏　陳允進妻殷氏　陳文焴妻呂氏

陳邁壽妻黃氏　陳嘉本妻俞氏　陳善慶妻陸氏

陳雲法妻丁氏　陳俞福妻陶氏　陳敷茂妻馮氏

陳善慶妻周氏　陳思德妻王氏　陳偉增妻傅氏

陳紹魁妻孫氏　陳家祚妻阮氏　陳廷齋妻金氏

陳廣甯妻錢氏　陳有卿妻何氏　陳於賢妻郭氏

陳松瀾妻俞氏 陳　凱妻壽氏 陳連高妾劉氏
陳其文妾楊氏 陳應鏞妾丁氏 監生陳純武妻張氏
陳巨任妻馮氏 陳學美妻呂氏 陳體健繼妻何氏
陳兆麟妻金氏 陳維鑑妻田氏 陳永佩妻邵氏
陳雪友妻蔣氏 陳繼宗妻柴氏 陳廷遠妻朱氏
陳廷楷妻吳氏 吏員陳景濤妻徐氏 陳尙禮妻丁氏
陳鶴齡妻姚氏 陳敷燦妻俞氏 陳瑞駒妻葛氏
陳田松妻王氏 陳湄亭妻湯氏 陳瑞駪妻傅氏
陳瑞聖妻沈氏 陳衍祖妻朱氏 陳鑑榮妻呂氏
陳祖虞妻徐氏 陳靖國妻何氏 陳來寶妻周氏
陳麟圖妻傅氏 陳詩熊妻宣氏 孝女陳氏宋有傳
烈陳元倩妻孟孟氏有傳 烈陳江聲妻徐氏有傳 陳　楊　氏有傳

陳宏謨妻繼阮氏
陳邦昌妻壽氏
陳肇豐妻壽氏
陳華山妻徐氏
陳維經妻孫氏
烈陳維章妻陸氏有傳
陳仲發妻趙氏
陳貽春妻斯氏
陳友慶妻繼阮氏
陳琳妻祝氏
陳大仁妻張氏
陳其鰲妻趙氏

陳應龍妻壽氏
烈陳萬靖妻黃氏
陳宏閩妻余氏
監生陳元耀妻繼趙氏
陳維常妻郭氏
陳禮序妻趙氏
陳配義妻張氏
舉人陳淇水妻柴氏
陳之楸妻湯氏
陳裕文妻楊氏
陳世奎妻傅氏
陳炎妻姚氏

陳應中妻俞氏
陳鏢妻阮氏
陳敵達妻酈氏
職員陳維鈺妻翁氏
監生陳鳳沼妻樓氏
陳奕新妻章氏
陳靜安妻毛氏
陳沼妻趙氏
陳大訓妻酈氏
陳訥妻金氏
陳鋼妻黃氏
陳廷仁妻黃氏

陳　墹妻盧氏　陳大綱妻宣氏　陳三讓妻斯氏
陳楊岳妻趙氏　陳廷發妻樓氏　陳紹鋼妻趙氏
陳　封妻周氏　陳錫玟妻徐氏　陳光華妻勞氏
陳慄園妻許氏　陳立三妻宣氏　陳爾周妻孫氏
陳可宜妻朱氏　貞陳　圯聘妻趙氏有傳　貞陳乃大聘妻孫氏有傳
生員陳希曾妻蔣氏　陳元忭妻蔣氏　陳長發妻張氏
陳祁彥妻趙氏　陳鳳翔妻王氏　陳汝鎵妻斯氏
陳邦賢妻張氏　陳邦賢妾馬氏　陳日綬妻張氏
陳繼春妻方氏　陳武績妾方氏　陳芳偉妻孫氏
陳國相妻趙氏　陳南金妻周氏　陳連山妻徐氏
陳順寶妻馬氏　陳夏寶妻梁氏　陳春華妻樓氏
陳東杲妻王氏　烈陳錢燦妻章氏　陳雨膏妻鄺氏

陳志賢妻徐氏　陳維達妻楊氏　陳昌侯妻王氏
陳思茂妻樓氏　陳錫康妻趙氏　殉難陳清沂妻趙氏
陳天雲妻趙氏　陳漢佐妻黄氏　陳紀堂妻朱氏
陳範松妻許氏　陳廷福妻蔣氏　陳春潮妻趙氏
陳壽添妻孫氏　陳化龍妻斯氏　陳富松妻周氏
武舉陳錦瀾妻盧氏　陳志綱妻俞氏　陳吉庶妻吳氏
陳之綱妻趙氏　陳啟尚妻呂氏　陳啟祿妻蔡氏
陳廉儒妻黄氏　陳啟統妻趙氏　陳廉高妻趙氏
陳萬洪妻斯氏　陳其奎妻黄氏　陳祖連妻黄氏
陳配元妻蔡氏　陳八士妻黄氏　陳正文妻徐氏
陳孟傳妻周氏　陳　忠妻鄭氏　陳大綱妻黄氏
生員陳正域妻黄氏　陳錦芳妻蔡氏　陳忠美妻斯氏

陳丙貴妻孫氏　陳樹友妻阮氏　陳佳樀妻章氏
陳洪海妻屠氏　陳春來繼妻潘氏　陳學久妻樓氏
陳其泮妻毛氏　陳中天妻周氏　陳聖道妻傅氏
陳兆華妻何氏　陳少張妻李氏　陳萬禩妻駱氏
陳進高妻魏氏　陳禹尙妻黄氏　陳君如妻何氏
陳志堯妻張氏　陳大城妻郭氏　陳正乾妻何氏
陳志南妻何氏　陳海源妻沈氏　陳繼常妻金氏
陳志培妻錢氏　陳宏仁妻馮氏　陳　濟妻方氏
陳卓先妻胡氏　陳懋昌妻樓氏　陳志達妻駱氏
陳志雅妻何氏　陳殿振妻周氏有孝傳　陳素存妻潘氏有傳
陳玉琳妻金氏　陳大魁妻許氏　陳周祺妻何氏
陳世忠妻袁氏　陳佳璋妻郭氏　陳萬彩妻鄭氏

陳鳳鳴妻蔣氏　陳其川妻李氏　監生陳　鈺妻詹氏
陳洪彩妻孫氏　陳鳳鳴妻張氏　陳夔林妻何氏
陳國俊妻何氏　陳學泗妻王氏　陳廷誥妻魏氏
陳世昌妻袁氏　陳志道妻李氏　陳世占妻翁氏
陳啟賢妻湯氏有傳　陳秉鈞妻蔣氏有傳　陳士元妻趙氏有傳
孝陳大乾妻魏氏有傳　孝陳八熙妻駱氏有傳　陳　妾楊氏
陳見森妻王氏　陳德昭妻宣氏　陳士魁妻郭氏
陳如川妻周氏　陳　鍘妻楊氏　陳御銓妻鍾氏
陳　蓮繼妻酈氏　陳楨祥繼妻黃氏　知縣陳名振妻蔡氏
陳邦達妻酈氏　陳祖法妻石氏　陳敬心妻鄒氏
陳何氏裔鑒赤　陳　檞妻俞氏　陳欽之妻丁氏
陳許氏裔望周　陳何氏裔殿芳　陳黃氏裔廷傑

貞 陳沼圯聘妻趙貞女　孝 陳孝女裔華文　陳童氏裔華文
陳趙氏裔之槩　陳周氏裔之璘　陳何氏裔元卿
陳高氏裔岳年　陳周氏裔昌祥　歲貢 陳瀛達妻俞氏
陳士遴妻章氏　陳士標妻張氏　陳爾然妻徐氏
陳佳豹妻馬氏　烈 陳國濤女金英　烈 陳禎祥妻黃氏
烈 陳　遷妻蔡氏有傳　烈 陳萬志妻趙氏　陳兆堯妻方氏
生員 陳春類妻翁氏　陳如山妻周氏　陳　沼妻趙氏
陳有慶妻阮氏　陳之棪妻湯氏　陳之華妻酈氏
陳　琳妻祝氏　陳蓀石妻周氏　陳趙氏洪琦媳
陳和遠妻蔡氏　陳長亨妻楊氏　陳發初妻許氏
陳萃球妻駱氏　陳元福妻吳氏　陳元恆妻畢氏
陳岐楠妻何氏　陳廷蘭繼妻徐氏　陳漢湘妻蔣氏

陳日愉妻樓氏　陳嘉渭妻姜氏　陳衡湘妻葛氏

陳上襄妻楊氏　陳偉功妻丁氏　陳殿文妻王氏

陳繼賢妻樓氏　陳豫仁妻魯氏　陳志淮妻何氏

陳文源妻馮氏　陳　型妻傅氏　陳錦堂妻姚氏

烈陳殿詔妻駱氏有傳　陳松廷妻朱氏　陳通渭妻石氏

陳錫壽聘妻傅大姑

殷

殷心南妻陳氏

樊

樊全岐妻楊氏

孫

孫盈二十五妻俞氏　孫世昌妻壽氏　孫大英妻傅氏

孫一渭妻王氏　孫紹魁妻張氏　孫秉倫妻趙氏

生員孫秉孝妻黃氏　孫　耀妻楊氏　孫　型妻郭氏妾胡氏

孫望久妻李氏　孫久齡妻酈氏　生員孫龍光妻趙氏

孫紹賓妻丁氏　孫宗義妾錢氏　孫　煦妻章氏
職員孫漢超妻湯氏　孫文錦妻黃氏　孫　寅妻傅氏
孫觀彩妻王氏　孫兆棟妻蔣氏　附貢孫　敏妻蔣氏
孫宗信妻傅氏　孫詒燕妻馬氏　孫　耀妻汪氏
孫耀生妻楊氏　孫陳書妻沈氏　孫任祥妻楊氏
主簿孫　銈妻丁氏　生員孫　褒妾陸氏　孫鄉學妻陳氏
孫鄉士妻傅氏　孫　燈妻趙氏　孫維林妻酈氏
孫維樸妻何氏　監生孫維樂妻傅氏　孫光泖妻壽氏
孫光紳繼妻張氏　孫維棫妻王氏　孫光惠妻斯氏
孫光岱妻金氏有傳　職員孫光懋繼妻方氏　孫光垣妻徐氏
孫光三妻趙氏　孫光鎔繼妻郭氏　孫起履妻酈氏
孫起戚妻趙氏　孫錫璉妻愼氏　生員孫紹綸妻傅氏

孫如咸妻傅氏　孫　檀妻錢氏　孫馮鑄妻蔡氏

孝孫應賓妻袁氏　孫紹方妻傅氏　孫廣祚妻石氏

孫宗濆妻樓氏　孫雁生妻翁氏　孫漢彪妻田氏

孫招鳳妻陳氏　孫元耀妻吳氏　孫發秀妻馬氏

孫士玉妻阮氏　孫正洪妻陳氏　孝孫有明妻酈氏

孫明孝妻金氏　孫作型妻趙氏　孫學明妻宣氏

孫孟萃妻樓氏　孫任耀妻李氏　孫有志妻茅氏

孫周甫妻陳氏　孫岳賢妻許氏　孫岳英妻阮氏

孫泰明妻何氏　孫　士妻葉氏　孫　烜妻詹氏

孫　榮妻金氏　貢生孫鳴珂繼妻張氏　孫　燔妻張氏

孫廷標妻宋氏　孫　所妻方氏　孫　樓妻沈氏

孫宗泗妻姚氏　孫爾增妻袁氏　孫樹杏妻方氏

孫起發妻王氏　孫孔齋妻方氏　孫肇桂妻朱氏
孫杏書妻錢氏　監生孫　堂妻俞氏　孫隆吉妻蔣氏
經歷孫　鏈妻張氏　孫惟慶妻石氏　孫明三妻壽氏
孫象賢妻章氏　孫有容妻章氏　孫萬吉妻俞氏
孫載嶽妻石氏　孫柏豐妻楊氏　孫正旭妻翁氏
孫步洲妻張氏　孫商玉妻馮氏　孫正福妻郭氏
孫　菊妻趙氏　孫明德妻金氏　孫二監妻蔡氏
孫高登妻周氏　孫永銓妻金氏　孫金祿妻趙氏
孫鳳瑞妻趙氏　孫朝佐妻馬氏　貞孫有親聘妻丁貞女
貞孫伯似聘妻章貞女　貞孫仲似聘妻許貞女　孫丁氏裔阿兔
孫傅氏裔兆堅

袁

袁仲解妻黃氏有傳　袁爾偉妻許氏　生員袁　濤妻陳氏

袁紹唐妻俞氏　袁信學妻湯氏　袁體元妻陳氏
袁如恆妻吳氏　袁士榮妻黃氏　袁鳳儀妻周氏
袁　梧妻郭氏　監生袁　敘妻張氏　監生袁鳳徵妻余氏
袁佑啟妻黃氏　袁驊徵妻石氏　袁伯熙妻陳氏
武舉袁鳳鳴繼妻徐氏　袁　淳妻酈氏　袁日桐妻黃氏
袁維燮妻郭氏　袁維燾妻姚氏　袁維芳妻何氏
生員袁日樽妻陳氏　袁日棟妻宣氏　袁其璉妻盧氏
袁　溱妻鄭氏　生員袁　楣妻趙氏　袁光亨妻張氏
袁九齡妻田氏　袁士吉妻酈氏　袁國正妻楊氏
袁日明妻鄭氏　袁維灴妻鄭氏　袁國型妻孫氏
袁炳謨妻張氏　袁太昌妻孫氏　袁　銓妻章氏
袁二昌妻陳氏　生員袁式範妻姚氏　袁作楫妻俞氏

袁正和妻王氏　袁常貴妻孟氏　袁聲揚妻何氏
袁佳琥妻郭氏　袁啟焯妻徐氏　袁學潮妻吳氏
袁易麟妻陳氏　袁允仁妻斯氏　袁　贊妻朱氏
袁汝安妻夏氏　袁時偉妻方氏　袁君仁妻陳氏
袁大球妻俞氏　監生袁升堂繼妻陳氏　袁維銓妻余氏
袁錦漢妻王氏　袁世貞妻方氏　袁鳳春妻楊氏
袁　楨妻俞氏　袁長庚妻駱氏　袁志濟妻宣氏
袁　琡妻孫氏　袁維點妻毛氏　烈袁東山妻趙氏有傳
烈袁文炯妻蔣氏有傳　袁起獻妻阮氏　袁士鑑妻蔡氏
袁仲琳妻陳氏　袁斐成妻樓氏　袁顯功妻趙氏
袁聖謨妻陳氏　袁爾遐妻張氏　袁孟侯妻楊氏
袁清六妻趙氏　袁咸正妻黃氏　袁福隆妻張氏

袁錦彩妻樓氏
袁鏘寶妻朱氏
袁文炎妻陳氏
袁允仁妻斯氏
袁昌鈞妻傅氏
袁　霈妻張氏
袁汝泰妻郭氏
生員袁日楷妻周氏
袁承愛妻邊氏
袁宗浩妻錢氏
袁朝陽妻周氏
袁繼渠妻丁氏

生員袁龍章妻陳氏
袁　玉妻俞氏
袁世德妻方氏
袁啟熯妻郭氏
袁昌鏞妻陳氏
袁中赤妻張氏
袁　諶妻湯氏
袁毓慧妻蔣氏
袁德巨妻馮氏
袁正坤妻何氏
袁博文妻王氏
袁福美妻翁氏

袁彙一妻趙氏
袁日烜妻俞氏
袁章官妻趙氏
袁啟龍妻李氏
廩生袁邦隆妻壽氏
袁子馥妻酈氏
袁　持妻宋氏
袁天鼇妻郭氏
袁信瑞妻王氏
袁秉義妻周氏
袁寶庚妻周氏
袁福朝妻沈氏

袁福春妻趙氏　袁方釆妻方氏　袁奉璋妻趙氏
袁昌槐妻吳氏　袁紹康妻佘氏有傳　袁聖元妻郭氏
袁文虎妻周氏　袁光發妻方氏
韓
韓文錫妻何氏　韓見興妻楊氏　韓明奎妻陳氏
韓啟忠妻孫氏
潘
北郭潘節婦有傳　潘世華妻胡氏　潘雲志妻阮氏
潘太清妻郭氏　潘正臨妻蔣氏　潘建桂妻何氏
潘元臣妻蔣氏　潘正規妻周氏　潘端華妻王氏
潘萬化妻駱氏　潘宇銀妻黃氏　潘長愷妻王氏
潘春木妻包氏　潘春燿妻趙氏　潘邦翰妻傅氏
潘邦兆妻黃氏　潘文桂妻任氏　潘文華妻馮氏
潘繼棟妻陳氏　潘儒林妻葛氏　烈潘化玉妻郭氏有傳

潘錫圭妻王氏　潘文森妻曹氏　潘文斐妻李氏

潘元吉妻阮氏　潘尙卿妻詹氏

田

田家樂妻俞氏　田家祿妻俞氏　田永吉妻孫氏

田學泮妻陳氏　田嘉文妻趙氏　田士琮妻姚氏

田德生妻陳氏　田承武妻俞氏　田進賢妻錢氏

田常清妻孫氏　田廷美妻蔣氏　田瑞楨妻陸氏

田嘉錦妻張氏　田連文妻余氏　田嘉桂妻金氏

田尙倫妻詹氏　田尙永妻張氏　田茂楓妻馮氏

田文明妻鍾氏　烈田士寶妻潘氏　田維寶妻鍾氏

田五敬妻石氏　田沛乾妻石氏　田志高妻俞氏

田嘉祥妻陳氏　田朝龍妻余氏　監生田鳳至繼妻傅氏

田春輝妻姚氏　田五全妻陳氏　田士青妻金氏

田東周妻陳氏　邊應朝妻宣氏　邊光華妻金氏

邊　邊永裕妻王氏

邊兆康妻周氏　邊文友妻趙氏　邊日儀妻楊氏

邊永發妻樓氏　邊得岳妻王氏　邊鹿鳴妻酈氏

生員邊　鎬妻壽氏　邊日傳妻張氏　生員邊　防妻周氏

邊　陞妻王氏　邊世仁妻王氏　邊紹龍妻周氏

邊廷玉妻楊氏　邊爾卿妻壽氏　邊廷廣妻邵氏

邊祖元妻陳氏　邊光美妻張氏　邊其常繼妻周氏

邊淩雲妻徐氏　邊廷禮妻壽氏　武生邊冠軍妻張氏

邊來有妻周氏　邊南瑞妻壽氏　邊廷山妻程氏

邊定天妻俞氏　邊定海妻袁氏　邊定乾妻樓氏

邊靜章妻郭氏　邊　楫妻郭氏　生員邊繼豐妻張氏

邊長鳳妻王氏　邊子璜妻徐氏　邊宇采妻邵氏

邊宗璣妻王氏　邊聲夏妻徐氏　生員邊冠三妻應氏

邊錦城妻壽氏　邊酛江妻周氏　邊力田妻俞氏

邊乾榮妻壽氏　邊其發妻朱氏　邊玉基妻周氏

邊秀高妻宣氏　生員邊來長妻張氏　邊孔儒妻王氏

錢孝錢宗肅妻蔣氏有傳　錢端一妻齊氏　錢光燦妻嚴氏

孝貢錢閩遠妻倪氏　錢國豐妻李氏　錢定鼎妻何氏

錢中繩妻余氏　錢宏章妻吳氏　錢　菊妻孫氏

烈錢　溥妻駱氏有傳　錢大昌妻何氏　錢天遠妻何氏

錢禹儀妻駱氏　錢啟杲妻丁氏　錢　榮妻陳氏

錢維壆妻趙氏　錢　鼎妻虞氏　錢應富妻朱氏

錢文萃妻余氏　錢家貞妻金氏　錢孔卓妻宣氏

錢日溥妻陳氏　錢雲潮妻金氏　錢　震妻傅氏
錢　泰妻徐氏　錢　昺妻陳氏　錢行法妻石氏
錢邦璹妻陳氏　錢雲龍妻虞氏　錢士凱妻王氏
錢邦珩妻虞氏　錢繼晉妻傅氏　錢　復妻陳氏
錢　城妻趙氏　生員錢泰來妻汪氏　錢宗楷妻趙氏
錢元炡妻黃氏　錢汝艮妻李氏　錢洪文妻黃氏
錢煌祐妻章氏　錢廷簡妻吳氏　錢廷璋妻朱氏
錢佩元妻壽氏　錢　禮妻方氏　錢日廣妻湯氏
錢　靈妻倪氏　錢廷棟妻方氏　錢道復妻潘氏
錢立禮妻齊氏　錢應龍妻繼壽氏　錢世勳妻尹氏
錢廷楷妻商氏　錢家光妻繆氏　錢忠恕妻朱氏
錢順琇妻王氏　錢中禮妻壽氏　錢順熙妻王氏

錢治國妻駱氏　錢中彛妻羅氏　錢邦逵妻顧氏
錢　昇妻柴氏　錢伯鵬妻何氏　錢　珂妻夏氏
錢元佐妻孫氏　錢　源妻虞氏　錢德宏妻壽氏
錢　釗妻壽氏　錢　通妻楊氏　錢如璧妻詹氏
錢　標妻何氏　錢元慶妻壽氏　錢書文妻詹氏
錢懋松妻壽氏　錢宗模繼妻郭氏　錢謙恆妻俞氏
錢錫麟妻屠氏　錢一經妻周氏　錢　廣妻壽氏
錢源清妻魏氏　錢　桂妻鍾氏　錢士仁妻陳氏
錢星槎妻王氏　錢廷祐妻張氏　錢　校妻駱氏
錢邦傑妻張氏　錢廷極妻詹氏　錢大文妻姚氏
錢鳳來妻章氏　錢岳全妻王氏　錢日章妻何氏
錢逢恩妻湯氏　錢逢章妻馬氏　錢廷相妻邵氏

錢奕可妻湯氏　錢禮元妻孫氏　錢士祥妻朱氏
錢維英妻潘氏　錢南國妻王氏　錢元章妻蔣氏
錢立端妻朱氏　錢維高妻何氏　錢魯賢妻宣氏
錢南塘妻袁氏　錢備五妻駱氏　孝錢沛利妻王氏
錢　鈺妻王氏　錢五泮妻張氏　錢邦相妻潘氏
錢　崟妻柴氏　錢世魁妻陳氏　錢惠侯妻柴氏
錢見初妻陳氏　貞錢　綱聘妻王氏　錢過發妻王氏
錢學泮妻王氏　錢過恩妻傅氏　錢樹成妻傅氏
錢文德妻何氏　錢學潮妻袁氏　錢汝馨妻樓氏
錢雙玉妻張氏　錢文唐妻王氏　錢清江妻趙氏
錢泮水妻壽氏　錢賢清妻魏氏　錢錫慶妻楊氏
錢文定妻俞氏　錢　炯妻章氏　錢理福妻傅氏

烈

錢之權妻魏氏有傳　錢德華妻石氏　錢德懋妻王氏

錢宗煌妻趙氏　孝錢　嶽妻趙氏有傳　貞舉人錢　瀛妾丁女貞有傳

錢應元妻王氏　錢耀玉妻王氏　錢大宗妻方氏

錢配五妻郭氏　錢祥元妻陳氏　錢寶球妻胡氏

錢玉華妻季氏　錢理清妻俞氏　錢謙和妻姚氏

錢浩龍妻屠氏　錢以清妻俞氏　錢全富妻傅氏

錢宏章妻吳氏　錢純修妻俞氏　錢仁泰妻湯氏

錢魯傳妻方氏　錢幼眷妻章氏　錢玉成繼妻俞氏

錢　鈞妻項氏　錢　倫妻屠氏　錢中高妻李氏

錢兆美妻壽氏　錢如繡妻張氏　錢思鈺妻張氏

錢中純妻余氏　錢謙度妻何氏　錢樹人繼妻壽氏

錢樹蓮妻姚氏　錢之源妻蔡氏　錢偕徐妻屠氏

錢立德妻壽氏　錢亮若妻蔣氏　錢有翼繼妻壽氏

錢文粹妻余氏

宣烈宣　拱妻朱氏有傳　宣明初妻酈氏　宣孟侯妻周氏

宣　濤妻駱氏　守備宣　鉞妻楊氏　孝宣貴隆妻黃氏有傳

宣正冠妻樓氏　宣大成妻王氏　宣名正妻黃氏

宣巨源妻駱氏　宣文炳妻金氏　宣茂椿妻吳氏

宣志信妻王氏　庠生宣賡颺繼妻俞氏　宣鎭廷繼妻石氏

監生宣昭亭妻趙氏　宣允達妻俞氏　宣紹良妻張氏

宣志億妻謝氏　宣東軒妻俞氏　宣廷棫妻王氏

宣德太妻孫氏　宣兆琴妻錢氏　宣國典妻何氏

宣文斗妻任氏　宣珍秀妻章氏　宣　城妻鄭氏

宣　垣妻陳氏　宣士全妻金氏　烈宣德生妻徐氏

宣國良妻周氏　宣廷珍妻陳氏　宣洪禧妻周氏
宣學明妻蔡氏　宣萬靈妻顧氏　宣學中妻俞氏
宣崑來妻郭氏　宣大順妻郭氏　宣均邦妻楊氏
宣載校妻徐氏　宣載康妻趙氏　宣銘逸妻王氏
宣萬濤妻黃氏　宣天輝妻魏氏　監生宣萬靈繼妻王氏
宣孝敘妻黃氏　宣朝衡妻錢氏　宣士彬妻俞氏
宣黃英妻石氏　宣逢泰妻何氏　宣春風妻陳氏
宣洪模妻周氏　宣大成妻王氏　宣毓豐妻許氏
宣國嘉妻何氏　宣善培妻樓氏　宣恆奎妻王氏
宣德謙妻徐氏　宣肇光妻趙氏　宣卜川妻徐氏
宣臨川妻王氏　宣魯川妻趙氏　宣懷濤妻黃氏
宣元松妻胡氏　宣廷璐妻何氏　宣春孟妻楊氏

宣啟鼎妻殷氏　宣明瑞妻蔡氏　宣正冠妻樓氏

宣樓氏裔育生　宣何氏裔國祥　宣黃氏裔聖德

宣元蘭妻許氏　宣以埩妻王氏　宣恆奎妻鍾氏

宣國興妻張氏　宣永泰繼妻呂氏　宣昌禮妻王氏

宣鳳美妻何氏　宣秀林妻徐氏

姚

姚繼堯妻樓氏　姚嘉言妻陳氏　姚克振妻湯氏

孝姚大彰妻徐氏有傳　姚　璉妻孫氏　姚凝益妻陳氏

姚楚江妻蔣氏　姚澄永妻蔣氏　姚維城妻吳氏

生員姚玉振妻駱氏　姚六雅妻陳氏　姚允龍妻孫氏

生員姚鵬沖妻斯氏　姚大秀妻蔣氏　姚子幹妻何氏

姚錢科妻殷氏　姚象天妻丁氏　姚倩玉妻王氏

姚和公妻張氏　姚　澯妻石氏　姚廷瑞妻陳氏

姚逢灝妻袁氏　姚朝宗妻石氏　烈姚瑞芝之妻黃氏有傳

姚有倜妻裘氏　姚士偉妻黃氏　姚晟十妻黃氏

姚孟達妻黃氏　姚逢晉妻汪氏　姚占先妻酈氏

姚清源妻杜氏　姚士仁妻王氏　烈姚元琮妻黃氏

姚景元妻張氏　姚肇秀妻酈氏　姚萬清妻吳氏

姚　玥妻傅氏　姚學岸妻馮氏　姚如錫妻張氏

姚蔣林妻魏氏　姚用信妻王氏　姚御龍妻徐氏

姚鳳音妻錢氏　姚國友妻馮氏　姚赤文妻鍾氏

姚星若妻陳氏　姚維均妻湯氏　姚穎鑑妻吳氏

姚宗玉妻王氏　姚汝駉妻田氏　姚松茂妻吳氏

姚太清妻錢氏　姚家珍妻佘氏　姚瀛傳妻傅氏

姚上炎妻葉氏　姚長明妻趙氏　姚唐臣妻樓氏

姚允才妻石氏　姚　桂妻石氏　姚枝發妻商氏

姚衡周妻馬氏　姚孔瑞妻楊氏　姚明文妻俞氏

姚參玉妻朱氏　姚作人妻魏氏　姚念功妻張氏

姚士佩妻方氏　姚士奎妻王氏　姚　泂妻陳氏

姚渲繼妻俞氏　姚克仁妻章氏　舉人姚際唐妻周氏

生員姚曰庚妻陳氏　姚鱣堂妻傅氏　姚聖懷妻樓氏

姚鼎水妻謝氏　生員姚起虬繼妻王氏　姚金旺妻何氏

姚再寶妻柴氏　姚寶椿妻謝氏　姚晃繼妻錢氏

姚春榮妻袁氏　姚文彬妻孟氏　姚日陞妻蔡氏

姚大益妻陳氏　生員姚　賓妻黃氏　姚聚發妻俞氏

姚高岐妻何氏　姚德昌妻張氏　姚裕鼎妻蔣氏

姚如祖妻葛氏　姚如美妻羅氏　姚　琮妻王氏

孝

姚　協妻陳氏　姚之貴妻何氏　姚兆龍妻壽氏

烈

姚麟聘妻蔣氏　姚堯松妻黃氏　姚聖奇妻徐氏

姚清沼妻石氏　姚啟宇妻殷氏　姚兆福妻石氏

姚堯甥妻黃氏　姚高荷妻張氏　姚建聘妻湯氏

姚長福妻陳氏　姚南輝妻俞氏　姚　庭妻孫氏有傳

姚嘉祿妻黃氏　姚魯範妻鄺氏　姚　黼妻周氏

姚之休妻蔣氏

包

包奕侯妻虞氏　包皆明妻黃氏　包皆倫妻何氏

包文煥妻沈氏　包大法妻潘氏　包學忠妻朱氏

包渭魁妻王氏　包其金妻郭氏　包尙雲妻虞氏

包繼常妻胡氏　包繼鳳妻孫氏　包昌龍妻楊氏

包皆道妻來氏　包皆通妻來氏　包肇文妻徐氏

包河光妻楊氏

陶　陶　菊妻杜氏　陶友三妻張氏　陶孟川妻姚氏

陶必問妻陳氏　陶宗安妻張氏

曹　曹大鵬妻楊氏　曹士能妻楊氏　孝曹大坤妻郭氏

曹國勳妻郭氏　曹大俊妻俞氏　曹文潤妻賀氏

曹昌楷妻馮氏　曹昌棫妻姚氏　曹嶧山妻章氏

曹亦梁妻郭氏　曹宗炯妻田氏　曹宗緒妻趙氏

監生曹元祿妻樓氏　曹聖祥妻戴氏　曹永義妻顧氏

曹楚玉妻邊氏　武生曹周誥繼妻孫氏　曹俞氏裔阿祿

高　高聚先妻吳氏

毛　毛凝愷妻馮氏　毛敬與妻湯氏　毛廣修妻趙氏

毛廷瓚妻樓氏　監生毛　彩妻趙氏　生員毛鳳占妻酈氏

毛大英妻許氏　毛鳳炬妻黃氏　毛啟淵妻袁氏
毛桂新妻傅氏　毛贊廷妻阮氏　毛朝俊妻祝氏
毛金蘭妻周氏　毛大乾妻馬氏　毛瑞璣妻郭氏
毛大成妻徐氏　毛六田妻壽氏　毛禹昌妻楊氏
毛玉階妻周氏　毛　集繼妻徐氏　生員毛鳳翔繼妻傅氏
毛椿榮妻傅氏　毛水東妻袁氏　毛奎文妻王氏
毛望中妻趙氏　毛嵩高妻趙氏　毛孟悅妻馮氏
毛邦雪妻魏氏　毛正祿妻傅氏　毛闇文妻俞氏
毛維耀妻鄭氏　毛瑞魁妻袁氏　毛達岐妻俞氏

勞

勞繼餘妻陳氏

羅

羅允業妻俞氏　羅福臨妻沈氏　羅允武妻石氏
羅亨湘妻鄭氏　羅會塿妻章氏　羅維新妻俞氏

羅嘉林妻謝氏　羅孔昭妻田氏　羅亨連妻邊氏

羅俞氏裔紹豐

何

烈何暎賢妻黃氏有傳　何思奇妻傅氏　烈何汝輝妻黃氏有傳

何兆隆妻詹氏　何兆鼎妻陳氏　何習讓妻王氏

何有煌妻方氏　何士則妻黃氏　何方發妻馮氏

何士鸞妻黃氏　何其倩妻朱氏　生員何宏道妻趙氏

何存良妻傅氏　何朝相妻蔣氏　生員何宏烈妻陳氏

何天楨妻姚氏　何連泰妻史氏　何聲希妻阮氏

何子彪妻俞氏　何憲文妻錢氏　何羽程妻金氏

何煜文妻蔣氏　何月照妻錢氏　何光遠妻周氏

何遂良妻蔣氏　何士涵妻馮氏　何　澄妻金氏

何居廣妻郭氏　孝何　洵妻陳氏　貞何宗濂聘妻周貞女有傳

何展文妻郭氏　何光晃妻趙氏　何瑞雲妻宣氏

何家騶妻湯氏　何友忱妻楊氏　何永專妻張氏

何　泰妻方氏　何宗乾妻顏氏　何兆祥妻陳氏

何啟賢妻蔣氏　何華英妻王氏　何際春妻王氏

何應隆妻樓氏　何文振妻周氏　何茂林妻周氏

何文元妻周氏　何員龍妻馬氏　何　武妻許氏

何華春妻宣氏　何春杏妻宣氏　何朝銘妻樓氏

何端千妻宣氏　何尚志妻蔣氏　何大千妻田氏

何元明妻田氏　何大龍妻馬氏　何員灝妻周氏

何志高妻宣氏　何家斌妻鄺氏　何茂芳妻王氏

何宏文妻陳氏　何宏忠妻周氏　何金鸞妻宣氏

何兆英妻吳氏　何初有妻汪氏　何維賁妻樓氏

何國勝妻傅氏　烈賁何瑞上妻駱氏有傳　何文全妻沈氏
何國武妻樓氏　何東皋妻王氏　何兆森妻許氏
何書升妻趙氏　何同寶妻王氏　何家修妻徐氏
何國彩妻陳氏　何光朝妻樓氏　何天寶妻俞氏
何武江妻金氏　何鳳元妻樓氏　何仁岳妻盧氏
何鳳岳妻莫氏　貞何瑞鳳聘妻周氏有傳　生員何　彩妻許氏
何文統妻周氏　何其周妻郭氏　何康盈妻趙氏
何曰仁妻周氏　何永珄妻趙氏　何定典妻樓氏
何全道妻趙氏　何令望妻徐氏　何　城妻楊氏
何大敬妻陳氏　何其湧妻駱氏　何維則妻陳氏
何武公妻樓氏　何治九妻虞氏　何載平妻壽氏
何家瑤妻駱氏　何若嚴妻祝氏　何慕天妻魏氏

何汝岳妻駱氏　烈何聖錫妻王氏　何子祥妻馮氏

何維相繼妻趙氏　何志大妻孫氏　何增祜繼妻魏氏

貞何錄行聘妻鄭氏有傳　何繡黼妻茅氏　何志賢妻王氏

何志達妻蔣氏　何志筠妻應氏　何宏富妻陳氏

何志唐妻陳氏　何善繪妻王氏　監生何廷棫妻傅氏

何文惠妻金氏　何世球妻余氏　何大瀚妻姒氏

何　誠妻郭氏　何廷璠妻錢氏　何士豪妻金氏

何國義妻張氏　生員何萬卷妻俞氏　何治文妻朱氏

何雄藩妻斯氏　何鳳山妻張氏　何型閑妻馮氏

何錫瑾妻姚氏　何士達妻阮氏　何宏德妻毛氏

何方懋妻朱氏　何化龍妻阮氏　何　昭妻馮氏

何錫慶妻阮氏　何富成妻夏氏　何峙堂妻壽氏

何廷宰妻錢氏　何廷賀妻俞氏　何文煜妻陳氏
何益吾妻陳氏　何佩玉妻金氏　何國禨妻阮氏
監生何允中妻梁氏　何景引妻陳氏　烈何吉祥妻馮氏有傳
何必儉妻范氏　何方則妻錢氏　何毓素妻朱氏
何有煌妻方氏　何士雲妻姚氏　何奕清妻吳氏
何龍箭妻陳氏　何可揖妻蔣氏　何元祐妻蔡氏
何宗傑妻樓氏　何魯望妻阮氏　何爾玉妻王氏
何澄仙妻蔡氏　孝何昌義妻傅氏　何大銓妻陳氏
何福源妻姚氏　監生何吉鎣繼妻蔣氏　何錦琇妻錢氏
何玉璠妻壽氏　何士傑妻吳氏　何占祥妻陳氏
生員何維學繼妻金氏　生員何維策繼妻金氏　何茂士妻陳氏
何朝藩妻錢氏　何占邦妻傅氏　何善欽繼妻金氏

何治水妻潘氏　何孔佳妻沈氏　何萬和妻楊氏
何南橋妻楊氏　何學蘇妻楊氏　何久富妻樓氏
何紹聖妻周氏　何學濤妻周氏　何仁安妻王氏
何瑞榮妻宣氏　何中廷妻樓氏　何肇興妻周氏
何國楨繼妻徐氏　何周渭妻張氏　何國宇妻周氏
何東霞妻吳氏　何玉德妻陳氏　何萬賢妻壽氏
何怡德妻楊氏　何武講妻金氏　何德仁妻許氏
何本發妻陳氏　何培田妻胡氏　何奎爵妻魏氏
何　鵬妻金氏　何君甫妻酈氏　何帝京妻楊氏
何御彩妻趙氏有傳　何亭輝妻趙氏　何仁山妻湯氏
何雲甫妻蔣氏　何生喜妻樓氏　何型雅妻吳氏
何錦裳妻潘氏　何雲水妻陳氏　何淩霄妻孫氏

何仁安妻馮氏　何廷相妻祝氏　監生何槐妻馮氏
何福臻妻陳氏　監生何相妻陳氏　何綱妻繼蔡氏
何應河妻詹氏　何廷光妻王氏　何廷燦妻傅氏
監生何平康妻繼傅氏　何恆禮妻任氏　何世榮妻黃氏
何世高妻金氏　何元吉妻王氏　何如英妻周氏
何雲青妻壽氏　何宗有妻趙氏　何祥典妻詹氏
何福安妻宣氏　何知鳳妻魏氏　烈何鑑忠妻陳氏有傳
何繼綱妻虞氏　何萬鍾妻葛氏　何巨鼇妻馮氏
何榮正妻宋氏　生員何鶴輝妻蔡氏　何光岳妻馮氏
何長順妻單氏　何應蛟妻繼錢氏　何伯明妻繼周氏
何兆鼎妻陳氏　何魯瞻妻方氏　舉人何宏綱妻宣氏
何夢弼妻樓氏　何必宏妻繼楊氏　監生何南喬妻湯氏

何陳鑑妻傅氏　何清音妻錢氏　何槎浦妻張氏
何洪浦妻虞氏　何沛員妻詹氏　何傳賢妻壽氏
何以杰妻蔣氏　何奕棱妻湯氏　貢生何棱槎妻周氏
監生何炳妻趙氏　何如榮妻方氏　何吉長妻包氏
生員何宏純妻傅氏　何士本妻徐氏　何如桐妻張氏
何龍劍妻陳氏　烈貴何檢妻屠氏有傳　何啟茂妻陳氏
何宣氏裔玉章　何詹氏裔天祐　何陳氏裔天礽
何屠氏裔大典　何楊　氏　貢生何德孫妻周氏
何靜瀾妻金氏　何孔佩妻俞氏　何山栢妻倪氏
何國泰妻諸氏　何士正妻蔣氏　何蒼山妻陳氏
何大廣妻趙氏　何廷蓁妻陳氏　何福娃繼妻朱氏
何崧茂妻黃氏　何德超妻周氏　何世海妻趙氏

何宇康妻阮氏　何松英妻張氏　何子英妻錢氏
何世浩妻陳氏　何壽昌妻錢氏　何烈賢妻傅氏
何京周妻王氏　何耀彩妻周氏　監生何學浚妾邱氏
何應洲妻陳氏　何國勳妻邵氏　何爾德妻傅氏
何景春妻朱氏　何　勇妻蔣氏　何　佩妻蔣氏
何　英妻吳氏　何春光妻蔣氏　何　燿妻蔣氏
何大溥妻徐氏　何大倸妻朱氏　何魯望妻金氏
何蘭田妻樓氏　何正彝妻蔣氏　何鳳瑞妻金氏
何雲龍妻胡氏

楊

楊　敏妻齊氏有傳　孝楊　敬妻方氏有傳　生員楊世榮妻朱氏
楊汝碩妻傅氏　楊光熙妻樓氏　楊鳴岐妻郭氏
楊之鉽妻何氏　楊純德妾陳氏　楊通楷妻樓氏

楊六德妻章氏　楊珠光妻金氏　楊年初妻趙氏

楊石嵩妻趙氏　楊竹林妻陳氏　楊維赤妻袁氏

楊之鐸妻俞氏　楊邦達妻駱氏　楊羽先妻戴氏

楊壓才繼妻陳氏　楊　傳妻俞氏　楊堯章妻蔣妾范氏

楊文宗妻侯氏　楊之煥妻呂氏　楊敬兄妻俞氏

楊毓彩妻樓氏有傳　楊學孝妻徐氏　楊瑞卓妻周氏

楊培元妻章氏　楊維宏妻周氏　楊光煜妻俞氏

孝

楊孝女士貢女　楊鳴嵩妻俞氏　楊大粱妻蔣氏

楊原行妻姚氏　楊應龍妻傅氏　楊端木妻黃氏

楊可貞妻應氏　楊廷侯妻胡氏　楊繼俊妻郭氏

楊世綸妻姚氏　楊錦宰妻章氏　楊喬南妻呂氏

楊松年妻郭氏　楊國英妻張氏　楊兆璜妻俞氏

楊毓彬妻樓氏 楊君佐妻陳氏 楊邦祚妻李氏
楊元喜妻孫氏 楊周章妻蔣氏 楊太元妻王氏
楊春茂妻蔣氏 楊維斗妻董氏 楊紹煌妻朱氏
楊殿丹妻章氏 楊敬先妻俞氏 楊梅友妻俞氏
楊紹運妻樓氏 楊維剛妻劉氏 楊雪方妻瞿氏
楊又白妻朱氏 楊汝霖妻章氏 楊汝潮妻俞氏
楊馨若妻朱氏 楊申立妻孟氏 楊邦興妻李氏
楊瑞院妻石氏 楊嚴然妻酈氏 楊玉寶妻張氏
楊國慶妻俞氏 楊思賢妻應氏 楊朝明妻孟氏
楊學浩妻蔣氏 楊士瑤妻金氏 楊日境妻蔣氏
楊志東妻張氏 楊福位妻周氏 楊曉四百妻郭氏
楊邦凝妻趙氏 楊其南妻毛氏 楊德初妻張氏

生員楊遇曦妻趙氏　生員楊通楠妻蔣氏　楊會皋妻王氏
楊芳譽妻趙氏　楊　春妻周氏　楊建山妻趙氏
楊鶴鳴妻章氏　楊允逵妻章氏　楊之璐妻張氏
楊國卿妻張氏　楊炳銓妻馬氏　楊西發妻周氏
楊紹銓妻胡氏　楊鼎宗妻沈氏　楊　鑑妻郭氏
楊陞才妻趙氏　楊大風妻戚氏　楊明山妻鄺氏
楊　霖妻朱氏　楊　濩妻陳氏　楊有鳳妻朱氏
楊如箕妻陳氏　楊兆秀妻嚴氏　楊宏瓚妻壽氏
生員楊應桂妻趙氏　楊鳴鶴妻張氏　楊應茂妻張氏
楊聚煌妻陳氏　楊國瑞妻金氏　楊茂春妻壽氏
楊朝玉妻趙氏　楊維琳妻石氏　監生楊之珏妻石氏
楊仁乾妻張氏　楊乾法妻陳氏　楊志方妻周氏

楊華亭妻趙氏　楊雲山妻顧氏　楊元康妻趙氏
楊之棻妻金氏　楊瑞和妻周氏　楊洪九妻侯氏
楊元杰妻蔣氏　楊歷山妻朱氏　楊元順妻應氏
楊秉燮妻徐氏　楊儒慶妻酈氏　楊佳秀妻周氏
楊東生妻周氏　楊元烈妻周氏　楊順熙妻何氏
楊士善妻邊氏　楊維介妻翁氏　楊大成妻蔣氏
孝楊如旦妻郭氏　楊維松妻朱氏　楊春寶妻壽氏
楊耀定妻周氏　楊禮相妻郭氏　楊森成妻郭氏
生員楊球妻蔣氏　楊宏麟妻湯氏　楊士玘妻壽氏
楊逢鼇妻王氏　楊涵妻俞氏　楊宏剛妻金氏
楊宏昌妻蔣氏　楊世倫妻魏氏　楊南張妻趙氏
楊聖宗妻金氏　楊邦經妻趙氏　楊招慶妻柳氏

楊三友妻沈氏　楊　瑛妻周氏　楊維聰妻趙氏
楊瑞玥妻趙氏　楊邦棟妻朱氏　楊森風妻許氏
楊大明妻趙氏　楊明寶妻俞氏　楊上權妻壽氏
楊燦然妻馬氏　楊嘉照妻壽氏　楊嘉泮妻趙氏
楊榮海妻趙氏　楊其谷妻方氏　楊尚倫妻周氏
楊阿大妻王氏　楊思永繼妻丁氏　楊大洲妻馬氏
楊倫紀妻黃氏　楊毓崑妻趙氏　楊奕良妻李氏
楊春潮妻陳氏　楊周元妻蔡氏　楊高恭妻馬氏
楊其美妻毛氏　楊繼封妻郭氏　監生楊步芹妻許氏
楊春岳妻章氏　楊　英妻孫氏　楊日李妻徐氏
楊其炫妻宣氏　楊其燧妻徐氏　楊日杞妻樓氏
楊紫霞妻王氏　楊維松妻陳氏　楊瑞安妻胡氏

楊清俊妻張氏
楊文興妻毛氏
楊性安妻王氏
楊和安妻葛氏
楊振安妻陳氏
楊正賢妻鄭氏
楊孝本妻袁氏
楊福元妻方氏
生員楊煥文妻蔣氏
楊得三妻趙氏
楊體道妻周氏
楊士偉妻金氏

楊桂賓妻陳氏
楊國鈞妻駱氏
楊國啟妻駱氏
楊春暄妻駱氏
楊景泰妻陳氏
楊大有妻陳氏
楊孟元妻章氏
楊欽承妻章氏
楊仁然妻倪氏
楊繼鵬妻朱氏
楊培元妻張氏
監生楊維康妻章氏

楊兆曾妻駱氏
監生楊廷善妻趙氏
楊聯棨妻趙氏
楊芳芸妻金氏
楊信玉妻陳氏
楊文英妻樓氏
武生楊永富妻俞氏
楊聖法妻趙氏
楊正琴妻周氏
生員楊青標妻戴氏
楊友楨妻朱氏
楊　起妻周氏

楊紀臺妻侯氏　楊　尙妻方氏　楊之芫妻毛氏
楊君堂妻應氏　楊敏達妻俞氏　楊陞文妻章氏
楊啟榮妻戚氏　楊維雲妻王氏　楊時夢妻趙氏
楊文元妻樓氏　楊　義妻邊氏　楊通傳妻酈氏
楊倫紹妻陳氏　楊其偉妻邱氏　楊作鉅妻徐氏
楊其蘭妻樓氏　楊作橋妻趙氏　楊其孄妻徐氏
楊其然妻陳氏　楊其奎繼妻酈氏　楊其煥妻周氏
楊志仁妻趙氏　楊明國妻斯氏　楊開宗妻黃氏
楊伯申妻金氏　楊文標妻陳氏　楊　萃妻何氏
楊正華妻鄭氏　楊瑞芝妻徐氏　楊永庚妻王氏
楊諤千妻張氏　楊大榮妻潘氏　楊配禮妻包氏
楊慶元妻陳氏　楊春富妻虞氏　楊國英妻馮氏

楊鳳丹妻樓氏　楊汝源妻胡氏　楊玉書妻王氏
楊文緯妻趙氏　楊國祥妻駱氏　楊學郊妻駱氏
楊國柱妻馮氏　楊鶴翔妻宣氏　楊大鑑妻蔣氏
楊慶桂妻何氏　楊裕田妻陳氏　楊渭田妻何氏
楊士偉妻金氏　生員楊　榮妻周氏　楊聖傳妻潘氏
楊宗美妻周氏　楊冠嶽妻趙氏　楊金氏裔蘭桂
楊馮氏裔應奎　楊王氏裔廷奇　楊洋文妻何氏
楊培春妻王氏　楊其美妻毛氏　楊吉堂妻戚氏
楊志道妻郭氏

章

章瑜妻傅氏有傳　章子魁妻俞氏有傳　章敏聞妻趙氏
章毓賢妻方氏　章廷謨妻俞氏　章起化妻金氏
章兆行妻孟氏　章日瞻妻孟氏　孝章琴音妻金氏

章東煌妻俞氏　章冠冕妻樓氏　章聖相妻石氏
章培聖妻孟氏　章應方妻劉氏　章　洄妻方氏
章其生妻孟氏　章金櫃妻史氏　章世忠妻酈氏
章啟全妻張氏　章德修妻俞氏　章呂夏妻陳氏有傳
章機臣妻鍾氏　章如鶴妻樓氏　章殿邦妻楊氏
章人一妻陳氏　章元亨妻俞氏　章　棠妻趙氏
章國俊妻陳氏　章學錦妻酈氏　章德鉅妻姚氏
職員章景泰妻俞氏　章其連妻沈氏　章良夫妻孟氏
章開禮妻湯氏　章志賡妻丁氏　監生章起學繼妻樓氏
章之炳妻愼氏　章長明妻趙氏　章其長妻朱氏
章　銳妻傅氏　章　錸妻洪氏　章　理妻劉氏
章國祥妻王氏　章錫周妻俞氏　烈章昌瑜妻羅氏

貞 章甫聘妻傅氏
生員 章有文妻趙氏
章金蘭妻陳氏
章繼祖妻金氏
章維精妻宋氏
章法瑞妻樓氏
章正範妻顧氏
章玉奎妻蔣氏
章毓桂妻孟氏
章夢源妻葉氏
章步天妻方氏
貞 貢生 章元佐聘妻張氏

孝 章鳳池妻吳氏
章有美妻楊氏
章志英妻楊氏
章　鏘妻俞氏
章冠雄妻孟氏
章虎曾妻張氏
章汝浦妻楊氏
職員 章大岳妻俞氏
章純祖妻俞氏
章宇文妻呂氏
章光德妻楊氏
章國標妻張氏

章商連妻劉氏
章志棫妻周妾童氏
貢生 章志芳妻鍾氏
章承統妻趙氏
章冠儒妻梁氏
章瑞英妻湯氏
章聖岳妻劉氏
章殿宇妻黃氏
章法順妻宋氏
章鴻儒妻任氏
章廷璧妻陳氏
章可則妻應氏

章啟明妻張氏　章朝偉妻周氏　章啟佑妻阮氏
章維言妻陳氏　章至善妻陳氏　章光文妻陳氏
章士效妻朱氏　章斐成妻王氏　章耀國妻阮氏
章成悟妻方氏　章之雲妻李氏　章長壽妻倪氏
章　福妻趙氏　章明旦妻謝氏　章承倫妻孟氏
章聖培妻孟氏　章正恆妻姚氏　章昌瑞妻羅氏
章思忠妻樓氏　章毓宏妻孫氏　章志森妻王氏
章法桂妻張氏　章漢階妻孟氏　章志鎮妻俞氏
章耀祖妻黄氏　章春天妻葛氏　章冠芳妻樓氏
章國禎妻樓氏　章信朝妻徐氏　章　達妻朱氏
章鶴琮妻楊氏　章近豪妻楊氏　章起帆妾胡氏
章起南妻張氏　章起逵妻郭氏　章鳳雝妻劉氏

章東漢妻傅氏　章茂英妻徐氏　章南方妻謝氏
章成友妻沈氏　章世達妻湯氏　章春三妻金氏
章南峰妻陳氏　章志佩妻方氏　章璐炳妻方氏
章德隆妻卓氏　章維康妻俞氏　章大德妻蔣氏
章德意妻許氏　章文龍妻樓氏　章錫照妻張氏

張

張孝祥繼妻賈氏有傳　張　軫妻趙氏有傳　烈張　英妻莊氏有傳
張國光妻俞氏　張視遠妻周氏　張雲岳妻許氏
張志雄妻周氏　張御繡妻陳氏　張其謹妻陳氏
張源嶽妻鄭氏　張明遠妻陳氏　張嗣淇妻吳氏
張大志妻吳氏　張　杰妻佘氏　張公範妻周氏
張少卿妻王氏　張元鳳妻邊氏　張殿梁妻佘氏
張鴻謨妻陳氏　監生張宗儒妻陶氏　張學龍妻黃氏

張維鎬妻馬氏　張仲文妻蔣氏　張繼仁妻宋氏
張世秀妻俞氏　贈文林郎張映海妻袁氏　孝張士鎧妻趙氏有傳
張　素妻陳氏　張濤濠妻馮氏　張應乾妻李氏
張開泰妻趙氏　張　窩妻嚴氏　張　準妻盛氏
張廷雲妻蔡氏有傳　張昌業妻沈氏　張居敬妻孫氏
張鄰華妻朱氏　張瑞璧妻陳氏　張維濤妻袁氏
張介清妻陳氏　張志達妻楊氏　張孔振妻侯氏
張應龍妻俞氏　張長盛妻孫氏　張仲玉妻周氏
舉人張　琨妻馮氏　張長發妻趙氏　張美有妻沈氏
張宗元妻蔣氏　張錫寶妻楊氏　張大亭妻章氏
張大倫妻金氏　監生張國選妻趙氏　張　超妻俞氏
張宗河妻宣氏　張月芳妻樓氏　張元奇妻朱氏

張天士妻劉氏　張維楨妻樓氏　監生張聞遠妻周氏
張世德妻周氏　張象元妻傅氏　張奕城妻馮氏
張廷鑑妻方氏　監生張兆年妻酈氏　張紹聖妻趙氏
張春友妻周氏　張啟昌妻侯氏　張南山妻俞氏
張文儒妻陳氏　張文炳妻沈氏　張蔭椿妻楊氏
張佳相妻孟氏　張蔭杏妻蔣氏　張佳椿妻朱氏
張麟見妻孟氏　張上達妻蔣氏　張冠印妻趙氏
張可全妻陳氏　張元檳妻徐氏　張元益妻壽氏
張夢拔妻錢氏　張如有妻徐氏　張旦初繼妻陳氏
張士龍妻蔡氏　張維楠妻壽氏　張世康妻王氏
張世斌妻徐氏　張維剛妻俞氏　張坤琛妻楊氏
張信茂妻周氏　張林賢妻趙氏　烈張岳正妻何氏

張日松妻羅氏　張錦賓妻齊氏　張維照妻樓氏
張錦安妻徐氏　張　錦妻齊氏　張鍾靈妻何氏
張艮英妻劉氏　張夏豐妻劉氏　張靜山妻鍾氏
張長仁妻戚氏　張蘭福妻馬氏　張世祚妻吳氏
張　然妻王氏　張聖魁妻樓氏　張兆煜妻許氏
張汝琦妻盧氏　張國銔妻蔣氏　張南陽妻黃氏
張　淇妻袁氏　張文點妻姚氏　張　壎妻傅氏
張其煥妻陳氏　張其濬妻袁氏　張明耀妻徐氏
張繼綱妻蔣氏　張鳳彩妻朱氏　張繼善妻陳氏
張春江妻余氏　張三元妻蔡氏　張魁生妻胡氏
張奎翰妻駱氏　張連元妻金氏　張逢春妻魏氏
張　枚妻陳氏　生員張　琴妻章氏　張徵祥妻鍾氏

張法弧妻吳氏　張汝潮妻趙氏　張南木妻俞氏
張廷爵妻金氏　張遠宗妻徐氏　張鳴鶴妻陳氏
張廷揚妻朱氏　張世仁妻屠氏　張嘉榮妻楊氏
張其桂妻金氏　張其璋妻虞氏　張世魁妻李氏
張連魁妻翁氏　張文彪妻王氏　張魁一妻酈氏
張正友妻李氏　張乾修妻金氏　張邦材妻袁氏
張明紀妻陳氏　張維周妻鄭氏　張配仁妻余氏
張之林妻傅氏　張三魁妻劉氏　張應文妻趙氏
張景唐妻朱氏　張瑞豐妻酈氏　張國華妻劉氏
張宗瀛妻葉氏　張漢儒妻孫氏　張齊道妻傅氏
張竹巖妻趙氏　張有福妻趙氏　張啟永妻應氏
張繼千妻章氏　張志寶妻金氏　張榮華妻金氏

張鼎書妻楊氏　張鄰星妻許氏　張乾烈妻樓氏
張乾虔妻周氏　張樹莘妻周氏　張新浩妻王氏
張坤梁妻邵氏　張國元妻袁氏　張之潮妻樓氏
張大栖妻樓氏　張志廣妻朱氏　張長林妻陳氏
張國楨妻陳氏　張　炯妻侯氏　張光彩妻朱氏
張仲長妻黃氏　張大南妻胡氏　張廷秀妻周氏
張祖京繼妻趙氏　張孔璧妻黃氏　張配春妻馬氏
張裕堍妻范氏　張其富妻樓氏　張天道妻陳氏
張祖詠妻周氏　張孔睦妻徐氏　張達周妻杜氏
張琴書妻酈氏　張雅馴妻孫氏　張鶴朝妻陸氏
張伯奇妻金氏　張永茨妻陳氏　張上玉妻周氏
張晉康妻周氏　張叔安妻周氏　張天良妻斯氏

張月桂妻黃氏　張化茂妻陳氏　張連德妻金氏
張吉昌妻樓氏　張應玉妻陳氏　張又萊妻盛氏
張漢英妻余氏　張應候妻斯氏　張博臣妻陳氏
張水雄妻趙氏　張宏良妻徐氏　張國梁妻嚴氏
張廷宏妻嚴氏　張樹南妻李氏　生員張再南妻章氏
監生張秉圭妻周氏　烈張慶餘妻楊氏有傳　張軼贊妻李氏
張倫明妻馮氏　張世營妻蔣氏　張奇龍妻陳氏
烈張仲卜妻俞氏有傳　張子宜妻陳氏有傳　張清豪妻馮氏
張素一妻陳氏　張其景妻袁氏　張配仁妻余氏
張允武妻金氏　張可觀妻袁氏　張國貴妻陳氏
張若巖妻金氏　張松坪妻陳氏　張星來妻金氏
張宗周妻俞氏　張邦緯妻俞氏　張倫仁妻陳氏

張禹成妻傅氏　烈張　氏復桂女　張其志妻吳氏

張朝佑妻金氏　張步蟾妻許氏　烈張　氏志偉女

王

王友仁妻方氏有傳　烈王琪妻蔡氏婢順有姑傳　王之佐妻袁氏

貞王氏女肅二一　烈王祖念妻陳氏有傳　王明玉妻湯氏

王齊賢妻何氏　王其祖妻楊氏　王廷祿妻屠氏

王賢齊妻俞氏　王賢享妻壽氏　烈王賢哲妻傅氏有傳

王廷祚繼妻張氏　王中正妻蔣氏　王　楝妻陳氏

王永清妻張氏　王朝宗妻樓氏　王禹成妻趙氏

王　賓妻章氏　生員王紹海妻樓氏　王全和妻朱氏

王爾然妻樓氏　王廷桂妻樓氏　王鳳鼎妻趙氏

監生王新甫繼妻孟氏　王載光妻蔣氏　王載邦妻蔣氏

王其貴妻吳氏　王宇來妻孫氏　王法貴妻許氏

王用和妻酈氏　王友義妻毛氏　王君義妻毛氏
王瑞南妻楊氏　王汝文妻馬氏　王文煥妻沈氏
王文豪妻楊氏　王紹明妻楊氏　王宗相妻吳氏
孝王經朋妻壽氏　監生王國安妻陳氏　王世豐妻何氏
監生王廷訪妻周氏　王高邱妻楊氏　王一沖妻邊氏
王卜世妻周氏　王一玾妻趙氏　王世元妻壽氏
王以全妻程氏　王一宏妻邊氏　王一亨妻壽氏
王維茂妻趙氏　王永千妻壽氏　王高人妻何氏
王高壽妻吳氏　王之璠妻邵氏　王士禮妻邊氏
王國霖妻石氏　王德昭妻壽氏有傳　王作霖妻繼周氏
王瑞彪妻壽氏　王雲泰妻周氏　王紹圻妻宣氏
王忠林妻何氏　王兆杆妻宣氏　王日盛妻葉氏

王武功妻何氏　王仁國妻陳氏　王春林妻周氏
王顯善妻酈氏　王采官妻居氏　王陞達妻石氏
王爾炳妻余氏　王國華妻蔡氏　王君達妻趙氏
王高岳妻宣氏　王丙國妻葉氏　王守漢妻黄氏
王祖美妻黄氏　王名慶妻吳氏　王元賢妻周氏
王明德妻虞氏　王學廣妻馮氏　王冬旺妻許氏
王鶴榮妻袁氏　王宏楨妻張氏　王嘉猷妻趙氏
王其祥妻周氏　王達道妻酈氏　王亦廉妻陳氏
王光宗妻陳氏　王念恩妻嚴氏　王念浩妻胡氏
監生王春臺妻陳氏　監生王春霆妻周氏　王壬水妻何氏
王國佑妻阮氏　王維豐妻馮氏　王迎燔妻潘氏
王維里妻朱氏　王一經妻邵氏　王安霖妻包氏

王錫聰妻陳氏 王連清妻潘氏 王連繇妻虞氏
王配良妻姚氏 王泰豐妻何氏 王永富妻俞氏
王國勳妻陳氏 王家仁妻余氏 王靈鳳妻何氏
王大受妻馮氏 王軾鈴妻陳氏 王衞賢妻吳氏
生員王之玉妻章氏 王金官妻蔣氏 烈王龍泉妻陳氏有傳
王懋淋妻陳氏 王霞旦妻錢氏 王大千妻杜氏
王士英妻何氏 王　洪妻朱氏 王憲邦妻魏氏
監生王靈傑妻嚴氏 生員王言則妻蔣氏 王言尚妻錢氏
王　玠妻何氏 王　鉉妻張氏 王象標妻葛氏
王繼康妻章氏 王　輅妻陳氏 王悅賢妻錢氏
王大成妻陳氏 王紹瑞妻吳氏 王潘松妻潘氏
王　椿妻陳氏 王世烈妻潘氏 王茂發妻徐氏

王奎文妻孫氏
王世禮妻壽氏
王載興妻魏氏
王觀瀚妻俞氏
王繼廣妻馮氏
王玉堂妻錢氏
王肇旭妻錢氏
王殿臣妻壽氏
王邦龍妻佘氏
王立言妻黃氏
王金玉妻石氏
烈王其兆妻楊氏

王祥元妻吳氏
王中倫妻阮氏
王有慶妻趙氏
王觀河妻李氏
王長林妻石氏
王永昌妻壽氏
王永盛妻傅氏
王紹虞妻何氏
烈王連官妻方氏
王天錫妻章氏
王文潤妻孟氏
王成周妻壽氏

王大孝妻張氏
王中遠妻傅氏
王有識妻朱氏
王君選妻柴氏
王陳興妻趙氏
王永安妻方氏
王金聲妻李氏
王邦憲妻李氏
王一品妻章氏
王鵬豪妻祝氏
王漢嘉妻李氏
王作屏妻楊氏

王世璜妻張氏
王烈然妻賈氏
王鴻鈞妻樓氏
王謀聰妻陳氏
王安廷妻徐氏
王益昌妻何氏
王其福妻莊氏
王榮英妻郭氏
王家鴻妻何氏
王占鼇妻壽氏
王耀誠妻蔣氏
王文侯妻趙氏

監生王湘泉妻朱氏
王宗友妻何氏
王良聰妻周氏
王兆杰妻陳氏
王素秀妻酈氏
王國元妻郭氏
王之誥妻馬氏
王廷淇妻趙氏
王春堂妻吳氏
議敘王休風妻趙氏
王茂松妻何氏
王祖典妻袁氏

王維輝妻樓氏
王元聰妻蔣氏
王浚聰妻郭氏
王文駒妻趙氏
王恆域妻趙氏
王南品妻楊氏
王漢本妻樓氏
王蘭桂妻趙氏
王維全妻姚氏
王爲賢妻姚氏
王文廉妻方氏
王春融妻陳氏

王念臣妻宣氏
生員王傳詔妻陳氏
王安枋妻駱氏
王紹高妻陳氏
王志相妻徐氏
王趙全妻朱氏
王聖彩妻柴氏
王九甸妻湯氏
王昌富妻阮氏
王永申妻俞氏
王　倫妻詹氏
王國賓妾孔氏

王治海妻何氏
王連文妻潘氏
王錫山妻詹氏
王紹遠妻陳氏
王夢鯉妻袁氏
王繼鳳妻謝氏
王元亨妻田氏
王芳第妻駱氏
王啟瑞妻壽氏
王寶華妻金氏
王全和妻朱氏
王兆聘妻宣氏

王月培妻宣氏
王錫旦繼妻章氏
監生王作梅妻張氏
王之梅妻傅氏
王琴臺妻蔣氏
王龍品妻傅氏
王延祚妻鄭氏
王錦儒妻邵氏
王可渭妻姚氏
王汝玉妻石氏
王啟豐妻郭氏
王祥發妻韓氏

監生王宗珸妻馮氏　王宗寶妻陳氏　王廷昌繼妻周氏有傳

王大觀妻邊氏有傳　王良賓妻盛氏　王月光妻馮氏

王元賛妻周氏　王家光妻馮氏　王文啟妻周氏

王士槐妻蔡氏　王長貴妻盧氏　王元亨妻田氏

王魁先妻董氏　王　梧妻石氏　王維桓妻潘氏

王之楫妻趙氏　王維慶妻石氏　王元龍妻楊氏

王朝佑妻章氏　王連蘭妻張氏

方

方爾棟妻樓氏　方承昌妻俞氏　生員方　珩妻陳氏

方文獬妻張氏　方夢蘭妻石氏　方兆祖妻蔣氏

方　焙妻楊氏　方長元妻王氏　方維信妻俞氏

方福長妻章氏　方　珪妻章氏　方秀發妻傅氏

方正榮妻章氏　方　炌繼妻俞氏　方瑞清妻王氏

方珠盛妻祝氏　方瑞浩妻樓氏　貢生方維楫妻繼石氏

監生方敬川妻周氏　方洪錫妻戴氏　方仲桂妻徐氏

方美穀妻沈氏　方一本妻壽氏　方成材妻壽氏

方日璉妻余氏　方萬郁妻何氏　方志文妻徐氏

方一鳴妻傅氏　方志林妻王氏　方文韶妻湯氏

方遐壽妻繼錢氏　方其駿妻張氏　方一元妻趙氏

方元泮妻郭氏　方士清妻傅氏　方甲芳妻余氏

方渭功妻繼沈氏　方　鮮妻酈氏　方興法妻壽氏

方應運妻壽氏　方石澗妻湯氏　方調梅妻王氏

方同李妻錢氏　方乾剛妻鄭氏　方文治妻鄭氏

方文照妻鄭氏　方源泰妻趙氏　方廷奎妻郭氏

方乾隆妻繼張氏　方富仁妻虞氏　方松齡妻徐氏

方朝相妻周氏　方　純妻俞氏　方瑞長妻黃氏

方芝蘭妻蔣氏　方三錫妻許氏　方鼎銘妻李氏

方洪麟妻傅氏　方學倫妻丁氏　方元典妻俞氏

方宗聖妻俞氏　方　敞妻俞氏　方　亹妻趙氏

方叔涖妻章氏　方元美妻張氏　方宗灝妻沈氏

方學勤妻孫氏　方兆泗妻俞氏　方　縉妻葛氏

方宗洛妻俞氏　方良貴妻毛氏　方學千妻陳氏

方孟宗妻傅氏　方志雄妻章氏　方鑑寶妻陳氏

方邦先妻何氏　方念英妻俞氏　烈方玉相妻蔣氏有傳

孝方士行妻郭氏　方　溥妻孫氏　方天祐妻李氏

方殿熙妻沈氏　方　哲妻孟氏　方麟書繼妻俞氏

方元和妻石氏　方瑞宗妻傅氏　方宗浩妻應氏

方蔭檀妻陳氏　方增彥妻孫氏　方觀旭妾王氏
方玉連妻黃氏　方維梓妻周氏　烈方日琴妻李氏有傳
方友祥妻呂氏　方香川妻郭氏　方維松妻郭氏
方錢魁妻傅氏　方一飛妻陳氏　方金鏔妻黃氏
方乾元妻趙氏　方谷芳妻石氏　方元淮妻梁氏
方順發妻趙氏　方有堂妻駱氏　方本富妻蔣氏
方約禮妻俞氏　方應高妻蔣氏　方兆祖妻蔣氏
方志榮妻張氏　方殿燦妻樓氏　方若驥妻徐氏
方宗舜妻俞氏　方長仁妻章氏　方錫元妻張氏

梁

梁天璋妻蔡氏　梁琨一妻酈氏　梁增裕妻馮氏
梁乾學妻陳氏　梁　鈞妻趙氏

莊

莊仁學妻周氏

黃　黃文尚妻駱氏　孝黃居怡妻郭氏有傳　黃敏公妻馮氏

黃敏賢妻田氏　黃京選妻駱氏　黃祖福妻趙氏

黃全錄妻王氏　孝黃必魁聘妻何氏有傳　烈黃姚氏元琮女

貞黃氏璜山女　黃鼎元妻何氏有傳　黃南維妻何氏有傳

黃嵩繼妻王氏　黃文儀妻郭氏　黃永昌妻戚氏

黃朝昌妻章氏　黃淇秀妻孫氏　黃徽妻趙氏

黃兆泰妻朱氏　黃章妻陳氏　黃燦妻何氏

黃思聰妻郭氏　黃荷妻王氏　黃志學妻傅氏

黃翼鶴妻壽氏　黃玉麟妻斯氏　黃開成妻傅氏

黃光輝妻李氏　黃焯妻石氏　黃肇瑞妻宣氏

黃炬妻沈氏　黃朝進妻章氏　黃翼鴻妻何氏

黃彭年妻俞氏　黃大昌妻鍾氏　黃允遴妻俞氏

黄必榮妻馮氏　黄　錡妻張氏　理問黄奕南妻錢氏妾沈氏

職員黄錫麟妻錢氏　職員黄錫麟妾王孫氏　黄仲迎妻陳氏

黄鳳麟妻樓氏　黄邦達妻徐氏　黄日棣妻趙氏

黄瑞樑妻王氏　黄聖濤妻何氏　監生黄　柚妻陳氏

黄文照妻孫氏　貞女黄國元聘妻郭氏　黄應穗妻趙氏

黄宏美妻楊氏　黄孝祖妻吳氏　黄承玉妻傅氏

黄燦玉妻劉氏　黄廷賢妻蔡氏　黄光璣妻斯氏

黄江源妻趙氏　黄　剛妻斯氏　黄祥芳妻周氏

黄其驤妻酈氏　黄雲程妻金氏　黄希賢妻呂氏

黄光華妻姚氏　黄海石妻蔣氏　黄秉魯妻樓氏

黄　建妻袁氏　黄以位妻楊氏　黄禹甸妻蔡氏

黄江潮妻陳氏　黄雲裳妻翁氏　黄天源妻俞氏

黃可兌妻馮氏
黃靖遠妻沈氏
武生黃朝俊妻呂氏
黃三曜妻袁氏
黃大釗妻蔡氏
黃紹唐妻張氏
武舉黃廷泰妻盧氏
黃秉鈞妻傅氏
黃連偉妻吳氏
黃國朝妻許氏
黃克己妻徐氏
黃履吉妻徐氏

黃元傑妻呂氏
黃承富妻翁氏
黃高彩妻陳氏
黃宗漢妻王氏
黃文尚妻駱氏
黃三英妻呂氏
黃家全妻馬氏
黃之寅妻茅氏
黃以昇妻朱氏
黃以玲妻斯氏
黃高清妻傅氏
黃啟壽妻陳氏

黃錦鯉妻金氏
武生黃萬清妻孫氏
黃海鶴妻朱氏
黃南山妻郭氏
黃夏聲妻陳氏
黃松鶴妻許氏
黃金珏妻楊氏
黃彩雲妻俞氏
黃東江妻嚴氏
黃文炘妻蔣氏
黃炳如妻徐氏
黃維聰妻鍾氏

黃德元妻王氏　黃大治妻趙氏　黃聖濤妻楊氏
黃季文妻陳氏有傳　黃　相妻周氏　黃廷材妻馮氏
黃　愷妻姚氏　黃朝友妻吳氏　黃　柄妻邵氏
黃端生妻周氏　黃　炆妻馮氏　黃　照妻姚氏
黃元亨妻吳氏　黃祖淼妻斯氏　黃啟豐妻郭氏
黃元林妻郭氏　黃望高妻蔣氏　黃元吉妻壽氏
黃麒康妻郭氏　黃元統妻孫氏　黃又霖妻王氏
黃善修妻王氏　監生黃上宣妻何氏　黃維賢妻毛氏
黃佳豪妻胡氏　黃介端妻金氏　黃翊庭妻張氏
黃魁元妻徐氏　黃廷諫妻周氏　黃廣祖妻嚴氏
黃天瑞妻章氏　黃永達妻朱氏　黃誠久妻趙氏
黃敏士妻駱氏　黃崇山妻何氏　監生黃長松妻姚氏

黃炳炎妻壽氏　黃可顯妻壽氏　黃日槐妻陳氏
黃祚寶妻馬氏　黃輝堂妻戚氏　黃丹鳳妻袁氏
黃文中妻章氏　黃宏志妻郭氏　黃邦祥妻王氏
黃德照妻樓氏　黃恆岳妻趙氏　黃高林妻鄭氏
黃永昌妻樓氏　黃崇德妻周氏　黃國安妻樓氏
黃廷璐妻趙氏　黃聯岳妻蔡氏　黃希禮妻鍾氏
黃庭梅妻吳氏　黃　硯妻鄒氏　黃　碧妻樓氏
黃日潤妻周氏　黃家修妻蔡氏　黃東坦妻楊氏
黃　錦妻王氏　黃玉衡妻斯氏　黃岷山妻趙氏
黃　煦妻趙氏　黃宏達妻許氏　黃清標妻周氏
黃日漣妻徐氏　黃海堯妻徐氏　黃毓珍妻蔣氏
黃允清妻許氏　黃寶欽妻斯氏　黃元良妻蔡氏

黃桂福妻陳氏　黃佳才妻嚴氏　黃與康妻斯氏

監生黃遷軾妻鍾氏　黃儒孝妻李氏　黃遷輅妻金氏

監生黃遷震妻徐氏　黃致義妻王氏　黃明宋繼妻駱氏

黃沖官妻俞氏　黃見濤妻陳氏　黃茂水妻吳氏

黃廷相妻鄭氏　黃芳立妻鄭氏　黃宇吉妻斯氏

黃昌情妻周氏　黃煒文妻酈氏　黃　銜妻卓氏

黃位生妻姚氏　黃汝涓妻蔣氏　黃茂春妻陳氏

黃賢興妻孫氏　黃元成妻周氏　黃志和妻郭氏

烈黃克貴妻許氏　黃昌善妻趙氏　黃恩相妻李氏

黃柏榮妻孫氏　貞黃氏天序季女有傳　黃元鑑妻趙氏

黃家發妻王氏　黃岳富妻孫氏　黃含章妻楊氏

黃學豪妻鄭氏　黃南書妻徐氏　黃信陵妻陳氏

黃震三妻毛氏　黃法耀妻邵氏　黃燦玉妻劉氏
黃全祿妻王氏　黃復璟妻毛氏　烈黃維和妻郭氏
烈黃芝三妻陳氏　黃以位妻楊氏　貞黃氏雙巖女
黃繼繕妻陳氏

唐

唐子泰妻陳氏　唐大茂妻趙氏

湯

湯嘉禾妻陳氏　湯兆豐妻石氏　湯啟英妻王氏
湯元璡妻陳氏　湯永晟妻傅氏　湯成佐妻王氏
湯有來妻楊氏　湯聲聞妻酈氏　湯貞鼎妻徐氏
湯兆烈妻錢氏　湯克芳妻趙氏　湯構妻倪氏
湯兆佩妻俞氏　湯鑑妻王氏　孝湯晉臣妻壽氏
湯開順妻郭氏　湯宣東妻謝氏　生員湯朝萊妻王氏
湯嘉賓妻阮氏　湯一滔妻張氏　湯瑨妻陳氏

湯宏鐵妻方氏　湯宗禹妻郭氏　湯宏佐妻余氏
湯　豹妻錢氏　湯聖鑑妻方氏　湯兆彪妻蔣氏
湯國華妻俞氏　湯富敎妻黄氏　湯作聖妻史氏
湯其洪妻惠氏　湯錫勇妻趙氏　湯　聘妾魏氏
湯治國妻王氏　湯　濬妻陳氏　湯有燦妻方氏
湯華玉妻陳氏　湯其洪妻惠氏　湯孝緒妻方氏

汪

汪洪烈妻方氏　汪益大妻姚氏　汪祝相妻郭氏

程

程光文妻何氏　烈程赤城妻馮氏有傳　程廷高妻樓氏

丁

丁殿傒妻楊氏　丁學傳妻方氏　丁樹基妻鄺氏
丁明書妻金氏　丁東文妻章氏　丁南文妻蔣氏
丁　榕妻楊氏　丁君柱妻應氏　丁富皓妻楊氏
丁君全妻樓氏　丁紹龍妻陳氏　丁國法妻李氏

丁國安妻王氏　丁肇成妻何氏　丁天瑞妻胡氏

浚

浚漢華妻袁氏

應

貞應太十八三聘妻楊氏有傳　應礐妻陳氏　應含章妻孟氏

應光圭妻王氏　應大有妻陳氏　應之蘢妻孟氏

應章泰妻趙氏　應宗璦妻俞氏有傳　應日旦妻蔣氏

應殿邦妻樓氏　應林妻方氏　應桄妻俞氏

應學易妻蔣氏　應犖妻方氏有傳　應炘妻酈氏

應作礪妻徐氏　應作模妻楊氏　應作梅妻余氏

應棻妻戴氏　應國嘉妻俞氏　應尚友妻俞氏

應集三妻俞氏　應士奎妻錢氏　應益三妻任氏

監生應燦妻樓氏　應森妻徐氏　應烻妻章氏

應經妻孟氏　應鑰妻葛氏　應元澄妻楊氏

應邦相妻蔣氏　應　熙妻戴氏　應　煨妻楊氏
應　然妻蔣氏　應其潮妻蔣氏　生員應錦銓繼妻俞氏
應伯鈞妻方氏　應元聖妻孟氏　應禹川妻章氏
應廷玉妻劉氏　應森楨妻胡氏　應元建繼妻章氏
應元源妻蔣氏　應梁寶妻趙氏　應吉士妻陳氏
應德言妻陳氏　應尚章妻孟氏　應俊生妻孟氏有傳
應汝慶妻方氏有傳　應禹梁妻郭氏　應　垣妻蔣氏
應傳興妻陳氏　應光培妻樓氏　應敵泰妻趙氏
應汝愷妻俞氏有傳　應秉鑑妻俞氏　應金生妻章氏

劉

劉之美妻吳氏　劉　獻妻楊氏　劉天彰妻蔡氏
劉大濩妻陳氏　劉　琪妻孫氏　監生劉大奎妻楊氏
劉兆熊妻戚氏　劉永順妻章氏　劉君賢繼妻湯氏

劉日華妻陳氏　劉家鳳妻李氏　劉衡玉妾王氏

劉銳玉妻周氏　劉文昌妻章氏　劉世兆妻陸氏

劉配岳妻鍾氏　劉光昱妻徐氏　劉文楷妻方氏

劉克紹妻陳氏　劉宏富妻石氏　劉以成妻周氏

劉以聰妻張氏　監生劉羽儀妻鍾氏　劉謂田妻丁氏

劉始旦妻陳氏　劉日昇妻張氏　劉　暄妻樓氏

劉靜瀾妻蔣氏　劉中禮妻章氏　劉　淋妻張氏

劉貢玉繼妻陳氏　劉士炌妻張氏　劉際春妻方氏

劉章水妻楊氏　貞劉性友聘妻章氏有傳　劉宗元妻田氏

劉日渟妻丁氏　劉宗禹妻趙氏　劉　相妻楊氏

劉　倬妻蔡氏　劉　旭妻陳氏　劉　升妻張氏

劉　昱妻樓氏　劉恩敬妻傅氏　劉岳林妻金氏

劉兆熊妻戚氏　劉君賢妻湯氏　劉祖期妻陳氏
劉湯樂妻陳氏　劉　儒妻方氏　監生劉大全妻楊氏
劉　渟妻蔣氏　劉雲興妻湯氏　劉際會妻丁氏

周

周本蔡妻趙氏有傳　周之德妻柴氏　周一鼎妻宣氏
周道隆妻陳氏　周　淵妻黃氏　周　炳妻楊氏
周　桓妻金氏　周遇暲妻戚氏有傳　周魁先妻徐氏
周祚明妻許氏　周鳳階妻酈氏　周乾圭妻斯氏
周俟聘妻趙氏　周高埥妻俞氏　周高舉妻張氏
周應復妻徐氏　周學易妻章氏　周文韜妻樓氏
周維一妻蔣氏　周啟炎妻黃氏　周維友妻鄭氏
周開泰妻趙氏　周錦行妻曹氏　周君顯妻郘氏妾張氏
周象宏妻馬氏　周祚炯妻蔣氏　巡檢周祚照妻王氏

周宗裕妻石氏　周元琪妻吳氏　周之恆妻趙氏

周明宏妻何氏　周大瑞妻張氏　周殿賢妻陳氏

周殿蓀妻張氏　烈周士亨妻陳氏有傳　周元士妻楊氏有傳

周鳳潛妻酈氏　周廷穀妻趙氏　周惠本妻魏氏

孝壁周殿祿妻孟氏　周遺腹妻楊氏　周　梅妻姚氏

周君升妻樓氏　周杏哲妻王氏　孝周　監妻楊氏

周　傳妻黃氏　周維聰妻張氏　周紹燕妻王氏

周國正妻郭氏　周繼裕繼妻劉氏　周予銓妻趙氏

周迎泰妻趙氏　周啟海妻孫氏　周啟潮妻趙氏

周大德妻楊氏　周闇然妻楊氏　周殿英妻金氏

周秉常妻趙氏　周乾綱妻湯氏　周舒安妻楊氏

周漢才妻葉氏　周渭濱妻孟氏　周允燕妻朱氏

監生周　槐妻陳氏　周履旋妻趙氏　周　旋妻金氏
周永昌妻胡氏　周殿輪妻酈氏　周源泮妻徐氏
周源潮妻劉氏　周佩玖妻朱氏　周元愷妻盧氏
周正位妻楊氏　周體安妻郭氏　周國傳妻陳氏
周廷魁妻孫氏　周志夔妻朱氏　周卜昌妻邊氏
周祿安妻楊氏　周元俊妻張氏　周家楨妻楊氏
周有法妻楊氏　周家獻妻趙氏　周家祥妻楊氏
周卜煒妻楊氏　周家善妻朱氏　周建治妻楊氏
周爾佳妻朱氏　周簡才妻宗氏　周來士妻孟氏
周家益妻侯氏　周　紵妻袁氏　副貢周　桐妾王氏
周　恩妻黃氏　孝周二尚妻楊氏　周宗許妻孟氏
監生周　梱妻余妾傅氏　監生周炳奎繼妻何氏　生員周炳章妻樓氏

職員周恢緒妻楊氏
監生周奎聚妻楊氏
周大生妻戴氏
周炎生妻趙氏
周乃裕妻趙氏
周奎列妻傅氏
周筠生妻趙氏
例貢周增慶妻俞氏
周清鑑妻戚氏
周資曙妻許氏
周封五妻鍾氏
周福全妻顧氏

監生周恂繼妻姚氏
周寶齡妻蔣氏
周裕瑞妻應氏
周芝生妻趙氏
職員周善生妻趙氏
職員周康生妻俞氏
監生周成緒繼妻金氏
周鳳翔妻趙氏
周明元妻趙氏
周覺明妻劉氏
周如龍妻朱氏
周建潮妻何氏

監生周酉生妻戴氏
周賡妻金氏
周朗然妻蔣氏
周夔生妻陳氏
周力堂妻蔣氏
周福元妻侯氏
生員周嶽祺妻郭氏
烈周步瀛妻趙氏
周熙銘妻沈氏
周宗裕妻石氏
周象震妻徐氏
周作斌妻朱氏

周國艮妻胡氏　周應相妻楊氏　周南光妻王氏
周應綬妻許氏　周佑威妻陳氏　周振生妻蔣氏
周元敔妻張氏　周之欽妻施氏　周武韜妻楊氏
周兆琦妻張氏　周景洼妻陳氏　周道青妻楊氏
周之麟妻吳氏　周應宋妻鄭氏　周應棨妻王氏
周緣璡妻壽氏　周公昱妻何氏　周岳成妻蔣氏
周美緣妻鄭氏　周王元妻傅氏　周廸汶妻趙氏
周允戩妻陳氏　周允戩妻何氏　周鼎蓮妻傅氏
周士逸妻王氏　周維垣妻趙氏　周光然妻袁氏
周懷恕妻章氏　周　耷妻何氏　周大魁妻郭氏
周宗麒妻丁氏　周嘉亭妻何氏　周德庶妻何氏
周道南妻何氏　周長發妻王氏　周之經妻朱氏

烈周九明妻陳氏　烈周志昱妾童氏　周應元妻陳氏
周叙祥妻邊氏　周　泰妻壽氏　職員周效文妾蔣氏
周　坎妻陳氏　周志慧繼妻方氏　周志鵬妻酈氏
周昌迪妻徐氏　周平旦妻徐氏　周作山妻何氏
職員周志麟妻陳氏　周允溥妻張氏　周珩祖妻何氏
周上青妻何氏　周上桂繼妻楊氏　周景珩妻曹氏
周玉麟妻蔣氏　周長齡妻邊氏　周士超妻許氏
周桂義妻王氏　周國明妻朱氏　周允潮妻錢氏
周　恆妻何氏　周作謀妻邊氏　周日彥妻吳氏
周佳行妻宣氏　監生周八杲妻樓氏　周昌壽妻樓氏
周育健繼妻楊氏　周文彬妻許氏　烈周聖瑞妻樓氏
周朝熙妻酈氏　周貞本妻俞氏　周方宏妻楊氏

周鳳潛妻酈氏　周德先妻楊氏　周應傳妻樓氏
周承祖妻樓氏　周德超妻張氏　周宗惠妻壽氏
周魯治妻陳氏　生員周大勳妻金氏　周貴寶妻樓氏
周日瑤妻邵氏　周緒雲妻陳氏　周啟楠妻樓氏
周東山妻蔣氏　周崙山妻袁氏　武生周長清妻徐氏
周盛杏妻陳氏　周宗楷妻趙氏　周方慶妻樓氏
周宗發妻張氏　生員周夢傳妻李氏　周鳳寶妻陳氏
周長元妻邊氏　周夢賢妻王氏　周夢祖妻何氏
周國裕妻王氏　周孟元妻沈氏　周淮水妻何氏
周宏毅妻張氏　周　垌妻酈氏　周之釗妻李氏
周佩秀妻田氏　周錫魁妻何氏　周方德妻樓氏
周繼賢妻徐氏　周配元妻楊氏　周茂勳妻郭氏

周忠孝妻黃氏　周奕乾妻斯氏　周　灃妻樓氏
周啟綬妻陳氏　監生周　鈉妻斯氏　周維同妻余氏有傳
周秉誠妻徐氏　周　鉉妾顧氏　監生周　鈉妾鍾氏
周宏階妻王氏　周鼎龍妻郭氏　周士志妻吳氏
周　杲妻鍾氏　周應韶妻鄭氏　周書林妻陳氏
周　根妻趙氏　周本田妻黃氏　周紹富妻胡氏
周　泰妻黃氏　周忠秀妻吳氏　周　理妻戚氏
周　珣妻蔣氏　周允芳妻酈氏　周顯光妻郭氏
周應禔妻楊氏　周應禧妻翁氏　周應祐妻趙氏
周宇基妻戚氏　周懋懿妻陳氏　周宇涵妻蔡氏
周元曦妻郭氏　周元照妻陳氏　周曰明妻陳氏
周鳳鳴妻葛氏　周國賢妻陳氏　周成友妻謝氏

周　湟妻張氏　周金斌繼妻何氏　周懷聖妻壽氏

周　旋妻施氏　周士仁妻金氏　周　遠妻殷氏

周其鹿妻鄭氏　周之楨妻酈氏　舉人周紹淇妻黃氏有傳

烈周錫爵聘妻胡氏有傳　臨大健周燦然妻蔣氏　周咸南妻樓氏

周文煥妻楊氏　周承祥妻趙氏　周駿名妻朱氏

周玉昌妻趙氏　周慕賁妻壽氏　周毓章妻蔣氏

周燿孚妻楊氏　周燿松妻侯氏　周滿寶妻張氏

周克英妻張氏　周家範繼妻楊氏　周殿公妻張氏

周殿英妻金氏　周魯安妻宗氏　周琦珪妻宗氏

周六一妻趙氏　周松鶴妻楊氏　周咸長妻侯氏

周洪海妻楊氏　周傳初妻樓氏　周貢璲妻袁氏

周壎緒妻趙氏　周山齡妻張氏　監生周　樞妻趙氏

周　權繼妻傅氏　周　愼妻趙氏　監生周孫銘妻石氏
監生周孫鉞妻酈氏　職員周　勰妻謝氏　周啟生妻方氏
周　禮妻楊氏　周朝祚妻陳氏　周繼昌妻章氏
鹽大使周端緒妻趙氏　舉人周覲光妻酈氏　周坤元妻顧氏
周潤有妻潘氏　職員周錫齡妻蔡氏　周紀岳妻楊氏
周燿昌妻姚氏　周汝弼妻袁氏　周金和妻張氏
周大春妻壽氏　周元瑞妻余氏　周景濆妻何氏
周懿鼎妻鄭氏　周懿德妻張氏　周宇能妻何氏
周元圖妻陳氏　周學芹妻張氏　周承安妻王氏
周維成妻許氏　周欽禮妻葛氏　周高明妻陳氏
周昌紹妻壽氏　周昌對妻陳氏　周毓春妻何氏
監生周光鑑妻許氏　周茂椿妻馬氏　周茂權妻趙氏

周志銘妻徐氏　周志泳妻陳氏　生員周廷梧妻楊氏
監生周家華妻王氏　周家彥妻許氏　周杏傳妻楊氏
周夢文妻陳氏　周　通妻孫氏　周家發妻陳氏
周子信妻陳氏　周　萃妻何氏　周佩秀妻田氏
周永治妻駱氏　周　超妻蔣氏　周鴻書妻何氏
周金發妻陳氏　周德春妻邊氏　周德文妻陳氏
周德義妻樓氏　周星照妻壽氏　周培漢妻酈氏
周明啟妻陳氏　周伊中妻傅氏　周問聘妻趙氏
周超賢妻蔣氏　周朝永妻宣氏　周吉光妻陳氏
周友善妻王氏　周嘉生妻王氏　周日仁妻楊氏
周爾敬妻何氏　周邦灝妻何氏　周承謨妻馬氏
周曉山妻徐氏　周香山妻徐氏　周啟偒妻樓氏

周江樓妻朱氏 周品三妻許氏 周福康妻樓氏
周信陽妻樓氏 周德先妻王氏 周夢春妻陳氏
周建南妻趙氏 周應玉妻徐氏 周漢鼎妻壽氏
周長仁妻張氏 周欽佩妻陳氏 周春渠妻黃氏
周瑞玉妻黃氏 周五叙妻徐氏 周南介妻斯氏
周青郊妻陳氏 周湨宗妻蔡氏 周禹公妻張氏
周平國妻張氏 周益賢妻蔣氏 周國仁妻趙氏
周鹽臣妻姚氏 周建文妻蔣氏 周杏田妻酈氏
周安定妻宣氏 周國佐妻蔣氏 周雅堅妻黃氏
周文德妻袁氏 周二臨妻陳氏 周應豐妻屠氏
周昱升妻湯氏 周維華妻徐氏 周仁英妻吳氏
周麟傳妻楊氏 周尚連妻王氏 周廷松妻樓氏

周夏九妻陳氏　周應朝妻姚氏　周秉圭妻斯氏
周大宏妻郭氏　周正揚妻張氏　周明聚妻黃氏
周繼光妻徐氏　周耀彩妻袁氏　周秉學妻黃氏
周旺茂妻郭氏　周秉鈞妻馮氏　周　敬妻黃氏
向正耀妻黃氏　周郁文妻陳氏　周元茂妻曹氏
舉人周　樂妻趙氏　周宇軒妻杜氏　周以權妻樓氏
周天禧妻馮氏　周懋勳妻郭氏　周肇虞妻陳氏
周登屺妻陳氏　周位斌妻吳氏　周元謙妻蔡氏
周錦生妻郭氏　生員周萬英妻章氏　周如蓮妻黃氏
周尚義妻黃氏　生員周起雲妻壽氏　周永耀妻魏氏
周鳳亭妻陳氏　周倫全妻虞氏　周岳泰妻王氏
周金曜妻黃氏　周慕烈妻王氏　周啟政妻趙氏

周景行妻潘氏　周誥妻方氏　周金木妻吳氏
周能容妻蔣氏　周彬妻章氏　周懿德妻鄭氏
周秀如妻樓氏　周新命妻樓氏　周兆金妻袁氏
周戚氏裔象望　附貢周夔和繼妻金氏　舉人周顯廷妻郭氏
周榆妻樓氏　周重暎妻郭氏　周素兆妻郭氏
烈周鳳岐妻裘氏　職員周源澄妻楊氏

邱

邱依賚妻夏氏　邱汝貴妻趙氏　邱蘭瑞妻王氏
邱伯玉妻王氏　烈邱甫妻傅氏有傳　邱宗祥妻王氏
邱卜源妻張氏　邱燦若妻錢氏　邱玉佩妻楊氏
邱清仁妻壽氏　邱大典妻陳氏　邱炳耀妻張氏
邱能保妻葉氏

侯

侯啓禽妻陳氏　侯緒生妻陳氏　侯介福妻陳氏

侯春生妻周氏　侯鳳登妻駱氏　侯通書妻孟氏
侯瑞章妻孫氏
樓
樓師忠妻斯氏　樓師寶妻何氏　樓師彰妻陳氏
樓　珏妻錢氏　樓夢熊妻黃氏　樓縣亮妻鄭氏
樓拱壁妻酈氏　樓大華妻章氏　樓文華妻章氏
樓可覩妻酈氏　樓嘉謹妻周氏　樓清宇妻朱氏
生員樓厚榛妻郭氏　樓雲生妻王氏　樓錫璜妻郭氏
樓毓蘭妻王氏　樓光旦妻酈氏　樓子艮妻石氏
樓伯文妻壽氏　樓錦尙妻王氏　樓培本妻魏氏有傳
樓元亮妻鄭氏　樓兆麟妻陳氏　樓廷偉妻姚氏
樓廷宰妻姚氏　樓天秩妻馬氏　樓介若妻徐氏
樓永齡妻徐氏　樓自成妻孫氏　貞樓蒼如聘妻呂氏

樓夢松妻王氏　樓志梧妻何氏　樓岳陽妻張氏
樓邦盛妻金氏　樓宗耀妻吳氏　樓石韞妻郭氏
樓一濱妻沈氏　樓惟生妻孫氏　樓惟瑞妻沈氏
樓　建妻傅氏　樓印角妻孫氏　樓仁朝妻孟氏
樓裕書妻孟氏　樓文萃妻邵氏　樓一鶴妻朱氏
樓宋臣妻俞氏　樓宗學妻吳氏　樓作城妻郭氏
樓金岳妻金氏　樓金琉妻周氏　樓金萬妻陳氏
樓國盈妻周氏　樓可宗妻王氏　樓魯俊妻何氏
樓允煥妻許氏　樓天錫妻葛氏　樓明德妻馬氏
樓夏瑚妻邱氏　樓家泰妻邊氏　樓世元妻郭氏
樓公槐妻許氏　樓殿富妻楊氏　樓行法妻趙氏
樓嘉佐妻許氏　樓應奎妻朱氏　樓靜海妻郭氏

樓啟棟妻王氏　樓麟瑞妻石氏　樓毓茂妻阮氏
樓士魁妻錢氏　樓秉昌妻郭氏　樓大觀妻俞氏
樓元佳妻虞氏　樓夏時妻周氏　樓開元妻羅氏
樓夏祚妻許氏　樓太沖妻趙氏　樓師歆妻馬氏
樓　漸妻周氏　樓國麟妻陳氏　樓文信妻毛氏
樓忠澤妻周氏　樓大受妻趙氏　樓　安妻朱氏
樓朝晨妻徐氏　樓嘉興妻王氏　樓厚業妻吳氏
樓傳綸妻黃氏　樓瑭國妻袁氏　樓　協妻徐氏
樓元正妻蔣氏　樓夢熊妻黃氏　樓國瑞妻周氏
樓楊佩妻鄺氏　樓傳績妻王氏　樓滙水妻周氏
樓琅似妻趙氏　樓家琨妻陳氏　樓方尹妻黃氏
樓東山妻毛氏　樓衍梅妻何氏　樓宗本妻石氏

樓作院妻王氏 樓鵬翊妻宣氏 樓銳庵妻何氏
樓一源妻陳氏 樓以德妻趙氏 樓孟士妻趙氏
樓如玉妻袁氏 樓樹川妻黃氏 樓光彩妻戚氏
樓建國妻徐氏 樓岳寶妻陳氏 烈樓大豐妻黃氏
樓大芳妻錢氏 樓瑞春妻楊氏 樓杞紹妻蔣氏
樓占魁妻郭氏 樓榮朝妻謝氏 樓光奇妻周氏
樓伊沂妻陳氏 樓象琛妻傅氏 樓象格繼妻宣氏
樓士先妻王氏 樓尚鎬妻魯氏 樓克長妻陳氏
樓汝廣妻駱氏 樓德裕妻何氏 樓八士妻錢氏
樓欽授妻謝氏 樓　杠妻黃氏 樓應鳳妻趙氏
樓岸吟妻楊氏 貞樓鳳翽聘妻潘氏有傳 樓瑞東妻陳氏
孝樓建陽妻阮氏有傳 樓維則妻陳氏 樓御典妻何氏

烈樓伊功妻周氏有傳　樓伊相妻孫氏　樓伊玉妻郭氏

樓仲寅妻孟氏　樓惠義妻楊氏　樓宏俊妻姚氏

樓鼎富妻孟氏　樓金榜妻鍾氏　烈樓壘林聘妻朱氏有傳

樓吉祥妻馬氏　樓鳳九妻趙氏　樓志潮妻蔣氏

樓艮書妻何氏　樓耀琳妻趙氏　樓夏元妻黃氏

樓光朝妻鄺氏　樓殿梁妻許氏　樓　憲妻何氏

樓邦禮妻邱氏　樓瑞麟妻趙氏　樓厚杉妻徐氏

樓憲元妻許氏　樓光煜妻周氏　監生樓作繩妻趙氏

樓廣夏妻宣氏　樓家瑾妻何氏　樓鶴沖妻陳氏

樓慶華妻許氏　樓叙九妻趙氏　樓富南妻楊氏

樓兌官妻俞氏　武舉樓　升妻王氏　樓作壕妻周氏

樓思誠妻許氏　生員樓　宸妻斯氏　樓作棫妻何氏

樓錦昇妻朱氏 樓東潮妻趙氏 樓德榮妻壽氏
樓榮官妻廖氏 樓敵潮妻宣氏 樓丙賢妻蔣氏
樓占鼇妻陳氏 樓學惠妻王氏 樓　涫妻余氏
樓伯昌妻錢氏 樓大英妻金氏 樓公燦妻陳氏
樓海山妻陳氏 樓夢槐妻蔣氏 樓學禮妻許氏
樓邦興妻王氏 樓思恆妻陳氏 樓仲遷妻章氏
樓賢助妻湯氏 樓瑞華妻陳氏 樓王佐妻何氏
樓延祚妻繼湯氏 樓又庚妻鄭氏 樓紹閭妻何氏
樓杏垂妻陳氏 樓伯奇妻駱氏 樓聖祥妻丁氏
樓大易妻劉氏 樓錫瓚妻陳氏 樓毓秀妻毛氏
樓日賓妻陳氏 烈樓文聰妻何氏有傳 樓應鳳妻趙氏
樓鳳儀妻趙氏 孝樓文博妻湯氏 樓日林妻鄭氏

樓廷璽妻丁氏　樓廷宰妻姚氏　樓酈氏裔瑞垣

樓瞻淇妻陳氏　生員樓咨光妻毛氏　樓魏氏裔嶽如

樓吉琴妻徐氏　生員樓杞東妻張氏　孝樓[illegible]聘妻鄭氏有傳

金

金　璧繼妻鍾氏　金嘉文妻趙氏　金武屏妻酈氏

金汝煥妻錢氏　金鶴書妻蔣氏　金玉潤妻王氏

金堯章妻李氏　金佩玉妻何氏　金魯望妻石氏

金宣音妻陳氏　金友俊妻楊氏　金元梁妻楊氏

金廷相妻沈氏　金兆祥妻朱氏　金　焯妻郭氏

烈金子俊妻廖氏有傳　金君佐妻鍾氏有傳　金守德妻徐氏

金君錫妻酈氏　金　璐妻馬氏　金康遠妻何氏

生員金　鏞妻蔣氏　金倪信妻徐氏　貞金宗鶴聘妻姚氏有傳

金文嫌妻朱氏　金　鼇妻酈氏　金克昌妻蔣氏

貞 金槎聘妻袁氏有傳　金克官妻徐氏　金文明妻鄺氏
金元甲妻戴氏　金賦琳妻李氏　金瑞珍妻魯氏
金肯堂妻朱氏　金芝階妻石氏　金孟貴妻湯氏
金字耑妻阮氏　金元相妻樊氏　金夢蛟妻朱氏
金生聰妻翁氏　金元浩繼妻呂氏　金繼順妻聞氏
金道生妻陳氏　金殿宰妻樓氏　金樹榛妻樓氏
金國標妻戚氏　烈 金文華妻楊氏　金樹采妻駱氏
金毓道妻楊氏　金邦贊妻馮氏　金樹梓妻章氏
金維塏妻蔣氏　知府 金樹本妾王氏　監生 金樹颿妾周氏
監生 金芳藻繼妻戴氏　烈 金孝基妻趙氏　生員 金文煥繼妻馬氏
烈 金慶基妻周氏　金朝陽妻傅氏　金廷鳳妻陳氏
金掄章妻鍾氏　金正全妻趙氏　金永昌妻何氏

金茂相妻魏氏　金茂泰妻何氏　孝金聖誠妻趙氏
金茂杞妻陳氏　金聖韶妻何氏　金聖裕繼妻謝氏
金雲鶩妻樓氏　金鳴九妻郭氏　金長春妻阮氏
監生金聖郊妻何氏　金魯珍妻石氏　金楚才妻陶氏
金來福妻裘氏　金維貴妻阮氏　金會瀾妻顧氏
烈金天章妻王氏有傳　金學相妻阮氏　金何盛妻錢氏
金羅松妻王氏　金昌榮妻袁氏　金萬巖妻鄭氏
金維森妻俞氏　金鼎文妻倪氏　金肇會妻吳氏
金陞官繼妻袁氏　金韶音妻酈氏　金立如妻郭氏
生員金芳齡妻陳氏　金孔傳妻翁氏　金中虛妻蔣氏
武生金維堅妻顧氏　金聖麟妻王氏　生員金　章妻鍾氏
金臨汝妻戴氏　金　璠妻石氏　金舜華妻朱氏

金廣用妻楊氏　金富齡妻楊氏　監生金柏田妻駱氏
金熤繼妻方氏　金光鐙妻樓氏　金熊妻周氏
金之猷妻周氏　金潮奎妻祝氏　金以永妻翁氏
金希良妻黃氏　金荷青妻樓氏　金桂芳妻周氏
金興華妻徐氏　金應諧妻馮氏　金正逵妻樓氏
金正友妻張氏　金安華妻高氏　金允祥妻姚氏
金格雲妻王氏　金松妻屠氏　金掄瑜妻顧氏
金起杲繼妻何氏　金茂萱妻虞氏　監生金永祥妻郭氏
金聖功繼妻徐氏　金聖揆妻周氏　金起華妻蔣氏
金運高妻蔣氏　金國昌妻沈氏　金起晃妻陳氏
金聖達繼妻何氏　金聖慧妻何氏　金維太妻姚氏
金木青繼妻俞氏　金廷選妻傅氏　金光耿妻袁氏

金克容妻祝氏　金毓鶴妻郭氏　金玫繼妻倪氏

任

任御九妻詹氏　任永義妻嚴氏　任朝政妻陳氏

任朝品妻嚴氏烈　任恤官妻何氏　任有成妻陳氏有傳

任國宰妻吳氏有傳　任之林妻周氏有傳　任建寅妻樓氏

任邦畿繼妻詹氏　任永芳妻傅氏　任章明妻方氏

嚴

嚴以仁妻俞氏　嚴國祥妻周氏　嚴高翥妻馮氏

嚴富英妻吳氏　嚴靈海妻樓氏　嚴國全妻邵氏

嚴文新妻黃氏　嚴克溫妻趙氏　嚴美仁妻樓氏

詹

詹有義妻趙氏　詹應星妻杜氏　詹應顯妻何氏

詹四臣妻何氏　詹定宇妻馮氏　詹元佐妻馮氏

詹瑞芝妻趙氏　詹紹傳妻蔣氏　詹邦範妻虞氏

詹偉業妻何氏　詹象春妻錢氏　詹兆霖妻黃氏

生員詹禮緯妻虞氏　詹日桂妻孫氏　監生詹楚堂妻陳氏
詹秀林妻阮氏　詹錫成繼妻譚氏　詹傳貴妻陳氏
詹乾元妻孫氏　詹俞發妻魏氏

孔

孔廣珩妻楊氏

史

烈史以瀾妻俞氏　史瑞芳妻馮氏　史汝梁妻章氏
史宗文妻馮氏　史廉士妻潘氏　史竹茂妻俞氏
史士揚妻石氏　史瑞東妻馮氏　史瑞秀繼妻張氏
貞史天縱聘妻金氏

李

李　通妻王氏有傳　李　遠妻阮氏有傳　李天章妻周氏
李　愷妻俞氏　李大受妻趙氏　李世逵妻周氏
李茂松妻方氏　監生李世榮妻陳氏　生員李承璐妻郭氏
李承瑚妻姚氏　監生李承璇繼妻黃氏　李承鈺妻孫氏

李芳聲妻宋氏　李鼇書妻趙氏　李士芳妻張氏
李正建妻吳氏　李吉昂妻袁氏　李克維妻姚氏
李大山妻俞氏　李吉君妻俞氏　李上瓊妻郭氏
李上瑜妻郭氏　李天如妻何氏　李宗彭妻王氏
李國楹妻盧氏　李成錦妻錢氏　孝李孝女李大女
李大廣妻徐氏　李祝林妻顧氏　李周林妻阮氏
李德懋妻陳氏　李　岳妻祝氏　李一麟妻朱氏
李秀儒妻馬氏　李瑞國妻石氏　李光祚妻鄭氏
李一品妻趙氏　李國泰妻俞氏　李永福繼妻楊氏
李克孝妻楊氏　李文燦妻柴氏　李成法妻黃氏
李烜奎妻陳氏　李左謙妻趙氏　李華章妻陳氏
李蘭友妻趙氏　李光裕妻鄭氏　李敬祥妻方氏

李茂松妻方氏

呂

呂元鎮妻傅氏　貞呂貞女六奴　呂毓祥妻王氏

呂伯和妻鄺氏　呂聖謨妻樓氏　呂宏昌妻金氏

呂渭玉妻俞氏　呂觀光妻張氏　呂華庭妻陳氏

呂國祥妻壽氏　呂海招妻吳氏　呂華芳妻蔡氏

呂宏遠妻黃氏　烈呂啟人妻章氏　呂春夏妻孟氏

呂啟英妻樓氏　呂文運妻壽氏　呂起元妻俞氏

呂光斗妻沈氏　呂鳳儀妻趙氏　呂洪文妻徐氏

呂宏炳妻蔡氏　呂宏達妻張氏　貞呂邦元聘妻陳氏

呂瑞麟妻傅氏　呂傳聲妻章氏　呂觀宏妻謝氏

呂祝文妻俞氏　呂育萬妻樓氏　呂文通妻章氏

呂大茂妻何氏　呂文逑妻壽氏　呂世元妻俞氏

呂春和妻謝氏　呂大順妻樓氏　呂紹玉妻俞氏

呂子揚妻史氏　呂瑞茂妻張氏　呂繼朝妻鄭氏

呂蘭臯妻陳氏　呂聖祥妻傅氏　呂如恆妻蔡氏

呂如昇妻黄氏　呂春華妻孟氏　呂清安妻黄氏

呂宏炳妻翁氏　呂元璧妻張氏　武舉呂大坊妻壽氏

呂光表妻蔡氏　呂邦珍妻徐氏　呂嘉謀妻金氏

呂廷棟妻黄氏　呂遠海妻張氏　呂周庠妻徐氏

呂佳誥妻陳氏　呂嘉談妻鄭氏　呂壽氏裔大鵬

呂　陳　氏

許

許　釁妻壽氏　許　賢妻張氏　許元均妻徐氏

許詠泮妻俞氏　許欽照妻趙氏　許儀一妻俞氏

許天佑妻壽氏　許汝鎮妻壽氏　許世圓妻趙氏

許維霖妻何氏
許嵩齡妻樓氏
許士字妻周氏
許國信妻趙氏
許恆本妻何氏
許有文妻趙氏
許邦寶妻李氏
許鑑定妻周氏
許文永妻周氏
許曰新妻趙氏
許　本妻趙氏
許鼎燦妻斯氏
許廷夢妻張氏
許殿選妻張氏
許素榮妻俞氏
許鼎永妻余氏
許家駰妾孫氏
許垣善妻馬氏
許卜山妻黃氏
許元相妻趙氏
烈
許憲章妻傅氏
許嶽瑞妻斯氏
許大安妻黃氏
許玉振妻黃氏
許道禧妻傅氏
許性之妻斯氏
許五典妻徐氏
許　炯妻陳氏
許人甲妻沈氏
職員許保中妻郭氏
許貴和妻趙氏
許得福妻周氏
許維綸妻何氏
許維經妻周氏
許殿卿妻何氏
許達紹妻何氏

許之周妻周氏　許德宰妻周氏　許萬三妻樓氏

許大勇妻何氏　許　聯妻酈氏　許茂瑛妻陳氏

許志標妻石氏　許　宇妻楊氏　許奎璧妻酈氏

許宏儒妻鄭氏　許紹秀妻俞氏　許　標妻酈氏生員

許　李妻徐氏增生　許載祥妻何氏　許涌寶妻周氏

許青照妻樓氏生員　許懷盛妻陳氏　許弁英妻張氏[illegible]

許安仁妻何氏　許暄高妻傅氏　許長清妻趙氏

許全學妻王氏　許法生妻周氏　許其志妻戚氏

許開鎬妻馮氏　許人麒妻何氏　許炳榮妻傅氏

許作銘聘妻王氏烈　許張氏裔洪學　許栽祥妻楊氏

許廷一妻何氏　許維屏妻何氏

魯

魯允傳妻斯氏　魯三初妻黃氏　魯運轉妻黃氏

杜

烈魯楊氏有傳　烈魯士奎妻王氏有傳

杜文鼎妻趙氏　杜元建妻毛氏　杜洨源妻樓氏

杜滐源繼妻嚴氏　杜源佐妻蔣氏　杜元方妻樓氏

杜廷基妻黃氏　杜如琮妻周氏　杜文華妻王氏

杜石溪妻姚氏　杜允升妻斯氏　杜周源妻樓氏

杜如檣妻陳氏　杜如璉妻斯氏　杜祥后妻楊氏

杜世鐸妻陳氏

阮

阮安公妻裘氏　阮國麒妻李氏　阮裕茂妻包氏

阮經國妻朱氏　阮萬福妻王氏　阮幼傑妻沈氏

阮遇慶妻何氏　阮樓觀妻駱氏　阮世彩妻屠氏

阮士元妻錢氏　阮伯仁妻田氏　阮伯茂妻周氏

阮伯安妻趙氏　阮伯淇妻許氏　阮恩典妻樓氏

阮思道妻何氏　阮周道妻何氏　阮憲章妻孫氏
阮洪信妻趙氏　阮大山妻馮氏　阮學德妻何氏
阮爾瑽妻壽氏　阮紹裘妻郭氏　阮定表妻何氏
阮增鎬妻杜氏　阮葉堂妻金氏　阮一方妻柴氏
阮正元妻周氏　阮見立妻姚氏　阮可方妻毛氏
監生阮正海妻酈氏　阮官玉妻魏氏　阮聖濤妻陳氏
阮東川妻袁氏　阮邦寵妻余氏　阮巨全妻王氏
阮善鼎妻楊氏　阮隨甫妻章氏　阮啟鉞妻陳氏
阮聖垣妻王氏　阮嘉全妻壽氏　阮紀法妻翁氏
阮汝瑞妻王氏　阮景雲妻何氏　阮邦佐妻楊氏
阮祖德妻金氏　阮思玉妻宣氏　阮忠直妻虞氏

趙

趙宜震妻郭氏　趙登旭妻俞氏　趙文彩妻楊氏

趙　杞妻惠氏　趙　貴妻楊氏　趙鳳陽妻錢氏
趙學易妻詹氏　庠生趙翊升妻盛氏　趙友齊妻楊氏有傳
趙宏猷妻郭氏　貞趙　源聘妻湯氏有傳　趙次範妻周氏
趙御璉妻應氏　貞趙學溥聘妻黃氏有傳　趙育德妻蔣氏有傳
趙懌禮妻周氏　趙氏璣妻黃氏　監生趙以默妻張氏
趙毓晟妻胡氏有傳　趙來益妻周氏　趙孚遠妻朱妾陳氏
趙斐章妻黃氏　趙毓皓妻周氏　趙斐伯繼妻章氏
趙宏溥妻壽氏　趙啟仁妻金氏　趙如潤妻章氏
趙文忠妻張氏　州同趙淇鑄妻沈氏　趙維貞妻張氏
趙廷建妻張氏　趙永仁妻張氏　趙　基妻馮氏
趙堯封妻郭氏　趙毓昫妻蔡氏　趙繼章妻金氏
趙周瑞妻傅氏　趙時科妻俞氏　趙永泰妻陳氏

趙彥標妻陳氏　趙禹成妻周氏　趙禹智妻酈氏
孝趙孝女珠姑有傳　生員趙益宏妻周氏有傳　趙天相妻徐氏
趙宏芳妻何氏　趙國奇妻陳氏　趙學禮妻周氏
趙宏勳妻陳氏　趙　凱妻壽氏　趙鍾禮妻周氏
趙一經妻周氏　趙效水妻陳氏　趙伯亨妻諸氏
趙　默妻袁氏　孝趙端姑聲璧女有傳　趙伯梅妻來氏
趙鴻義妻宣氏　趙傳國妻俞氏　趙炳泰妻郭氏
趙明遠妻倪氏　趙廷宰妻陶氏　巡檢趙　寰妾韓氏
趙堅智妻石氏　趙宇信妻沈氏　趙啟渭妻俞氏
趙大梁妻俞氏　趙紹輝妻張氏　生員趙經智妻章氏
趙道賢妻郭氏　趙啟宇妻李氏　趙祖岐妻周氏
趙　崙妻杜氏　趙能繼妻金氏　趙錦舟妻傅氏

趙如驥妻蔣氏　趙廷侯妻金氏　趙維經妻傅氏
趙紹楨妻張氏　趙宏穀妻周氏　趙三典妻章氏
趙聖和妻樓氏　趙學滔妻葉氏　趙　珍妻壽氏
趙　閱妻郭氏　趙春暄妻楊氏　趙倬雲妻金氏
趙太恆妻俞氏　趙文彬妻楊氏　趙之芳妻徐氏
趙履祥妻陳氏　趙維楨妻沈氏　趙魯依妻張氏
監生趙文星妻方氏　趙紖驊妻馮氏　趙楊彰妻應氏
趙景天妻周氏　趙景燦妻沈氏　趙用韜妻章氏有傳
趙富林妻葉氏　趙嘉法妻戚氏　趙嵩岳妻周氏
趙元魁妻楊氏　生員趙魯玉繼妻虞氏　趙五岳妻郭氏
趙警倫妻楊氏　趙必佐妻壽氏　守備趙大剛妾薛氏
武生趙啟澐妻酈氏　趙瑞邦妻石氏　趙啟龍妻張氏

趙佩聖繼妻孫氏　趙明寰妻方氏　趙志璜妻方氏
趙瑞伯妻朱氏　生員趙聖慈繼妻傅氏　趙日煨妻倪氏
監生趙　璘妻周氏　趙振相妻張氏　監生趙維乾妻楊氏
趙家麟妻張氏　趙廷機妻郭氏　監生趙維舟妻周氏
趙　桂妻樓氏　趙廷業妻俞氏　趙鴻業妻駱氏
趙鴻綬妻楊氏　趙鳳歧妻葉氏　趙武斌妻方氏
孝趙承緒妻駱氏　孝趙德全妻章氏　孝趙宗信妻劉氏
趙敬二十一妻徐氏　趙　塏妻楊氏　趙　鈿妻黃氏
趙鳳行妻顧氏　趙瑞濤妻侯氏　趙應叅妻戴氏
趙信瑞妻楊氏　趙開疆妻戚氏　趙增福妻張氏
趙周全妻楊氏　趙　麟妻馬氏　趙聖信妻周氏
趙宗環妻楊氏　趙昌聰妻周氏　趙聖濤妻楊氏

趙貴沖妻陳氏
趙大倫妻洪氏
趙元耀妻陳氏
武舉趙熊飛妻陳氏
趙欽宸妻邊氏
趙載慶妻俞氏
趙員陶妻何氏
趙閏潮妻馬氏
趙立仁妻何氏
趙裕瑞妻盧氏
趙儒官妻周氏
趙思祥妻郭氏

趙堯章妻蔣氏
趙佳璧妻金氏
趙士相妻周氏
趙景龍妻王氏
趙邦瑜妻金氏
趙學贊妻邵氏
趙奕泰妻陳氏
監生趙　典妻袁氏
趙紹學妻張氏
趙素昕妻壽氏
趙懿官妻朱氏
趙谷水妻陳氏

趙光璲妻周氏
趙士茂妻何氏
趙如棟妻樓氏
趙士鷄妻樓氏
趙士謨妻楊氏
趙立孝妻章氏
趙大元妻樓氏
趙宗軾妻張氏
趙文華妻袁氏
監生趙邦典妻袁氏
監生趙守正妻羅氏
趙正傳妻陳氏

趙爾坎妻吳氏　趙大雅妻陳氏　趙榮紳妻繼黃氏

趙則先妻駱氏　趙萬清妻陳氏　生員趙秉圭妻斯氏

生員趙文照妻呂氏　趙長發妻劉氏　趙王蘇妻黃氏

趙其嶽妻蔡氏　趙順章妻蔡氏　趙宏相妻馮氏

趙大邦妻鄭氏　趙鎰江妻姚氏　趙成剛妻王氏

趙聖階妻陳氏　趙湘友妻駱氏　趙源渭妻姚氏

趙大椿妻何氏　趙三福妻繼陳氏　趙　梯妻湯氏

趙成啟妻樓氏　趙萬松妻潘氏　趙懋德妻吳氏

趙夢齡妻陳氏　趙亢龍妻樓氏　趙源溢妻陳氏

趙學超妻何氏　趙　棣妻何氏　趙王德妻陳氏

趙　寅妻何氏　趙源瀟妻駱氏　趙家官妻何氏

趙思聰妻何氏　趙謀艮妻屠氏　趙仲建妻周氏

趙順江妻蔣氏　趙永慕妻陳氏　趙學熹妻朱氏
趙繼遠妻陳氏　趙春瑞繼妻姚氏　趙茂本妻王氏
趙廷璧妻盧氏　趙謀高妻姚氏　趙謀廣妻何氏
趙林章妻傅氏　趙廷宣妻袁氏　趙　均妻張氏
趙光斗妻陳氏　趙　凱妻黃氏　趙　河妻孫氏
趙逢濤妻張氏　趙廷桂妻張氏　趙儒英妻孫氏
趙聖憲妻樓氏　趙封信妻蔣氏　趙三祝妻章氏
趙奇昌妻吳氏　趙茂枝妻楊氏　烈趙德元妻陳氏
趙天吉繼妻余氏　趙秀國妻王氏　趙南嵩妻章氏
趙　俊妻徐氏　趙凝璠妻黃氏　生員趙凝芳妻方氏
趙際雲妻楊氏　趙　樂妻郭氏　趙佩信妻周氏
趙維梅妻馮氏　趙兆富妻蔣氏　趙福泰妻張氏

趙周信妻蔡氏　烈臺趙學裘妾方氏有傳　趙能煥妻金氏

趙允昌妻馬氏　趙屏國妻陳氏　趙允[illegible]妻錢氏

趙子階妻蔡氏　趙恭怡妻周氏　趙紹昌妻酈氏

趙思泰妻徐氏　趙文蔚妻余氏　趙應奎妻陳氏

趙大梁妻俞氏　趙之玉妻顧氏　趙文水妻傅氏

趙和先妻索氏　趙思貫妻錢氏　趙嘉祥妻郭氏

趙玉汝妻俞氏　趙尚渭妻邊氏　趙大賚妻徐氏

趙東儒妻虞氏　趙光遠妻陳氏　趙一麟妻朱氏

趙維翰妻朱氏　趙學思妻傅氏　趙振三妻楊氏

趙體元妻楊氏　趙瑞俊妻郭氏　趙星槎妻戴氏

趙文甲妻邊氏　趙昌聰妻周氏　趙如圭妻樓氏

趙香國妻周氏　趙敬之妻壽氏　趙引泉妻黃氏

趙森德妻鍾氏
趙文彩妻陳氏
議敘趙漣繼妻楊氏

烈趙繼禧聘妻周氏有傳
趙成昌妻馬氏
趙源湖妻楊氏

趙思津妻周氏
趙尚孝妻周氏
趙殿禧妻許氏

趙元泳妻徐氏
趙廣運妻郭氏
趙德鼇妻俞氏

趙金松妻周氏
趙萬禧妻樓氏
趙晉書妻許氏

趙岳耀妻毛氏
趙萬桂妻酈氏
趙順和妻余氏

趙文鶴妻張氏
趙維堂妻毛氏
趙成章妻楊氏

趙輿可妻酈氏
趙爾琥妻金氏
趙大發妻陳氏

趙繼鼎妻湯氏
趙　潁妻樓氏
趙運廣妻周氏

趙淇穎妻黃氏
趙闓行妻周氏
趙遲啟妻斯氏

趙暹栒妻徐氏
趙思謙妻酈氏
趙再高妻周氏

趙　熺妻蔡氏
趙其綱妻酈氏
趙運昌妻樓氏

趙守州妻楊氏　生員趙智本妻斯氏　趙承謨妻周氏
趙承章妻楊氏　趙高材妻孔氏　趙貴法妻陳氏
趙立庵妻斯氏　趙名捄妻翁氏　趙宇法妻胡氏
趙光瑞妻蔡氏　趙宗林妻吳氏　趙柏舟妻周氏
趙日禮妻壽氏　趙長慶妻何氏　趙萬年妻楊氏
趙乃敬妻楊氏　趙八臣妻胡氏　趙宏熙妻蔣氏
趙思皋妻鮑氏　趙煥文妻俞氏　趙長庚妻朱氏
趙汝燧妻楊氏　趙大椿妻朱氏　趙錫瑞妻傅氏
趙朱玉妻朱氏　趙周富妻孟氏　趙兆秀妻周氏
趙用和妻壽氏　趙金臺妻馬氏　趙玉文妻袁氏
趙步雲妻湯氏　趙慶旦妻何氏　趙沮來妻何氏
趙思壓妻虞氏　趙節婦嘉禾母　趙宗瀾妻方氏

趙國奇妻陳氏
趙佩信妻周氏
趙鍾禮妻周氏
趙周氏裔維賢
趙宏芳妻何氏
趙曰禮妻壽氏
趙宏勳妻陳氏
趙宏猷妻郭氏
貞趙　源聘妻湯氏
趙　凱妻壽氏
趙方氏裔志路
趙黃氏裔若霖
趙錢氏裔長相
趙禮慶妻陳氏
趙奐來妻蔣氏
趙宏伯妻馮氏
趙尚孝妻周氏
趙金德妻陳氏
趙雨亭妻齊氏
趙志聖妻陳氏
趙　鐸妻楊氏
趙爽亭妻楊氏
趙毓貴妻毛氏
趙邵宗妻陳氏
趙天運妻金氏
趙秉富妻陳氏
趙來朝妻陳氏
趙宗銀妻陳氏

馬

馬孟元妻趙氏
馬奎元妻趙氏
馬建成妻郭氏
馬以忠妻俞氏
馬鳳梧妻丁氏
監生馬以孝妻戴氏

馬　球妻楊氏　生員馬　璠妻戴氏　馬士奇妻陳氏
烈馬瑞龍妻章氏有傳　馬士晴妻酈氏　馬時超妻劉氏
馬作謨妻周氏　馬中孝妻章氏　馬作霖妻戚氏
馬天錄妻許氏　馬大昌妻邊氏　孝馬維田妻樓氏
馬維賢妻趙氏　馬聖富妻許氏　馬兆丁妻周氏
馬雲芝之妻姚氏　馬佩遠妻孟氏　馬有中妻楊氏
馬貞之妻酈氏　馬天侯妻酈氏　馬錫蕃妻酈氏
馬周文妻酈氏　馬朝宗妻陳氏　馬邦友繼妻戚氏
馬載和妻顧氏　馬茲文妻蔣氏　馬培棻妻戴氏
馬培金妻侯氏　馬殿揚妻戴氏　烈馬中允妻趙氏
馬乾耀妻樓氏　馬以忠妻俞氏　馬東序妻楊氏
馬日信妻劉氏　馬瑞霞妻顧氏　馬新傳妻柴氏

馬大校妻陳氏　馬茂榮妻金氏　馬茂松妻陳氏
馬賢祥妻楊氏　馬君行妻毛氏　馬上忠妻呂氏
馬士蘭妻徐氏　馬履敏妻錢氏　馬士賢妻蔣氏
馬培本妻俞氏　馬正道妻黃氏　馬　瑮妻徐氏

夏

夏其燦妻黃氏

賈

孝賈　恩妻柏氏有傳

蔣

御史蔣文旭妻孟氏有傳　蔣　昺妻呂氏　蔣汝樸妻戚氏
廪生蔣　弼妻孟氏　蔣　義妻孫氏有傳　蔣五聚妻蔡氏
蔣　暉妻孫氏　蔣美雲妻徐氏　蔣志周妻鍾氏
蔣必顯妻俞氏　蔣六位妻傅氏有傳　蔣華元妻何氏
蔣省山妻壽氏　蔣祖洪妻俞氏　蔣黃璧妻陳氏
蔣公齊妻郭氏　蔣盈國妻沈氏　蔣天秩妻宣氏

蔣千木妻石氏　蔣繼祖妻金氏　蔣聖功妻趙氏
蔣漢忠妻樓氏　吏目蔣五昌妻查氏　蔣大誌妻梁氏
蔣必元妾孟氏　蔣禹九妻陳妾王氏　蔣溢四妻壽氏
蔣蓮齋妻鮑氏　廩生蔣四端妻袁氏　蔣秀龍妻吳氏
蔣兆久妻錢氏　蔣明祥妻金氏　蔣丹若妻郭氏
蔣　春妻章氏　蔣云桃妻張氏　蔣有名妻徐氏
孝蔣元璜妻黃氏有傳　孝蔣敬敷妻傅氏　蔣錫神妻屠氏
蔣緒周妻酈氏　蔣攀麟妻馮氏　蔣汝暢妻嚴氏
蔣廷相妻樓氏　蔣元璋妻斯氏　蔣三槐妻陳氏有傳
蔣七辰妻劉氏有傳　蔣五倫妻何氏　蔣六計妻傅氏
孝蔣壽高妻王氏　烈蔣茂琳妻楊氏有傳　烈蔣茂柏妻葛氏有傳
烈蔣雯子妻殷氏　孝蔣元琪妻田氏　蔣維明妻徐氏

蔣日麟妻楊氏　烈蔣奇端妻駱氏有傳　貞蔣公安婢趙氏有傳

蔣相如妻包氏　蔣啟瑞妻葛氏　生員蔣　濟妻石氏

生員蔣秉中繼妻楊氏　蔣文燮妻孫氏　監生蔣懋學妻周氏

蔣廷侯妻傅氏　蔣雲根妻吳氏　蔣雄飛繼妻何氏

蔣世祿妻俞氏　蔣麟度妻王氏　蔣應芬妻石氏

生員蔣丙輝妻宣氏　生員蔣　佩妻陳氏　蔣師澧妻瞿氏

蔣繼祖妻章氏　蔣宗廷妻俞氏　蔣一鳳繼妻孫氏

蔣學禮妻章氏　蔣忠賢妻郭氏　蔣維藩妻周氏

蔣敏學妻樓氏　蔣五常妻周氏　蔣順芳妻樓氏

蔣元吉妻章氏　蔣長聚妻俞氏　蔣聖鐸妻張氏

蔣　縉妻趙氏　蔣于白妻應氏　蔣如山妻陳氏

蔣邦興妻章氏　蔣　泩妻楊氏　蔣　嶓妻孟氏

蔣于瀾妻俞氏　蔣文餘妻金氏　蔣普興繼妻高氏
蔣其棟妻樓氏　蔣翠亭妻王氏　蔣松岳妻徐氏
蔣國信妻曹氏　蔣陳宰妻陳氏　蔣　旭妻酈氏
孝蔣斗文妻王氏　蔣繼善妻章氏　蔣宇明妻戚氏
蔣廷謨妻楊氏　蔣大全繼妻楊氏　武生蔣配天繼妻楊氏
烈蔣邦國聘妻戚氏　蔣保中繼妻　氏　蔣日炌妻郭氏
蔣日炷妻鄭氏　蔣維登妻酈氏　蔣艮渭妻吳氏
監生蔣云梓妻趙氏　蔣茂翰妻俞氏　蔣日昇妻張氏
蔣邦達妻楊氏有傳　烈蔣日憲妻張氏　蔣爾謙妻趙氏
蔣爾熊妻趙氏　蔣凝祉妻陳氏　蔣四敎妻姚氏
蔣四龍妻趙氏　蔣四穆妻沈氏　蔣四麟妻徐氏
蔣五麟妻馮氏　蔣五鎮妻壽氏　蔣六盛妻盧氏

蔣商瑚妻殷氏　蔣六宗妻俞氏　蔣　灝妻程氏
蔣　璜妻駱氏　蔣錦繡妻斯氏　蔣鴻學妻鍾妾林氏
蔣恆玉妻詹氏　蔣邦植妻何氏　蔣大元妻王氏
蔣鳳岐妻童氏　蔣元瑞妻壽氏　蔣天如妻祝氏
蔣西緒妻李氏　蔣邦耀妻黃氏　蔣元琇妻傅氏
蔣宗鼎妻陳氏　蔣宏彰妻壽氏　蔣伯英妻周氏
蔣君彩妻顧氏　蔣發倫妻梁氏　蔣萃彬妻田氏
蔣魯道妻何氏　蔣德符妻何氏　蔣元璉妻馮氏
蔣宗孝妻陳氏　蔣贊侯妻馮氏　蔣軼萬妻何氏
蔣警銘妻梁氏　蔣貴秀妻張氏　蔣元琪妻顧氏
蔣八仙妻郭氏　蔣景周妻章氏　蔣隆徵妻何氏
蔣維楨妻華氏　蔣懋建妻何氏　孝蔣鴻烈妾李氏有傳

監生蔣士洵妻顧氏　蔣七經妻章氏　蔣麟度妻俞氏
蔣佑福妻樓氏　蔣永興妻何氏　蔣廷侯妻宣氏
蔣中勤妻朱氏　蔣御品妻馮氏　蔣士方妻黃氏
烈蔣一貫妻俞氏　蔣啟英妻周氏　蔣思忠妻何氏
蔣禹建妻陳氏　蔣春杏妻何氏　蔣明遠妻錢氏
蔣祥鳳妻馮氏　蔣士明妻湯氏　蔣癸育妻胡氏
蔣擇林妻顧氏　蔣九如妻徐氏　蔣凌茂妻酈氏
蔣安平妻趙氏　蔣錫來妻趙氏　蔣沛園妻郭氏
生員蔣作霖妻郭氏　生員蔣　誥妻瞿氏　蔣增煜妻殷氏
蔣邦文妻呂氏　蔣祖襄妻胡氏　蔣昇潮妻朱氏
蔣夢田妻宣氏　蔣文達妻周氏　蔣春暘妻周氏
蔣君耀妻周氏　蔣芝芳妻戚氏　蔣景運妻劉氏

生員蔣　坤妻楊氏　蔣尚林妻蔡氏　烈蔣性材妻邊氏

蔣夏忠妻周氏　蔣茂杏妻葛氏　蔣允祥妻黃氏

蔣拱宸妻蔡氏　蔣嘉儀妻呂氏　蔣正緒妻周氏

蔣紹濆妻樓氏　蔣洵魁妻斯氏　蔣雲亭妻翁氏

蔣士湖妻郭氏　蔣士潮妻何氏　廩生蔣煥章繼妻趙氏

監生蔣克賢妻田氏　蔣文會妻蔡氏　蔣士珪妻周氏

蔣繼祖妻沈氏　蔣警言妻何氏　蔣廷蘭妻邵氏

蔣恆義妻詹氏　生員蔣賡堯繼妻包氏　蔣春江妻陳氏

蔣達孝妻阮氏　蔣邁洲妻陳氏　蔣富全妻陳氏

烈蔣八林妻陳氏　蔣六穀妻傅氏　蔣士瀛妻魏氏

蔣鄘氏喬釗定　蔣阿全妻周氏　蔣君耀妻傅氏

蔣方堔妻陳氏　蔣鳳美妻何氏　蔣獻廷繼妻孟氏

蔣紹昌繼妻陶氏　蔣師契妻傅氏　蔣敷公妻姚氏
蔣廷選妻何氏　蔣國賢妻王氏　蔣魯封妻陳氏
蔣位三妻張氏　蔣天潤妻駱氏　蔣仲達繼妻駱氏
蔣鼎誠妻鍾氏　蔣言如妻何氏　蔣乘公妻趙氏
蔣國華妻華氏　蔣聚千妻陳氏　蔣帝選繼妻陳氏
蔣光牧妻方氏　蔣燕五繼妻湯氏　蔣許煌妻馮氏
蔣國泰妻徐氏　監生蔣雍白繼妻馮氏　蔣南金妻壽氏
監生蔣體仁妾孟氏　蔣聖齊妻傅氏　蔣季充妻袁氏
蔣經一妻俞氏　蔣兆謙妻傅氏　蔣鴻傳妻章氏
蔣景樾妻孫氏　蔣兆龍妻陳氏　蔣公和妻沈氏
蔣奇山妻傅氏　蔣道相妻傅氏　蔣呈範妻郭氏
職員蔣渭川妻何氏　蔣　燦妻蔡氏　蔣錫麟妻郭氏

蔣九疇妻王氏　蔣道懋妻盧氏　蔣維垣妻劉氏
蔣作賓妻陳氏　蔣蔗堂妻韓氏　蔣增懋妻王氏
蔣永康妻何氏　蔣建義妻何氏　蔣何予妻謝氏
蔣之屏妻馮氏　烈蔣百俊妻黃氏有傳　蔣緒周妻鄭氏
蔣成甫妻張氏　蔣旭旦繼妻金氏　蔣竹生妾宣氏
蔣福寶妻金氏　蔣奉宜妻斯氏　蔣紹眉妻顧氏

沈

沈望三妻章氏　沈杏文妻程氏　沈元星妻羅氏
沈光楷繼妻楊氏　沈子溥妻壽氏　沈道立妻章氏
沈光琮妻邊氏　烈沈敏公妻何氏　沈德林妻章氏
沈周基妻周氏　沈廣茂妻朱氏　烈沈漢東妻朱氏
沈宰治妻酈氏　沈周臣妻樓氏　沈鍾美妻俞氏
沈錫圭妻邱氏　沈贊帝妻魏氏　沈日如妻姚氏

沈周美妻孟氏　沈鶴皋妻邊氏　沈子銓妻楊氏

烈沈時行妻何氏　孝沈宗法妻章氏　沈廣灝妻孫氏

沈廣溶妻方氏　沈德麟妻章氏　沈師顯妻傅氏

沈大占妻朱氏　沈銀三妻孟氏　沈紀有妻張氏

沈士鼇妻壽氏　貞沈天祚聘妻楊氏有傳　沈德豐妻戚氏

沈　煥妻章氏

宋

宋慎五妻章氏　宋大綬妻陸氏　宋　溥妻方氏

宋良寶妻王氏　宋英標妻張氏　宋鴻書妻孟氏

宋廷梁妻沈氏　宋五封妻張氏　宋文炯妻章氏

烈宋章灃妻徐氏　宋章沛妻祝氏　宋子琦妻孟氏

宋承典妻鍾氏

季

季如鳳妻趙氏

魏

魏季如妻石氏　魏嘉言妻陳氏　魏宗祥妻毛氏
魏元吉妻湯氏　魏正容妻朱氏　魏思得妻詹氏
魏際泰妻壽氏　魏雅尙妻樓氏　魏宏本妻鄭氏
魏尙絅妻王氏　魏茂竹妻何氏　魏緋魚妻張氏
魏尙玉妻王氏　魏宏仁妻徐氏　魏上隆妻陳氏
魏樂山妻王氏　魏宗法妻鄭氏　魏錦堂妻陳氏
魏聚鑾妻郭氏　魏　書妻方氏　魏聚成妻宣氏有傳
魏啟龍妻周氏　魏宗廉妻王氏　魏廷科妻石氏
魏維濤妻酈氏　魏昌瑞妻王氏　魏觀樂妻鄭氏
魏樹周妻酈氏　魏長松妻周氏　同知魏人鑑繼妻韓氏
魏志唐妻駱氏　魏兆園妻陶氏　魏宗庠妻毛氏
魏國治妻金氏　魏春山妻樓氏　魏瑞林妻何氏

魏鄰臣妻陳氏　魏　滂妻趙氏　魏　樸妻謝氏
魏霞生妻傅氏　魏其竹妻王氏　魏邦行妻石氏
魏嘉法妻郭氏　魏邦榮妻王氏　魏春煦妻馬氏
烈魏瑞餘妻宣氏　孝魏　氏和亭女　魏毛雲妻宣氏
魏耀文妻阮氏
顧
顧　雲妻樓氏　烈顧英奇妻石氏有傳　烈顧綱四十八未婚妻姚氏有傳
烈顧烈女秋桂有傳　顧天賞妻鄺氏　顧季春妻董氏
生員顧仞千妻邊氏　顧聖若妻章氏　顧克忠妻愼氏
顧士俊妻趙氏　顧文月妻戚氏　顧世綸妻朱氏
顧連山妻陳氏　顧兆奇妻陳氏　顧良英妻陳氏
顧家相妻苗氏　顧太沖妻陳氏　顧家寅妻趙氏
顧清和妻俞氏　顧紹相妻周氏　顧邦才妻鍾氏

顧可受妻周氏 顧祝山妻壽氏 顧行端妻陳氏

顧上庠妻壽氏 顧大岳妻胡氏 顧三庚妻趙氏

鹽大使顧保和妻周氏 顧安富妻應氏 顧月滿妻王氏

顧三吉妻陳氏

傅

傅餘福妻錢氏有傳 烈傅河源妻蔣氏有傳 傅大詔妻郭氏

烈傅有益妻應氏有傳 烈傅煥照妻華氏有傳 傅　愉妻張氏

傅虞廷妻孟氏 傅　璉妻王氏 傅玉梁妻楊氏

傅光煜妻石氏 傅康盈妻郭氏 傅廷簇妻王氏

傅瀛南妻趙氏 傅　祥妻趙氏 傅堯階妻王氏

傅道楨妻毛氏有傳 傅敵千妻俞氏 傅應相妻應氏

編修傅　棠妻朱氏 傅文明妻孫氏 傅象坤妻應氏

倉大使傅玉衡妻馬羅氏有傳 貞傅作和妻方氏 傅聘三妻石氏

傅洪範妻沈氏　傅乾築妻酈氏　傅宏達妻酈氏
傅士榮妻王氏　傅元泰妻黃氏　傅卜躍妻樓氏
傅國瑛妻俞氏　傅錦霖妻王氏　傅士俊妻董氏
傅　佺妻朱氏　傅長元妻田氏　監生傅器亭妻章氏
傅方城妻楊氏　傅逢彩妻王氏　傅朝佩妻石氏
傅子樞妻蔡氏　傅君茂妻朱氏　傅元查妻蔣氏
傅端炎妻王氏　傅士表妻俞氏　傅光國妻施氏
傅瑞徵妻王氏　傅學禮妻王氏　傅思善妻金氏
傅子大妻陳氏　傅魁先妻俞氏　傅聖和妻張氏
傅振宇妻孫氏　傅士任妻孫氏　傅勝思妻壽氏
傅文瑞妻丁氏　傅艮佐妻俞氏　傅壽長妻吳氏
傅元璧妻俞氏　傅上棟妻郭氏　傅漢旌妻馬氏

傳其康妻楊氏　傳殿琴妻鄭氏　傳炳忠妻蔣氏

傳祖錫妻張氏　傳南蔭妻孫氏　傳　坎妻汪氏

傳學源妻徐氏　傳國佐妻史氏　生員傳言可妻朱氏

傳維璉妻王氏　傳維牆妻孫氏　傳　正妻楊氏

傳　垣妻蔣氏　傳玉書妻樓氏　傳光典妻方氏

傳禮明妻俞氏　傳孟英妻樓氏　傳鎮邦妻呂氏

傳周定妻陳氏　傳　瀾妻楊氏　傳　淳妻蔡氏

傳信敘妻陳氏　傳國柄妻趙氏　傳中炘妻張氏

傳王言妻郭氏　孝傳仲淵妻孫氏　孝傳禮蹟妻孫氏

傳清源妻俞氏　理問傳羹元妻姚氏　傳孫謀妻趙氏

傳鳳金妻張氏　傳兆徵妻俞氏　傳椿林妻王氏

傳廷潮妻方氏　傳廷國妻張氏　傳恆山妻俞氏

傅一鳴妻羅氏
傅德中妻繆氏
傅攀桂妻蔡氏
傅宗理妻許氏
傅如滄妻許氏
傅如濂妻許氏
傅安良妻樓氏
傅承棍妻樓氏
傅承柏妻陳氏
傅高絅妻樓氏
傅高延妻屠氏
傅巨海妻陳氏
傅應瑞妻張氏
傅廣忠妻毛氏
傅廣行妻徐氏
傅秀峰妻黃氏
監生傅廣書妻蔡氏有傳
傅廣伍妻樓氏有傳
傅德燈妻張氏
傅德愃妻徐氏
傅周元妻陳氏
生員傅　沖妻樓氏
傅啟芳妻張氏
傅聿來妻許氏
傅莘來妻蔣氏
傅汝錦妻堵氏
貞傅　棋聘妻錢氏
傅國宰妻田氏
傅元魁妻俞氏
傅繼仁妻金氏
傅國華妻顧氏
傅　楷妻蔣氏
傅奕炳妻蔣氏
傅作楫妻陳氏
傅學仁妻汪氏
傅凝國妻方氏

傅兆銀妻席氏　傅德仁妻朱氏　傅國正妻蔡氏
傅世秀妻樓氏　貞傅正亮聘妻屠氏　傅大倫妻朱氏
傅念祖繼妻楊氏　傅高魁妻馮氏　傅僊霖妻羅氏
傅日初繼妻李氏　傅繼昌妻祝氏　傅士宏妻何氏
監生傅學忠妻朱氏　傅天松妻潘氏　傅　講妻何氏
傅兆麟妻丁氏　傅瑞麟妻馬氏　傅宗涵妻蔣氏
孝傅啟明妻顧氏　傅光遠繼妻虞氏　傅　崧妻王氏
傅宏炳妻郭氏　傅　威妻楊氏　傅國供妻郭氏
傅　敏妻鍾氏　傅家環妻王氏　傅元勳妻周氏
傅志達妻陳氏　傅伯祥妻俞氏　傅袁氏文炯妹
傅華德妻王氏　傅汝錫妻郭氏　烈傅瑞有妻俞氏有傳
傅學聖妻謝氏　傅　梅妻羅氏　傅　增妻陳氏

傅國珍妻石氏　傅爲貴妻陳氏　傅賓賢妻王氏

傅啟明妾裘氏　傅國相妻何氏　傅一文妻袁氏

傅汝盤妻陳氏　傅　瀾妻汪氏　傅　品妻丁氏

傅玉中妻魯氏　傅賓仁妻殷氏　傅德音妻詹氏

傅體元妻汪氏　傅國華妻蔣氏　傅汝泗妻馮氏

傅配天妻錢氏　傅長茂妻華氏　傅文謨妻吳氏

傅富生妻陳氏　生員傅名光妻楊氏　傅汝椿妻何氏

傅聚芳妻裘氏　傅孫禮妻郭氏　傅廷元妻孫氏

傅永潮妻錢氏　傅葆元妻何氏　傅葉元妻朱氏

傅紹松妻黃氏　傅肇蒲妻許氏　傅行龍妻蔣氏

傅型遠妻俞氏　傅勤學妻田氏　傅肇奎妻王氏

傅維君妻陳氏　傅永年妻李氏　傅廷仁妻王氏

傅宗益妻柴氏　傅承清妻孫氏　傅式均妻任氏

傅日謹妻錢氏　傅大宰妻蔣氏　傅槐堂妻徐氏有傳

傅聖宰妻蔣氏　傅炳洵妻黃氏有傳　生員傅振湘妻呂氏有傳

傅　錫妻毛氏　傅慶雲妻陳氏　傅維澄妻朱氏

傅華氏裔金茂　傅楊氏裔成志　傅張氏

傅阿宏妻俞氏　傅萬任妻陳氏

惠

惠汝昌妻樓氏

厲

厲祥鵬妻俞氏　厲紹演妻陳氏

蔡

蔡　温妻吳氏有傳　貞蔡氏六主鉞女有傳　蔡邦端妻張氏

蔡方瀓妻黃氏　蔡方液妻陳氏　蔡世昌妻沈氏有傳

蔡維鼎妻陳氏　蔡鎮文妻陳氏　蔡鎮恩妻呂氏

蔡鎮梁妻趙氏　蔡乾元妻吳氏　蔡士玉妻周氏

蔡書淇妻姚氏　蔡啟詔妻趙氏　蔡安邦妻呂氏
蔡漢禹妻徐氏　蔡家驤妻陳氏　蔡煥類妻宣氏
蔡宬宬妻周氏　蔡煥政妻邊氏　蔡朝寶妻孫氏
蔡永和妻馮氏　蔡艮信妻俞氏　蔡惠遠妻趙氏
蔡　甫妻姚氏　蔡節之妻陳氏　蔡　炯妻郭氏
蔡黍馥妻宣氏　蔡光禮妻金氏　蔡日相妻翁氏
蔡漢邑妻黃氏　烈蔡裕英妻周氏　生員蔡廷佐妻繼徐氏
蔡慶琍妻袁氏　蔡瑞瑛妻斯氏　蔡允杞妻酈氏
蔡允清妻魯氏　蔡爾鎮妻趙氏　蔡大淐妻斯氏
蔡日坊妻陳氏　蔡順安妻趙氏　蔡秀德妻陳氏
生員蔡　樸妻陳氏　蔡存之妻許氏　蔡日基妻陳氏
蔡日城妻吳氏　蔡金翰妻許氏　蔡渭源妻郭氏

蔡全元妻俞氏　蔡正遠妻陳氏　蔡繼華妻陳氏
蔡天球妻虞氏　蔡上德妻王氏　蔡法祖妻屠氏
蔡淇祖妻包氏　蔡芳葵妻呂氏　蔡　藩妻趙氏
蔡孔書妻石氏　蔡正品妻華氏　蔡發林妻邵氏
蔡達宗妻石氏　蔡鳳庠妻傅氏　蔡廷吉妻宣氏
蔡恩國妻何氏　蔡懋曾妻郭氏　蔡洵來妻陳氏
蔡百金妻黃氏有傳　蔡國憲妻周氏　蔡　恭妻金氏
蔡之英繼妻張氏　蔡魁一妻黃氏　蔡漢典妻金氏
蔡于聘妻周氏　蔡慶玿妻俞氏　蔡仙貴妻樓氏
生員蔡　沅妻黃氏　蔡　貢妻斯氏　蔡文超妻王氏
蔡憲邦妻斯氏　生員蔡英方繼妻張氏　蔡　鴻妻徐氏
蔡朝品妻吳氏　蔡日勤妻翁氏　蔡彰才妻周氏

生員蔡承襄妻郭氏
蔡兆芳妻張氏
蔡瑞瑤妻吳氏
蔡大國妻黃氏
蔡秀生妻斯氏
蔡文瑛妻翁氏
蔡春潮妻周氏
蔡遠侯妻吳氏
蔡學榮妻楊氏
蔡夢月妻陳氏
蔡欽孝妻陳氏
蔡安茂妻呂氏

蔡仕榮妻王氏
蔡嘉棨妻袁氏
蔡文炯妻吳氏
蔡　震妻袁氏
蔡士欽妻蔣氏
蔡　驥妻許氏
蔡汝海妻石氏
蔡庭棫妻唐氏
蔡　正妻[illegible]氏
蔡祖標妻陳氏
蔡東朋妻楊氏
蔡趙氏書洪孫媳

蔡尚周妻黃氏
蔡允葑妻趙氏
蔡懷新妻孫氏
蔡朝升妻吳氏
生員蔡　楨妻陳氏
蔡潮海妻馬氏
監生蔡文藻妻斯氏
蔡文康妻斯氏
蔡南山妻徐氏
孝蔡毓德妻徐氏
蔡法本妻楊氏
蔡春年妻金氏

蔡欽榮妻斯氏　蔡亦堂妻樓氏　蔡馮奎妻斯氏

蔡鳳祚妻馮氏　蔡鳳祥妻陳氏　蔡大復妻章氏

蔡金氏佳玉媳

慎

慎佩璟妻宋氏　慎景良妻石氏　慎東郊妻吴氏

慎慕禮妻金氏　慎尚信妻俞氏

邵

邵世年妻周氏　邵可相妻趙氏　邵嘉賚妻王氏

邵振揚妻陳氏　邵繼康妻趙氏　邵宗賚妻王氏

邵元達妻屠氏　邵楚法妻郭氏　邵文揚妻張氏

謝貞

謝世琮聘妻壽氏有傳　謝廷章妻周氏

華

華美倫妻姚氏　華富陽妻蔣氏

盛

盛鳴鳳妻孫氏

鄭孝

鄭復修妻酈氏有傳　鄭鴻章妻趙氏　鄭爾章妻陳氏

鄭廷玉妻陳氏　鄭茂蘭妻壽氏　貞鄭國仁聘妻張氏有傳
鄭岐山繼妻孫氏　鄭學敬妻王氏　鄭士楣妻高氏
鄭東栗繼妻袁氏　鄭再煌妻傅氏　鄭　粂妻趙氏
鄭　鳳妻夏氏　鄭其林妻李氏　鄭湯賛妻俞氏
鄭興洲妻丁氏有傳　鄭越生妻陳氏　鄭廣才妻傅氏
鄭華嶽妻徐氏　鄭允卿妻胡氏　鄭茂佳妻楊氏
鄭茂佑妻袁氏　鄭國燦妻嚴氏　鄭天津妻王氏
鄭聖文妻傅氏　鄭其明妻嚴氏　鄭興梁妻張氏
鄭良璧妻張氏　鄭汝塏妻蔣氏　鄭明恩妻楊氏
鄭益三妻袁氏　鄭萬霖妻孫氏　鄭高粱妻徐氏
鄭更上妻高氏　鄭士標妻斯氏　鄭伯明妻袁氏
鄭康侯妻酈氏　鄭元所妻樓氏　鄭其偉妻王氏

鄭春木妻黃氏　鄭季元妻張氏　鄭世道妻胡氏

鄭紹貴妻謝氏　鄭大增妻王氏　鄭安業妻袁氏

鄭瀛川妻宣氏　鄭辭創妻周氏

孟

孟夢蛟妻孫氏　孟　蘭妻傅氏　孟德名妻應氏

孟大壯妻戚氏　孟大有妻黃氏　孟應瑞妻楊氏

孟明琦妻楊氏　孟明球妻翁氏　孟立志妻陳氏有傳

孟河圖繼妻樓氏　孟允楫妻楊氏　孟啟綸妻許氏

孟希賢妻馮氏　孟柱瑜妻章氏　孟子恆妻章氏

孟琮侯妻呂氏　孟顯名妻張氏　孟順宗妻楊氏

孟元亮妻傅氏　孟　超妻章氏　孟　楳妻張氏

孟聖圻妻駱氏　孟言舜妻朱氏　拔貢孟　夏妻俞氏

孟廷椿妻蔣氏　孟國棟妻駱氏　孟傳聖妻傅氏

孟明緒妻徐氏
孟尙友妻陳氏
孟之周妻應氏
孟昭鵠妻章氏
孟九如妻俞氏
孟伯粱妻蔣氏
孟憲仁妻王氏
孝 孟天復妻俞氏
孟禮達妻章氏
生員 孟秉乾妻張氏
孟芳悅妻丁氏
孟連封妻金氏

孟穎發妻孫氏
孟昭瑞妻王氏
孟朱全妻蔣氏
孟昭南妻章氏
孟廣黼妻俞氏
孟廣美妻張氏
烈 孟其瑤妻楊氏
孝 孟憲炳妻蔣氏
孟昌海繼妻徐氏
孟秉汶妻石氏
孟慶羆妻劉氏
孟尙太妻楊氏

孟國禎妻周氏
孟麟球妻方氏
孟巨伯妻胡氏
孟三讓妻沈氏
孟竹鄰妻馬氏
監生 孟志聰妻酈氏
烈 孟慶美妻朱氏
孟純德妻金氏
孟連信妻趙氏
孟憲楚妻俞氏
孟紹高妻張氏
監生 孟鴻燦妻俞氏

監生孟昭覺妻酈氏　孟連興妻趙氏　孟廣太妻徐氏
孟紹相妻丁氏　孟昭松妻傅氏　孟鉉碩妻馬氏
孟虞廷妻俞氏　孟昭理妻楊氏　孟慶鴻妻章氏
孟慶成妻楊氏　孟昭英妻楊氏　孟德高妻俞氏
孟昭裕妻應氏　孟國有妻胡氏　孟憲邦妻孫氏
孟占魁妻瞿氏　孟東生妻方氏　孟繁生妻酈氏
孟素封妻王氏　孟宰艮妻陸氏　生員孟延熙妻周氏
孟芳桂妻方氏　孟綏之妻趙氏　孟卒生妻周氏
貞孟祥逸聘妻應氏　孟體仁妻俞氏　孟延百三十九妻王氏
孟　津妻丁氏　孟裕瀓妻俞氏　孟　森妻蔣氏
孟起豪妻馬氏　孟文伯妻陳氏　孟昭勤妻酈氏
孟繁椿妻酈氏　孟再艮妻陸氏　孟憲倫妻俞氏

孟維良妻馬氏
孟汝學妻陳氏
孟覬森妻章氏
孟永昭妻孫氏
孟連寶妻方氏
孟元性妻壽氏
孟□貞妻傅氏
孟國梁妻張氏
孟法書妻傅氏
孟慶浪妻章氏
孟張氏 子凝妹
孟田邦妻酈氏
孟憲松妻章氏
孟憲檀妻謝氏
孟憲堃妻馬氏
孟萬啟妻蔣氏
孟□熾妻俞氏
孟憲斌妻孫氏
孟傅氏 裔炳妹
孟侯氏 裔堯女

烈

孟臨川妻侯氏 有傳
孟佳才妻傅氏
孟繁熾妻俞氏
孟慶雲妻朱氏
孟葆炬妻孫氏
孟作霖妻蔣氏

壽

壽九章妻鄭氏 有傳
壽芳縉妻斯氏
壽允嘉妻邊氏
壽允徵妻楊氏
壽君寵妻陳氏
壽景發妻劉氏
壽尚志妻錢氏
壽文瀾妻傅氏
壽日明妻陳氏

壽君選妻蔣氏　壽耀宗妻周氏　壽盌生妻方氏
壽秉衡妻鄭氏　壽富潮妻愼氏　壽榮耀妻徐氏
壽子傅妻楊氏　壽肇謨妻邵氏　壽華春妻郭氏
壽序桓妻桑氏　壽善視妻陳氏　壽善員妻郭氏
壽序炎妻邊氏　壽爾易妻王氏　壽宗起妻趙氏
壽殿昌妻邊氏　壽會文妻馬氏　壽麟祥妻邊氏
壽以楷妻周氏　壽學貴妻蔣氏　壽殿參妻馬氏
壽殿煥妻史氏　壽大海妻王氏　壽大士妻郭氏
壽景山妻蔣氏　壽一富妻周氏　壽盈珂妻王氏
壽瑞玉妻魏氏　壽日鵬妻楊氏　壽禹高妻郭氏
壽伯珩妻沈氏　壽錫璡妻周氏　壽啟達妻何氏
壽宇齊妻許氏　壽岳侯妻蔣氏

貞
壽相友聘妻劉氏

壽秀達妻王氏
貞壽萬多聘妻周氏
壽文長妻周氏
壽雲慶妻張氏
壽漢章妻徐氏
壽仕南妻宣氏
壽顯達妻樓氏
壽百榮妻何氏
壽錫圭妻何氏
壽萬林妻何氏
壽雲裘妻柴氏
壽　炯妻方氏
壽元芳妻黃氏
壽廷模妻方氏
壽萬卷妻詹氏
廩生壽濬蘭妻朱氏
壽林士妻錢氏
生員壽師潮妻駱氏
壽豫才妻姚氏
壽掄魁妻蔣氏
壽照遠妻馮氏
壽岳中妻章氏
壽嵩岳妻湯氏
壽陳三妻陳氏
壽家豹妻俞氏
壽宇安妻斯氏
壽如梅妻鄭氏
壽雅初妻錢氏
壽達賢妻田氏
壽長發妻何氏
壽傳侯妻蔣氏
壽知堯妻李氏
壽美高妻錢氏
壽　皓妻李氏
壽世維妻田氏
壽廷茂妻盧氏

壽國治妻何氏　壽紹銀妻阮氏　壽宗源妻錢氏
壽平衡妻章氏　贊烈壽康妻徐氏有傳　孝壽平格妻斯氏
壽欽妻章氏　壽昇八妻何氏　壽兆鎰妻阮氏
壽璜燦繼妻錢氏　壽酛廷妻呂氏　壽有技妻黃氏
壽福炯妻酈氏　壽士翰妻陳氏　壽懷珍妻方氏
壽高槐妻傅氏　壽邦相妻鄭氏　壽萬卷繼妻徐氏
壽美有妻黃氏　壽洪甫妻方氏　壽國泰妻錢氏
壽珠鳳妻陳氏　壽佩唐妻何氏　壽明序妻王氏
壽金海妻許氏　壽作霖妻宣氏　貢生壽秀福妻邊氏
壽廷英妻邊氏　壽連桂妻邊氏　壽國獻妻王氏
壽相賓妻戴氏　壽殿煥妻史氏　壽仁山妻袁氏
壽邦泮妻周氏　壽宗全妻王氏　壽永祿妻王氏

壽日安妻王氏　壽奇山妻王氏　壽蔚永妻楊氏

壽春龍妻馬氏　壽春錢妻沈氏　壽大文妻范氏

壽錫麒妻朱氏　壽渭桂妻傅氏　壽星現妻李氏

壽元際妻金氏　壽洪本妻楊氏　壽寅春妻李氏

壽繩武妻周氏　壽炳輝妻盧氏　烈壽逢源妻邊氏有傳

壽芳措妻斯氏　壽召龍妻陳氏　壽景暖妻劉氏

壽鐵山妻邊氏　烈壽氏有妃定操次女　烈壽　氏鳳臺幼女

烈壽香雲葆森女　烈壽祝三妻何氏

陸

貞陸　生聘妻楊氏　烈陸廷茂妻張氏有傳　陸文朝妻章氏

祝

祝對盃妻李氏　祝邦連妻陳氏　祝滋芹妻毛氏

祝文政妻俞氏　祝潮觀妻樓氏　祝廷燦妻王氏

烈祝邦拔妻俞氏　祝廷贊妻趙氏　祝夢丹妻袁氏

鑒烈祝長慶妻徐氏姪珠娜五娜　祝光祖妻錢氏　祝錫臣妻陳氏

祝省三妻徐氏　祝丹彩妻駱氏　祝仲文妻潘氏

祝配基妻陳氏　祝祿封妻魏氏　祝福康妻柴氏

祝邦昌妻顧氏　祝順海妻張氏　祝邦道妻毛氏

祝祖章妻鄭氏　祝　渭妻樓氏　祝錫慶妻葛氏

祝長達妻趙氏　祝炳檀妻許氏　祝尚德妻袁氏

祝維照妻阮氏　烈祝遇良聘妻李氏　鑒烈祝邦彥妻王氏

卓

卓鳴岐妻宣氏　卓華山妻王氏　卓林山妻何氏

卓忠山妻陳氏　卓德美妻駱氏　卓永齡妻樓氏

畢

畢世榮妻王氏

葛

葛　蕃妻濮氏有傳　葛嘉猷繼妻翁氏　葛武烈妻嚴氏

葛月修妻何氏　葛德懋妻孫氏　葛應倫妻楊氏

葛敬啟妻潘氏　葛欽明妻王氏　葛雲文妻何氏
葛天佩妻毛氏　葛性德妻潘氏　葛文雲妻駱氏
葛嘉偉妻何氏　葛世勳妻史氏　葛培清妻曹氏
葛人和妻陳氏　葛祥昌妻史氏　葛行御妻孔氏
葛九河妻任氏

郭

郭舜炎妻斯氏　郭時榮妻孫氏　郭　梁妻周氏
郭日誠繼妻丁氏　郭　根妻趙氏　郭民效妻呂氏
郭　琦妻酈氏　郭　錦妻孟氏　烈郭　增妻蔣氏有傳
郭大本妻周氏　郭夢熊妻陳氏　生員郭殿熷繼妻陳氏
郭文宗妻袁氏　郭元泰妻黃氏　郭周德妻楊氏
郭廷魁妻蔣氏　郭聖湄妻余氏　郭聖安妻酈氏
郭本潤妻金氏　郭配仁妻楊氏　郭廷明妻蔣氏

郭繼賢妻樓氏 郭本洙妻余氏 郭殿最妻蔣氏

郭　澍妻張氏 郭　潮妻宣氏 郭商彝妻趙氏

生員郭日東妻何氏 郭維斌妻陳氏 郭文彪妻王氏

郭良佐妻沈氏 郭維魁妻周氏有傳 郭鶴文妻金氏

郭本濟妻酈氏 郭維垣妻鍾氏 生員郭若生妻何氏

郭大倫妻方氏 郭兆道妻翁氏 郭有美繼妻夏氏

孝郭新七妻章氏 孝郭貞達妻張氏 郭本治妻陳氏

郭　瑛妻沈氏 郭方岳妻李氏 郭本近妻樓氏

郭祖槐妻趙氏 郭本澄妻趙氏 郭鳳祥繼妻袁氏

郭體盈繼妻石氏 郭春塘妻毛氏 郭肇聚妻楊氏

郭兆南妻朱氏 郭文彬妻袁氏有傳 郭　卿妻陳氏

郭學濤妻邊氏 郭　杭繼妻壽氏 郭錫璜妻鄭氏

郭平甫妻趙氏　郭　達妻何氏　郭培德妻戚氏
郭文美妻吳氏　郭長衡妻趙氏　郭茂森妻章氏
郭茂亨妻祝氏　郭福傳妻趙氏　郭漢禮繼妻錢氏
郭學智繼妻孟氏　郭在能妻周氏　郭志權妻夏氏
議敘郭吉昌妻鄭氏　郭維森妻何氏　議敘郭迎慶妻孫氏
郭如模妻酈氏　郭元烈妻袁氏　郭茂挺妻宋氏
郭維斗妻趙氏　郭士燦妻俞氏　郭錫麟妻趙氏
郭維星妻潘氏　郭　侗妻章氏　郭永昌妻章氏
郭錫榮妻潘氏　郭可法妻張氏　郭壽昌妻劉氏
郭　倫妻方氏　郭三錫妻張氏　郭連品妻丁氏
郭元方妻應氏　郭洪汝妻周氏　郭元榮妻酈氏
郭紹先妻趙氏　郭紹元妻樓氏　郭永洛妻李氏

郭更三妻陳氏　郭南屏妻楊氏　郭玉書妻王氏
郭瑞寶妻酈氏　郭遇清妻趙氏　郭安伯妻馬氏
郭夏璜妻周氏　郭儁儒妻周氏　郭南洨妻宣氏
郭佩武妻酈氏　郭春霖妻邱氏　郭帝錫妻壽氏
生員郭鎮妻何氏　郭琦葛妻陳氏　郭維珩妻沈氏
郭志盤妻宣氏　郭學漢妻顧氏　郭大儒妻邊氏
郭仲立妻袁氏　郭富潤妻趙氏　郭仁美妻沈氏
郭文亭妻楊氏　郭位才妻張氏　郭泰寅繼妻壽氏
郭維唐妻宣氏　郭維煥妻趙氏　郭清相妻馬氏
郭安谷妻馬氏　郭新癸妻邱氏　郭傳耀妻陳氏
郭宏貫妻樓氏　郭大海妻蔡氏　郭鳳儀妻周氏
郭本瀾妻酈氏　郭蒼林繼妻張氏　郭若山妻宣氏

郭瑞乾妻宣氏　郭潤川妻魏氏　郭 珩妻宣氏
郭心行妻李氏　郭鳳梧妻何氏　郭紹聰妻石氏
烈郭芳芝妻章氏有傳　郭夢城妻陳氏　郭士常妻陳氏
監生郭日清妻鄭氏　郭魁行妻周氏　郭文諧妻酈氏
郭 璽妻徐氏　郭世鎬妻盧氏　郭振錞妻陳氏
郭相道妾張氏　郭紹儀妻壽氏　郭裕濆妻石氏
同知銜郭 枚妾方氏　郭中大妻馮氏　郭之槎繼妻張氏
郭如椿妻趙氏　郭履一妾吳氏　郭之元妻趙氏
郭震亨妻周氏　郭秀水妻酈氏　郭紹全妻徐氏
監生郭咸亨妻酈氏　監生郭元亨妻徐氏　郭之怡妻章氏
郭能肇妻楊氏　郭宇枚妻袁氏　郭 涵妻方氏
郭文俊妾陸氏　郭高圻妻戚氏　職員郭承英妻孫氏

郭之良妻周氏　孝郭光球妻陳氏　郭元任妻斯氏
郭士賢妻陳氏　郭應順妻袁氏　郭之炎妻趙氏
郭崑山妻俞氏　郭文遷妻蔣氏　郭道榮妻宣氏
郭　均妻沈氏　監生郭正恆繼妻石氏　郭成勳妻袁氏
孝郭允龍妻章氏有傳　郭　銘妻許氏　郭　珏妻姚氏
郭周輔妻周氏　郭保民妻陳氏　郭孟楷妻沈氏
郭宏亨妻酈氏　郭帝簡妻俞氏　郭仲禮妻傅氏
郭福安妻石氏　郭志魁妻傅氏　郭如川妻鄭氏
郭　縉妻毛氏　郭開豐妻鍾氏　郭繼發妻王氏
生員郭映淮妻趙氏　郭瑞祥妻陳氏　郭中三妻周氏
郭聖鈁妻何氏　郭文博妻趙氏　郭永林妻王氏
郭維祺妻蔣氏　郭德修妻徐氏　郭宇鼎妻張氏

郭盛陵妻傅氏　郭錦佩妻周氏　郭本沂妻樓氏
郭及遠妻陳氏　郭穎標妻酈氏　郭芳標妻孟氏
郭深源妻趙氏　郭本濤妻李氏　郭繼昌妻趙氏
郭啟燿妻俞氏有傳　郭爾康妻趙氏　郭　濬妻陳氏
孝郭國屏妻王氏有傳　貞郭春姑瑞賢女　郭邦均妻何氏
郭應華妻周氏　郭心第妻樓氏　郭　煥妻陳氏
郭道行妻王氏　郭在鈞妻鄭氏　郭孟江妻邊氏
郭士鑫妻趙氏　郭維珩妻沈氏　郭鏞金妻宣氏
郭順之妻周氏

駱

擧人駱黼妻錢氏　駱宗迪妻陳氏　駱嘉猷妻鄭氏
駱世松妻樓氏　駱衡初妻何氏　駱肇溢妻樓氏
駱聲溫妻樓氏　駱有光妻何氏　駱敦五妻樓氏

駱令儀妻錢氏　駱正萬妻湯氏　駱華國妻郭氏有傳
駱青來妻樓氏　駱廷相妻樓氏　貞駱志尹聘妻樓氏有傳
駱載春妻應氏　駱大有妻丁氏　駱應宿妻趙氏
駱家濟妻周氏　駱允智妻陳氏　駱殿模妻朱氏
駱壽昶妻沈氏　駱電煥妻虞氏　駱贊乾妻樓氏
駱恆杰繼妻裘氏　駱茂中妻姚氏　駱君華妻何氏
駱恆標妻何氏　駱紀元妻陳氏　駱甘雨妻何氏
駱巨美妻樓氏　駱禮元妻陳氏　駱載良妻酈氏
駱易從妻郭氏　駱遇渭妻何氏　駱士岳妻袁氏
駱夏霖繼妻李氏　駱四教妻祝氏　孝駱敬德妻鄭氏
駱家駒妻史氏　職員駱慶陔妻王氏　駱濤漣妻趙氏
駱瑞玉妻黄氏　駱　明妻樓氏　駱素祥妻謝氏

駱顯明妻王氏　駱象鼎妻湯氏　駱日增妻陳氏
駱天豪妻湯氏　駱信玉妻陳氏　駱　旭妻馮氏
駱茂芝妻陳氏　駱如玉妻王氏　贈文林郎駱錫蕃妻黃氏
駱載淸妻魏氏　駱慕陶妻壽氏　駱上選妻何氏
駱慕琦妻壽氏　駱毓芝妻蔣氏　駱茂信妻宣氏
駱秀芳妻戴氏　駱志學妻侯氏　貞駱欽範妻馬氏
駱仕增妻許氏　監生駱　賢妻王氏　駱　寶妻何氏
駱新法妻陳氏　駱永富妻趙氏　駱鴻翙妻羅氏
駱鶴慶妻趙氏　駱聲溢妻樓氏　駱　琎妻錢氏
駱孝植妻沈氏　生員駱　光妻錢氏　駱公瑚妻斯氏
駱士美妻楊氏　駱　義妻湯氏　生員駱元文妻陶氏
駱發桂妻吳氏　駱蘭瑞妻陳氏　駱　槐妻陳氏

駱　瑩妻王氏　駱傳楓妻趙氏　駱喜麟妻潘氏

駱茂盜妻樓氏　駱　瑛妻馮氏　駱配玉妻王氏

駱志林妻陳氏　駱鍾瑚妻楊氏　駱莊甫妻姚氏

駱文俊妻金氏　駱毓祥妻何氏　生員駱方至妻陳氏

生員駱方斐妻商氏　駱　緝妻胡氏　駱夢彪妻鄭氏

駱　銓妻何氏　駱　銑妻何氏　駱榮椿妻何氏

駱　錡妻湯氏　駱惠義妻樓氏　駱本清妻魏氏

駱鶴慶妻趙氏　駱瑞桂妻陳氏　孝駱錫光妻余氏有傳

孝駱　恬妻趙氏有傳　孝駱運龍妻陳氏有傳　孝駱黃庭妻徐氏有傳

孝駱公球妻錢氏有傳　知縣駱亨衢妻酈氏　駱遐音妻樓氏有傳

烈駱　二女有傳　烈駱駿良妻金氏有傳　駱樹珍妻梁氏

駱　瑗妻樓氏　駱經盜妻袁氏　駱最英妻孫氏

駱清涵妻趙氏

石

石學漢妻袁氏　石世昌妻陳氏　石萬慶妻張氏

石茂蘭妻徐氏　石　震妻陳氏　石如琮妻張氏

石作鏞妻劉氏　石德惠妻徐氏　石上進妻湯氏

石帝建妻駱氏有傳　石茂彩妻方氏　石炯九妻俞氏

石家豸妻黃氏　石永祚妻金氏　石克奇妻王氏

孝石作鹽妻傅氏　石如棠妻章氏　石如林妻陳氏

石鳳岡妻蔣氏　石宗峽妻陳氏　石如本妻張氏

石廷圻妻王氏　石惠封妻趙氏　石毓鎬妻樓氏

石　鉁繼妻酈氏　石長慶妻孫氏　石維仁妻滕氏

烈石張瑜妻金氏　烈石克昌妻王氏　石　岱妻章氏

石如金妻蔣氏　石漢鼎妻陳氏　石聖揚妻趙氏

石聖豐妻劉氏　監生石漢光妻繼陳氏　石晉臣妻胡氏
石瑞橘妻張氏　烈石大川妻陳氏　石思文妻張氏
石裕芳妻蔣氏　石國元妻蔡氏　石裕榛妻酈氏
石祖彭妻壽氏　石祖訓妻陳氏　石光元妻孫氏
石光明妻厲氏　石炳元妻呂氏　石廷槐妻章氏
石宗仁妻唐氏　石宗桂妻朱氏　石宗銘妻章氏
石漢標妻趙氏　石　鰫妻趙氏　烈石大傳妻王氏有傳
石奇燧妻鍾氏　石以介妻方氏　石文傑妻鄭氏
石華玉妻蔣氏　石鳳鳴妻陳氏　石日璉妻王氏
石宗道妻駱氏　石應璧妻樓氏　石運豐妻周氏
石樓君妻陳氏　石六三妻方氏　石軼倫妻趙氏
石光嶽妻魏氏　石之佳妻徐氏　石連玉妻何氏

石瑞玉妻金氏　石良岳妻阮氏　石化侯妻趙氏

石道五妻陳氏　石其溥妻陳氏　石大豐妻劉氏

石邦視妻俞氏　石起鳳妻陳氏　石嘉校妻方氏

石正開妻酈氏　石祿鉅妻郭氏　石方氏裔阿青

石劉氏裔兆榮　石張氏裔孟聖　石　震妻陳氏

戚

戚希賢妻周氏　戚天錫妻顧氏　戚作霖妻陳氏

戚元祥妻韓氏　戚朝建妻朱氏　戚笙簧妻蔣氏

戚永清妻陳氏　戚有如妻章氏　戚國鼎妻章氏

戚廷富妻徐氏　戚世忠妻楊氏　烈戚曰康妻馬氏

貞戚福長聘妻朱氏有孝傳　戚殿元妻趙氏　戚其祿妻馬氏

戚朝信妻趙氏　戚元甲妻章氏　戚兆揚妻蔣氏

戚儒倫妻鍾氏　戚有傳妻金氏　戚章遠妻章氏

戚章泮妻胡氏　戚朝本妻方氏　戚昌言妻祝氏

戚美如妻孫氏　戚岳九妻趙氏　戚宗本妻祝氏

戚長江妻許氏　戚韓氏裔國鳳　戚金賢妻楊氏

戚東增妻楊氏

酈

酈淶妻馮氏暨婢　酈元翀妻周氏有傳　酈煉妻楊氏有傳

酈明又百六妻黃氏　酈志傑妻黃氏　酈鼎錩妻錢氏

酈經妻蔣氏有傳　酈一俊妻壽氏有傳　酈吉士妻周氏有傳

酈元進妻金氏　酈覲泮妻趙氏　酈文煌妻周氏

酈元炯妻朱氏　監生酈祖枚妾趙氏　酈永漣妻陳氏

酈　堂妻石氏　酈兆光妻田氏　酈曾祐妻蔣氏

酈士照妻葛氏　酈維堂妻沈氏　酈子發妻孫氏

監生酈必達妻章氏　酈光燦妻黃氏　酈南升妻阮氏

酈邦俊妻李氏
貞酈日堂聘妻鄭氏
孝酈國華妻石氏
酈敬義妻王氏
酈紹康妻鍾氏
生員酈桂萼妻王氏
酈士宏妻蔡氏
酈雲鵬繼妻余氏
酈龍澤妻袁氏
酈仲秀妻盛氏
監生酈世顯妻袁氏
酈國埜妻趄氏

酈文若妻朱氏
酈京妻陳氏
孝酈文光妻樓氏
酈聖作妻顧氏
酈瑞齡妻金氏
酈美三十三妻趙氏
酈兆昂妻孫氏
酈慶兆妻戚氏
酈鼎珏繼妻張氏
監生酈鼎鏡妻斯氏
酈佳珍妻余氏
酈家魁妻樓氏

孝酈以焞妻蔣氏
孝酈御徵妻孟氏
酈祖槐妻趙氏
酈大倫妻徐氏
監生酈元繼妻石氏
酈紹縉妻陳氏
酈必雄妻陳氏
酈一玠妻錢氏
職員酈鋐繼妻周氏
酈國越妻章氏
孝酈廷佩妻柯氏
監生酈觀濤妻方氏妾石氏

鄺維修妻嚴氏　鄺觀洪妻方氏　鄺觀淮妾王氏
鄺如煒妻楊氏　鄺宗熊妻周氏　鄺會葑妻趙氏
鄺是鏞妻徐氏　鄺兆楷妻余氏　鄺素昌妻章氏
鄺世臺妻梁氏　鄺元泰妻應氏　鄺上迪妻唐氏
鄺鼎銈妻蔡氏　鄺茂昌妻蔡氏　鄺松齡妻胡氏
鄺仁耀妻陶氏　鄺大雄妻戚氏　鄺燦國妻許氏
鄺其鈺妻金氏　鄺維增妻何氏　鄺德昌妻張氏
貞鄺漸善聘妻孫氏　鄺廷楷妻童氏　鄺祥受妻金氏
鄺如璧妻石氏　鄺其湘妻楊氏　鄺大川妾王氏
鄺均和妻趙氏　鄺如焯妻沈氏　鄺天生妻石氏
鄺南松妻孟氏　鄺大豐妻邱氏　鄺于榮妻蔣氏
鄺序煇妻孟氏　監生鄺南柏繼妻趙氏　監生鄺世塏繼妻方氏

酈成鑾妻石氏　酈志道妻俞氏　酈世墩妻蔣氏
酈克亨妻石氏　酈殿魁妻傅氏　酈成鈺妻陳氏
酈元釗妻石氏　生員酈勝妻趙氏　酈大龍妻王氏
酈啟緎妻錢氏　酈再邠妻沈氏　酈維煌妻陳氏
酈維煒妻陳氏　酈維炯妻章氏　酈光杰妻陳氏
酈洙泗妻朱氏　酈鳳瑞妻王氏　酈一本妻袁氏
酈廷法妻陳氏　酈慶瑞妻嚴氏　酈憲章妻章氏
職員酈一水妻丁氏　酈美章妻陳氏　酈載高妻鄭氏
酈菊安妻郭氏　烈酈日坰妻程氏有傳　酈鼎成妻方氏
酈如發妻郭氏　貞酈麟聘妻傅氏　酈御定妻樓氏
酈啟邠妻宣氏　酈德宗妻楊氏　酈之嵩妻周氏
酈德浦妻趙氏　酈人敏妻何氏　酈祖德妻楊氏

酈天英妻樓氏　酈培倖妻俞氏　酈位佐妻俞氏

酈垿濤妻楊氏　酈茂森妻石氏　酈永浩妻陳氏

酈永渭妻壽氏　酈從鼇妻邊氏　酈永潤妻郭氏

監生酈鳳五妻石氏　酈祖潤妻王氏　酈高春妻黃氏

酈朝茂妻趙氏　酈光友妻陳氏　酈章美妻趙氏

酈發堂妻趙氏　酈貞一妻陳氏　酈岐嶙繼妻李氏

酈天鶴妻魏氏　酈園鶴妻袁氏　監生酈光明妻陳氏

酈薌田妻蔣氏　酈瑞宗妻周氏　酈　斌妻孫氏

酈非聞妻章氏有傳　酈洪煜妻周氏　酈連長妻朱氏

酈廷光妻周氏　酈殿玉妻余氏　酈成本繼妻周氏

酈祥謂妻樓氏　酈元魁妻壽氏　酈海浦妻周氏

酈宗烈妻郭氏　酈是鑌妻趙氏　酈尙志妻陳氏

酈日墉妻侯氏　酈永齡妻孟氏　酈永森妻繼趙氏
酈元釗妻鍾氏　酈信傳妻嚴氏　酈國慶妻陳氏
酈　塏妻陳氏　酈茂淇妻王氏　酈朝全妻王氏
酈日璽妻繼華氏　酈炫文妻陳氏　酈志鼇妻楊氏
酈志槎妻余氏　酈啟塝妻阮氏　酈章林妻應氏
酈子和妻周氏　酈高中妻顧氏　酈承鑑妻趙氏
酈紹棠妻柏氏　酈舜庸妻孟氏　酈餘慶妻金氏
酈金園妻陳氏　酈夏傳妻董氏　酈永順妻瞿氏
酈園朝妻黄氏　酈法林妻楊氏　酈萬順妻周氏
酈士昭妻徐氏　酈俊素妻葛氏　酈鳳泰妻蔣氏
酈文若妻郭氏　酈東陞妻陳氏　酈鳳藻妻趙氏
烈酈鍾玉妻周氏　酈煜周妻馬氏　酈榮甲妻楊氏

酈日棠妻鄭氏　酈佘氏裔煥章　酈朱氏裔大祿

酈陳氏裔貽獻　酈永仁妻楊氏　酈周氏裔志道

酈鳳蘭繼妻駱氏　酈效良妻曹氏　酈啟緒妻應氏

葉

葉遇祿妻梁氏　葉錦文妻駱氏　葉徠珍妻孟氏

葉尚珍妻朱氏　葉佩玖妻朱氏　葉宗蘭妻楊氏

葉佳賓妻趙氏　葉正榮妻馬氏　葉維冠妻楊氏

葉兆方妻楊氏　葉廷榮妻陳氏　葉吉彩妻陳氏

附

烈長清嶺烈婦有傳　烈潮阬烈婦陳氏有傳　烈尊塘烈婦有傳

烈草搭烈婦有傳　烈高巖烈婦有傳　烈石砩烈婦有傳